日本経済 破綻か成長か

2025年へのシナリオ

●電力中央研究所 研究参事
服部恒明 [編著]
Hattori Tsuneaki

ゆまに書房

まえがき

　日本経済はどうなるのであろうか。10年以上もの間、経済の低迷が続くなかで、今や失業者は300万人を越えている。デフレもまだ終息していない。財政赤字は毎年30兆円以上にも及び、政府の債務残高は名目GDPの1.4倍の700兆円にも達している。一世帯当たりに換算すれば、国民に対する政府の借金は1,500万円にもなる。金融界では一部の銀行が実質破綻し、国有化される始末である。今の日本経済はまさに異常な事態だ。

　昨秋の総選挙での調査やインタビューでも、多くの有権者は「景気」と「年金問題」を最優先すべきとの判断を示していた。人々は日本経済の将来に対して不安を持ち、政府の政策に不信を抱き始めている。甘い楽観論は信じがたく、悲観論はいたずらに不安をかきたてるだけだ。やはり本当のことが知りたい。誰しもそう思う。「日本経済の実力」はどれくらいなのかを！

　私たちは、電力中央研究所のなかの経済社会研究所に所属し、経済の動向を常に注視し分析して、電気事業や広く社会に必要な経済や社会に関する情報を提供している。日本経済にかかわる短期予測や中長期展望を30数年前から行ってきているが、1990年代に入り日本経済の混迷が深まったため、これらの研究活動が強化された。それ以来現在までの約10年間、数回にわたり中長期の展望を行った。そして最近、2025年までを視野に入れた日本経済に関する長期展望や政策効果の分析をとりまとめた。そこでなされた分析や展望結果、描かれたシナリオを分かりやすくまとめたのが本書である。

　こうした長期の展望が、なぜ今必要なのか。それは序章以下本文をお読みいただければ御理解いただけると思うが、日本が今、歴史的な大転換期を迎えているためである。経済の異変だけではない。戦後の大きな潮流である少子化の影響がいよいよ顕在化してくる。明治以来増え続けてきた人口は、数年後には減少傾向に転じる。団塊世代が引退し、高齢者が急増する。本格的な人口減少・高齢社会が到来するわけだ。デフレが長期化し、人口が大きく転換するなかで、財政は危機的な状況にある。このままでは国家財政は破綻

してしまう。財政再建のため、財政政策や社会保障制度は大きく変わるに違いない。もし変わらなければ、日本の国が滅びる。

　もはや大増税は避けられない。低成長が当たり前の時代になるのではないか。そのなかで産業界は変わっていくだろう。IT（情報技術）関連、高齢化対応型の産業が伸び、成長産業と衰退産業に二極化するのではないか。各地域の経済も人口減少のテンポの違いで、格差が拡大する可能性もある。二酸化炭素排出量を削減するという国際公約は、達成できないかもしれない。

　大転換の時代に、こうした危機意識や問題意識をもって、21世紀日本の第1四半世紀を、計量経済モデルという道具を用いて幅広く見通すことは有益であり、またエキサイティングでもあった。計量経済モデルは一般には馴染み深いものではないが、複雑に絡み合ったさまざまな要因の影響を解きほぐしつつ、将来を展望し分析できるという、まことに重宝な道具なのである。

　日本経済は少子・高齢化、デフレ長期化、財政危機を乗り越えられるのか？これが本書における最も大きなテーマであり、計量経済モデルを駆使してその経済的影響を分析している。また、将来予想される消費税増税などの影響も計測している。

　本書では、これからおよそ20年、日本経済はどうなっていくのか、国家財政破綻が起こるのか、それとも持続的な成長を遂げるのか、何が問題となり、それにはどんな解決策があるのかを、示し得たと自負している。20年という長期を視野に入れると、現在の失業問題より、遠からず来る労働力不足の方が重大となる。また、日本経済の破局につながる財政破綻を避け、国や自治体を救うためには、国民は所得の半分を税金と社会保障負担として支払わねばならなくなる。さまざまな角度から総合的に検討し、こうした提言もさせていただいた。

　シナリオとは本来、映画や演劇などの脚本のことであるが、本書では日本経済の進路を指す。もちろん映画や経済小説などで描かれるような架空の出来事を述べるつもりはない。さまざまなデータを使って、経済理論に基づき、日本経済の抱える問題を長期的視野で分析し、それを踏まえて将来を展望している。

　本書の展望の対象は幅広い。日本経済を7つの分野に分け、世界経済も対

象としている。2025年までを視野に、世界経済、人口、マクロ経済、財政、海外生産と貿易、産業構造、地域経済、エネルギーを大胆に予測している。計量経済モデルを駆使し、将来の姿を数量的にとらえている。人口の地域別の動向、経済成長率、産業や地域およびエネルギー需要の成長率、物価・賃金、為替レート、財政収支、消費税増税など、日本の将来動向や経済的影響について分かりやすく示すため、できるだけ多くの図表を掲載している。本書によって、2025年までの日本の姿が見えてくるとすれば望外の喜びである。

　本書は、各企業の経営者・経営企画部門の方々、国・地方自治体などの行政機関や諸団体の政策立案・企画部門の方々、あるいは機関投資家の方々にお役に立つと思う。しかし、一般のサラリーマンの方や、投資家の方々、学生にもお勧めしたい。読み方によっては「日本経済」と「経済学」の入門書ともなると考えている。

　本書が刊行されるまでに、（財）電力中央研究所理事長　佐藤太英氏、同研究所経済社会研究所長　森清堯氏、チーフ・エコノミスト　内田光穂氏のほか多くの研究員の方々に貴重なアドバイスやさまざまな支援をいただいた。また、（株）電力計算センターの色部伊都子さん、笠井千穂さんには、計算作業等の面で大変お世話になった。そして、ゆまに書房の上條雅通氏には本書の完成までにさまざまの労をおかけした。ここに記して深くお礼申し上げたい。

　2004年3月

著者を代表して　服部　恒明

目　次

- まえがき ……………………………………………………………………… 1

序章　なぜ長期展望が必要なのか …………………………………… 13
- ● 人口減少、大増税の時代　14
- ● 構造転換をもたらす三大潮流と三大リスク　15
- ● 政策、経営計画には的確な展望が不可欠　15
- ● なぜ2025年までの展望が必要なのか　16
- ● 長期展望の対象分野、展望の視点　17
- ● 計量経済モデルによる展望の利点　19
- ● 本書の内容構成　20

第Ⅰ部　分析編：日本経済の現状と三大リスク
　　　　　－少子・高齢化、デフレ、財政破綻リスクの影響－

第1章　大転換時代を迎えた日本経済 ………………………………… 23
1　バブル以降の経済変動と構造転換 ………………………………… 24
- ● バブル時代の経済動向　24
- ● バブル崩壊後の経済動向　26
- ● デフレ経済への突入　28

2　90年代の日本経済を左右した三大要因 …………………………… 29
- ● 国際経済波乱の影響：長引いたアジア通貨危機の影響　30
- ● 政策の影響：90年代以降の政策の失敗　30
- ● 構造変化の影響：史上まれにみる不均衡の拡大　32

3　21世紀の三大潮流と三大リスク …………………………………… 33
- ● 21世紀の三大潮流　33
- ● 日本経済をめぐる三大リスク　36

第2章　少子・高齢化とその経済的影響 ……………………………… 39
1　急速に進む少子・高齢化 …………………………………………… 40
- ● 人口はほとんど静止状態　40
- ● 人口構造は少子・高齢化を反映　41
- ● 低下し続ける出生率　42

　　　　● 経済成長で伸びた平均寿命　44
　2　地域によって異なる人口動向 …………………………………………… 44
　　　　● 地域別の人口　44
　　　　● 地域別の出生率　46
　　　　● 地域別の平均寿命　46
　　　　● 地域間人口移動　47
　3　少子・高齢化は日本経済にどう影響するのか ……………………… 48
　　　　● マクロ経済への影響（1）：人口減少の影響　48
　　　　● マクロ経済への影響（2）：高齢化の影響　50
　　　　● 産業構造への影響　51
　　　　● 財政部門への影響　52
　　　　● 地域経済への影響　53

第3章　デフレの進行とその経済的影響 …………………………… 55

　1　デフレが進行する日本経済 ……………………………………………… 56
　　　　● デフレとは　56
　　　　● 先進国のなかでも際立つ日本のデフレ　56
　　　　● 歴史的にみた日本のデフレ　58
　　　　● 資産デフレ　59
　2　デフレの弊害 ………………………………………………………………… 59
　3　デフレのメカニズム ………………………………………………………… 62
　　　　● デフレは複合的な要因から　62
　　　　● 需要不足の背景　63
　　　　● 供給過剰が需給ギャップ拡大に拍車　64
　　　　● 資産価格の下落の影響　65
　4　デフレの税収・財政バランスへの影響 ……………………………… 67
　　　　● 財政モデルによるシミュレーション　67

第4章　高まる財政破綻の可能性 …………………………………… 71

　1　未曾有の財政危機 ………………………………………………………… 72
　　　　● 増え続ける国債残高　72
　　　　● 日本の財政赤字は世界でも最高水準　74
　2　財政破綻とはどのような状態か ……………………………………… 75
　　　　● 理論的なとらえ方　75
　　　　● 現実的なとらえ方　76
　　　　● 財政破綻の認定基準はあるのか　77

● 財政破綻の可能性は計量モデルで把握できる　79
　3　財政危機からの脱却のシナリオ ··80
　　　● 財政破綻は突然には発生しない　80
　　　● 財政危機への対応のシナリオ：2つの悪いシナリオ　81
　　　● 財政危機への対応のシナリオ：良いシナリオ　84

第5章　日本経済の進路：財政破綻か持続的成長か ··········· 87
　1　国家財政破綻への道 ···88
　　　● 構造改革だけでは持続的成長の達成は難しい　88
　　　● 実質財政破綻局面で3つの経済変化が起きる　90
　　　● 国債価格は下落、金利は上昇　90
　　　● 資本流出で円安に　91
　　　● 増税予想で家計は需要を減らす　92
　　　● 現状のままなら国家財政は破綻する　93
　　　● 金利高、円安、需要減の3つの影響　95
　　　● 結局は円高になる　96
　2　持続的成長への道 ···97
　　　● 財政再建だけでは財政危機は乗り越えられない　97
　　　● 政策ミックスが必要　98
　　　● 持続的成長の達成には、二兎を追うほかない　99
　　　● 持続可能な成長への道　101

第Ⅱ部　展望編：これから20年どうなる
　　　　　－世界経済環境と日本経済7つの分野－

第6章　世界の経済とエネルギーはどうなる ······················· 107
　1　世界経済の展望 ·· 108
　　　● 中国経済の成長力：楽観論 VS. 悲観論　108
　　　● 供給力を重視した潜在成長率予測モデル　110
　　　● 展望の前提条件　111
　　　● 中国が経済大国に　113
　2　世界エネルギーの展望 ·· 115
　　　● 堅調に推移する世界エネルギー需要　116
　　　● 高まるOPECのシェア、アジアでの石油自給率の低下　116
　　　● 上昇傾向をたどる世界エネルギー価格　117
　　　● 中国の成長、アジアの原子力発電の動向と世界エネルギー価格　118

3　まとめ ··· 120

第7章　人口はどうなる ··· 121
　1　人口減少時代の到来 ··· 122
　　● 予想以上に速い少子・高齢化　122
　　● 推計方法と前提条件　122
　　● 引き続く出生率・出生数の低下　123
　　● 総人口は2007年から減少していく　125
　　● 急激に進む人口構造の高齢化　127
　2　地域別人口の展望：全地域の人口が減少する ··· 128
　　● 地域差が大きい出生率と自然増減　128
　　● 小規模化する地域間人口移動　128
　　● 2008年までに沖縄を除く全地域の人口が減少する　129
　　● 人口構造の高齢化は全地域で急激に進む　130
　　● 高年齢化は首都圏が最も速い　131
　3　まとめ ··· 133

第8章　マクロ経済はどうなる ··· 135
　1　日本経済の現状と潮流変化 ·· 136
　　● 低迷する日本経済　136
　　● 史上まれにみる不均衡の拡大　137
　　● 展望の視点　138
　2　少子・高齢化、デフレ、財政破綻のリスク ··· 139
　　● 少子化で減少する労働力人口　139
　　● デフレ長期化が財政余力を奪う　141
　　● 最大のリスクは財政破綻　141
　3　持続的成長のための条件 ·· 142
　　● 早急に必要なデフレ対策　142
　　● 痛みを伴う財政改革　144
　　● 成長産業を創出する内需振興策　144
　　● 将来の労働力不足への対応　145
　4　低成長が当たり前の時代に ·· 145
　　● 主な前提条件　146
　　● 低成長だが財政破綻は避けられ、持続的成長が可能に　147
　　● 最終需要（1）：設備投資がリード役に　150
　　● 最終需要（2）：輸出入はともに減速　152

- ● 2015年頃から労働力不足へ　152
- ● 2006年までにデフレ脱却、為替レートは緩やかな円高　153
- ● なぜ低成長となるのか　154

5　不均衡の解消はスローテンポ ……………………………………………… 156

6　家計の貯蓄は財政赤字に食われるのか ………………………………… 157

7　情報化・高齢化が消費構造を変える …………………………………… 159

8　まとめ ……………………………………………………………………… 160

第9章　財政はどうなる …………………………………………… 163

1　展望の視点 ………………………………………………………………… 164

2　展望の前提条件 …………………………………………………………… 165
- ● 経済成長率は実質1.0％、名目2.4％　165
- ● 歳出抑制が続く　166
- ● 増税は不可避　167

3　財政展望：財政破綻は辛うじて回避へ ………………………………… 168
- ● 財政収支は10年以上かけて均衡へ　168
- ● 国と地方で異なる財政収支改善のテンポ　169
- ● 増税と社会保障負担増で国民負担率は50％台へ　170

4　社会保障展望：待ったなしの社会保障改革 …………………………… 172
- ● 楽観的過ぎた年金財政見通し　172
- ● 瀬戸際の年金改革　173
- ● 受給者1人を0.8人で支える時代に　174
- ● 急増する高齢者医療　176

5　まとめ ……………………………………………………………………… 179

第10章　海外生産、貿易はどうなる ……………………………… 181

1　引き続く海外生産の拡大 ………………………………………………… 182
- ● 着実に増加する海外直接投資残高　182
- ● 製造業の海外生産比率は現在の欧米なみに　183

2　海外生産の拡大が貿易構造を変える …………………………………… 185
- ● 現地法人との貿易取引の変化　185
- ● 海外生産の貿易への影響　187

3　貿易構造の変化：主役の交代 …………………………………………… 187
- ● シェアが高まる電気機械貿易　187

4　拡大するアジアとの貿易 ··· 190
　　　　● 中国の経済成長で日本の輸出市場は拡大する　190
　　　　● 中国の経済成長加速で輸出構造はどうなる　192
　　5　まとめ ··· 193

第11章　産業構造はどうなる ··· 195

　　1　国内産業をとりまく環境変化 ··· 196
　　2　三大潮流で変わる産業構造 ··· 198
　　　　● 製造業が堅調に推移するなか、サービス化は緩やかに進展　198
　　　　● 21世紀初頭のリーディング産業　199
　　3　主要産業の展望 ··· 201
　　　　● 情報関連産業　201
　　　　● 貿易財産業　203
　　　　● 医療関連産業　205
　　4　激変する就業構造 ··· 207
　　　　● サービス化が進む就業構造　207
　　　　● 人口減少時代には労働生産性上昇がカギ　209
　　　　● 持続的成長には雇用対策が不可欠　210
　　5　まとめ ··· 212

第12章　地域経済はどうなる ··· 213

　　1　地域経済の活力とは ··· 214
　　2　低成長下で格差が拡大する地域経済 ······································ 215
　　　　● 首都圏、中部、関西の成長率は他地域よりも高い　215
　　　　● すべての地域で就業者数は減少する　216
　　　　● 労働生産性の地域間格差は広がる　217
　　3　供給面からみた地域経済 ··· 219
　　　　● 就業者1人当たり資本ストックは首都圏、中部で伸びが高い　219
　　　　● 生産性格差拡大の主因は総要素生産性の上昇率格差　220
　　4　需要面からみた地域経済 ··· 222
　　　　● 伸びが鈍い民間消費　222
　　　　● 高まる民間設備投資　223
　　　　● 地方圏で高い公共投資依存度　224
　　　　● 地域経済成長のカギは需要創出と民間設備投資　226

5　需要面、供給面からみた公共投資の効果 ……………………………228
　　　● 需要面からみた建設投資の生産誘発効果　228
　　　● 社会資本の生産力効果　232
　6　まとめ ……………………………………………………………………237

第13章　エネルギーはどうなる ……………………………………241
　1　国内エネルギー情勢 ……………………………………………………242
　　　● エネルギー需要は1990年代後半以降ほぼゼロ成長　242
　　　● 限られる今後の省エネ余地　243
　2　地球温暖化問題がエネルギー政策を変える …………………………244
　　　● エネルギー税率の変更　244
　　　● 再生可能エネルギー割当制度　245
　3　分散型電源は新たな潮流となりうるか ………………………………246
　　　● 着実な増加を続ける分散型電源　246
　　　● 分散型電源普及に伴う問題点　248
　4　展望の前提条件 …………………………………………………………248
　5　エネルギー需要は横ばいでもCO$_2$排出量は目標を上回る …249
　　　● 低成長と省エネ対策によりエネルギー需要は横ばい　249
　　　● CO$_2$排出量は1990年水準までは減少しない　251
　6　サービス化で電力への依存度が高まる ………………………………253
　　　● 業務部門が電力シフトをけん引する　253
　　　● 世界的にみて高い電力化率はさらに高まる　256
　7　電力需要の増加を低める2つの要因 …………………………………256
　　　● 原子力低迷が電気料金の上昇をもたらす　256
　　　● 燃料電池が家庭用エネルギー需要を大きく変える　258
　8　まとめ ……………………………………………………………………259

終章　持続的成長に向けて何が必要か ………………………………261
　1　国家財政破綻の危機 ……………………………………………………262
　2　持続的成長に向けて必要なこと ………………………………………263
　　　● 財政政策は長期的な視野で　263
　　　● 経済成長と財政再建の二兎を追え　265
　　　● 需要創出型の改革が不可欠　265
　　　● 人口減少時代に必要な雇用政策　267

- ● 一石二鳥のロボット産業の育成・拡大　268
- ● 大きな政府か小さな政府かの選択　269
- ● マニフェストで日本経済の進路を変えよ　270
- ● 急がれる長期ビジョンの策定と情報公開　271

参考・引用文献 ……………………………………………………………………273

序 章

なぜ長期展望が必要なのか

21世紀に入り3年余り経過した。日本の経済社会は厳しい状況を迎えている。少子・高齢化、デフレ長期化、財政危機といった大きなリスクを抱えた日本経済は、再び飛翔できるのだろうか。本書では、これからおよそ20年先までの日本経済を、さまざまな角度から総合的に展望する。なぜ、こうした長期展望が必要なのか。まず、この点から述べてみたい。

● 人口減少、大増税の時代

日本経済は今、歴史的な構造転換の時代にある。明治維新、世界大戦などと同様に、50年、100年に一度遭遇するような大変革の時代といってもよい。戦後、築き上げられた経済社会システムは崩壊しつつあり、終身雇用などを柱とする日本型経営は見直しを迫られている。明治以来およそ130年にわたって増え続けてきた人口は、あと2、3年で減少傾向に転じる。本格的な人口減少時代が到来する。若者が少なくなり、高齢者が急増する。日本が世界で筆頭の高齢大国になることも確実だ。

1990年代初めにバブルが崩壊してから、日本経済は異常な事態に陥っている。潰れることがあり得ないような大企業や由緒ある企業の倒産が相次ぎ、一部の大手銀行が国有化されるような有様だ。しかも、90年代後半からは戦後初めてのデフレが進行している。経済成長率は90年代以降の平均で1％程度にとどまり、80年代までの4％成長から大きく低下した。経済が低迷するなかで、民間企業はスリム化、効率化を急いでいる。すべての企業が一斉にリストラするから失業者が増える。失業者が増えれば、消費が落ち込み経済は低迷する。日本経済はこうした悪循環をなかなか断ち切れないでいる。

バブル崩壊後の経済低迷で痛めつけられたのは民間企業だけではない。財政部門はもっと大きな打撃を受けた。デフレの影響もあって、税収が大幅に減少した。このため年間30～40兆円もの財政赤字が引き続き、政府の債務残高は今や国、地方政府あわせて、およそ700兆円にも達している。政府の国民に対する借金は1世帯当たりに換算すると1,500万円にもなる。今や「財

政破綻」がささやかれるようになった。本当に財政破綻すれば日本経済は破局に向かうため、いかなる政党が政権を握っても、政府は緊縮型の財政再建策をとらざるを得ないだろう。大増税時代の到来は確実だ。小泉政権の構造改革は道路・郵政事業の民営化が主軸になっているが、これからは社会保障制度を含む財政の抜本改革が必要となるだろう。

● 構造転換をもたらす三大潮流と三大リスク

こうした日本経済の異常事態の背景には、さまざまな潮流変化やリスク要因がある。潮流とは時代の大きな流れのことである。21世紀初頭の潮流にはいくつかあるが、本書の展望では「グローバル化・世界大競争」「少子・高齢化」「高度情報化」という三大潮流を取り上げた。いずれの潮流もすでに発生しているのだが、これからその影響が強まってくる。

第一の「グローバル化・世界大競争」とは、地球が一つの経済単位になりつつあり、世界各国・地域の経済交流が盛んになるとともに、世界での競争が激化することだ。第二の「少子・高齢化」の潮流とは子供が少なくなり高齢者が増えることだ。これは戦後の一大潮流で、いよいよその影響が顕在化してくる。第三の「高度情報化」とは、90年代の世界的なIT（情報技術）革命の恩恵で、ネットワーク社会やユビキタス文明が到来することだ。悲観的な影響を及ぼす潮流が多いなかで、高度情報化は新成長産業の創出で経済成長を支えるものと期待されている。

これら潮流のうち「少子・高齢化」は経済成長を抑えるため、日本経済にとってはリスク要因となる。このほかにも「デフレ長期化」「財政破綻」といったリスクがある。

このように、いくつかの潮流やリスク要因が複雑に絡みつき、日本の経済社会システムは大きな変貌を遂げつつある。本書の展望では、これらの影響を見極めることが重要な仕事の一つである。

● 政策、経営計画には的確な展望が不可欠

日常生活でも、医者が誤診して間違った処置をすれば患者の病状はかえって悪くなる。経済も同じことだ。日本経済の診断を誤れば、適切な政策展開

は難しく、政策対応の失敗で逆に経済状態は悪くなる。経済の診断は現状分析だけではない。現状分析を踏まえつつ将来を見通し、的確な政策判断を下すことも経済の診断なのだ。

経済見通しは、その射程の長さから超短期、短期、中期、長期予測などに区別される。概ね、長期展望では10年以上先の経済状況を見通す。予測の射程からみてどれが重視されるかは、予測結果を利用する立場で大きく異なる。1年先までの株価を予想したいサラリーマンなら、超短期あるいは短期予測の情報に釘付けになるだろう。企業の経営計画などのために、3年以上先の経済状況を知りたい経営者や企画担当者などは中長期の経済展望に注目する。国や地方政府の政策担当者、政治家たちにとっては、短期予測だけでなく中長期の経済展望が欠かせない。

短期と中長期の関係は戦略と戦術の関係に似ている。大局をつかみ戦略を練りながら戦術を立てて物事に処することが望ましいとされる。短期予測と中長期展望を切り離してみるのではなく、一体的にみれば日本経済の視野は広がるはずだ。

なお、予測と展望とはどう違うのかといわれても明確な区別はない。予測とは、将来の出来事を予め推測することである。展望とは、遠くの景色や広く社会の出来事などをながめ見渡すことである。いずれも将来を見通すという意味である。ほとんど同意語として使われているようだが、あえて区別するとすれば、展望は望ましいシナリオや政策の影響までとらえて、幅広く総合的に将来を見通したものといってもよいだろう。本書では、日本の将来を幅広く総合的に見通しているという意味で、主に展望という用語を使っている。

● なぜ2025年までの展望が必要なのか

長期展望で2025年までを射程とした理由には、以下の4つがある。

第一に、日本経済をめぐる潮流変化へ対応するための必要性である。先にみたように、グローバル化・世界大競争、少子・高齢化、高度情報化という三大潮流は10年ほどで消滅するものではなく、少なくとも数10年先まで日本経済を大きく左右することは間違いない。経済社会が変われば企業経営や政

策のあり方なども変えていかなければならない。

　第二に、財政破綻問題に対応するための必要性である。日本の財政は国、地方政府ともにまさに火の車だ。国家財政破綻がささやかれているが、今の財政が破綻しているのかどうか、いつ破綻するのか、どのような脱出方策があるのかを見極めるためには、少なくとも20年以上先までの財政収支を予測する必要がある。国債の償還期限は最長60年であるから、その半分としても30年の財政収支の計算が必要だ。長期的な財政収支を見通さなければ、今後の財政政策の方向性をつかむことはできない。財政支出は民間設備投資に匹敵する規模であるから、将来の財政政策がどうなるかを見極めない限り、日本経済の将来を予測することは難しい。

　第三に、長期エネルギー需給想定にかかわる必要性である。日本経済が成長するためには石油や電力などのエネルギーが不可欠だ。日本のエネルギーのほとんどは海外から購入している。海外との契約は長期契約が一般的であり、エネルギー供給設備の建設には長い年月が必要であるため、10年以上先の経済情勢を見極める必要がある。

　第四に、地球温暖化問題からの必要性である。国際公約では、2008～2012年の間に温室効果ガス排出量を、日本は1990年比で6％削減しなければならない。政策を実施するためには、その期間の温室効果ガス（特に二酸化炭素）排出量の推計が重要な課題となる。温室効果ガス排出量はエネルギー需要に依存して決まるため、排出量の推計には経済の長期展望が必要だ。地球温暖化問題は2010年で終わることはない。世界的に目標が達成されるまで引き続く長期的な問題であり、少なくとも20年以上先までを見通す必要がある。

● 長期展望の対象分野、展望の視点

　本書の長期展望の最大の特徴は、将来の日本経済を多角的、立体的に描き出していることにある。展望の対象範囲は日本経済のほぼすべてを網羅している。人口から、マクロ経済、財政、海外生産・貿易、産業構造、地域経済、エネルギーに至るまで、日本経済について7つの幅広い分野を対象に一貫した形で整合的、総合的な展望を行っている（図1）。その際、輸出入などに大きな影響を及ぼす世界の経済およびエネルギー動向を見通す必要があり、本

図1 日本経済の長期展望　7つの対象分野
—展望の主要項目と視点—

人口
- 人口総数、人口構造(男女別の年少人口、生産年齢人口、老年人口の動向)、全国ベースと地域別の動向
  - 人口はどこまで減少するのか。出生率は回復するのか。少子・高齢化、人口減少のスピード。その地域間格差。

マクロ経済
- 経済成長率、GDP、最終需要(消費、設備投資、財政支出、輸出入)、物価・賃金上昇率、為替レート、家計貯蓄率、金融資産残高
  - 少子・高齢化、デフレ、財政改革、情報化の影響。持続的成長の条件は何か。低成長はいつまで続くか。四大不均衡は解消できるか。消費構造はどう変わるか。

財政
- 中央(国)と地方の財政収支、財政構造、社会保障部門の財政収支、財政構造
  - 少子・高齢化、デフレの影響。望ましい財政再建策とは。財政破綻は免れるのか。消費税増税、国民負担率などの行方。

海外生産・貿易
- 対世界地域別・業種別の海外直接投資、対世界地域別・商品別の輸出と輸入
  - 海外生産はどこまで進むのか。国際競争力は維持できるのか。競争力の業種別動向。グローバル化、中国の高成長の影響。

産業構造
- 43部門別の付加価値生産額、輸出、輸入等の動向、10部門別の就業構造
  - 少子・高齢化、情報化、グローバル化の影響。リーディング産業は何か。成長産業と衰退産業。サービス化の就業構造への影響。

地域経済
- 全国10地域別の成長率、GDP、消費、設備投資等の動向、地域別の産業構造、就業構造
  - 少子・高齢化、財政改革の影響。地域間の成長格差は拡大するのか。首都圏への依存。社会資本の地域への影響。

エネルギー
- 国内エネルギー需要(石油、石炭、電力需要等)、二酸化炭素排出量の動向
  - 経済成長、地球温暖化対策の影響。二酸化炭素排出抑制目標は達成可能か。エネルギー間競合はどう変わるのか。原子力停滞や燃料電池普及の電力需要への影響。

(注) 各対象分野の上段枠内は展望の主要項目、下段は展望の視点を示す。日本経済の展望結果の詳細は、第7〜第13章を参照のこと。

書の展望ではこれら世界の動向も含めて、9つの幅広い分野を対象にしている。

　本書の展望における基本的な視点は、先にみた三大潮流や三大リスクがどのような影響を及ぼし、その結果、日本経済がどう変わっていくかを明らかにすることである。少子・高齢化は人口、マクロ経済、産業構造、地域経済にどのような影響を及ぼすのか。また、グローバル化・世界大競争は貿易構造にどう影響するか。情報化は産業構造をどう変えるのか。財政破綻をどのようにして避けるのか等々。本書では、こうした視点から2025年へのシナリオを描き、日本の将来を展望する。

● 計量経済モデルによる展望の利点

　長期展望の手法は、計量経済モデルを使って展望するものである。計量モデルとは、さまざまな経済指標間の因果関係を数量的にとらえた連立方程式体系のことである。各方程式のパラメータ（係数）は過去20年ほどのデータを使って推定される。例えば、家計の消費を所得で説明する方程式で、所得にかかるパラメータが0.8と計測されていれば、所得が10兆円増えると消費は8兆円増えることがわかる。

　このため計量モデルは過去の経済構造を反映することになるが、計量モデルをそのままの形で予測に利用することはない。経済構造は時代とともに変化するから、別途、調査分析を行い、そこから得られる定性的、定量的なさまざまの情報を使って、将来の構造変化を予想し、モデルを補正して将来を予測するわけである。

　計量モデルの利点は、整合的な予測数値を計算できること、予測結果の再現が可能であること、シミュレーションが可能であること、予測結果を客観的に評価できることなどにある。特に、シミュレーションの利点は大きい。ある特定の条件を変えたときに、経済指標が数量的にどう変わるかが明確に計算される。例えば、消費税率が1％引き上げられたとき、経済成長率や物価賃金、産業別生産額やエネルギー需要などがどう変わるかなどが計測できるし、さらには消費税増税と公共投資拡大をミックスしたときの経済変化なども明らかにできる。このためシミュレーションで、将来の日本経済の成長

経路について複数のシナリオを想定することもできるし、さまざまな政策効果を評価することも可能である。

● 本書の内容構成

本書の内容構成は、大きくは前半と後半の2つに分かれる。第1章から第5章までの前半は分析編であり、長期的な視点から日本経済の現状を分析し、少子・高齢化、デフレ、財政危機という三大リスクの影響を整理する。

第1章では過去10数年間の日本経済の動向や政策変化を概観し、日本経済を左右する三大潮流や三大リスク要因を整理する。第2章では少子・高齢化のリスクとその影響、第3章ではデフレのリスクとその影響を述べ、少子・高齢化とデフレはともに財政破綻リスクを増幅することを明らかにする。第4章では危機的な財政状況をみたあと、財政危機への対応として、良いシナリオと悪いシナリオの2つあることを示す。第5章では財政破綻と持続的成長の2つのシナリオを計量モデルで解析する。現状並みの構造政策だけでは国家財政は将来破綻すること、さらには良いシナリオとして、財政破綻を回避して持続的成長を達成するための政策を提言する。

本書の後半は展望編である。国家財政破綻を回避して持続的成長を達成するシナリオのもとで、これから20年で日本経済はどう変わるのか、2025年までを展望した結果を詳しく紹介する。展望の最大の特徴は、日本経済を7つの分野に分けて、部分と全体を一体的にとらえた「総合的な経済展望」である点にある。

まず第6章では、日本をとりまく世界の経済とエネルギーの将来動向を展望する。第7章〜第13章では、持続的成長が可能なシナリオのもとでの日本経済の展望結果を7つの分野別に詳しく紹介する。第7章では人口動向、第8章ではマクロ経済、第9章では財政、第10章では海外生産・貿易、第11章では産業構造、第12章では地域経済、第13章ではエネルギーの、各展望結果を詳しく述べる。日本経済を7つの側面に分けることによって、2025年までのおよそ20年で日本経済がどう変わるのか、その構造的な変化や政策変化の影響、政策課題などを明らかにする。最後に、終章では本書の展望を踏まえて、持続的成長に向けて何が必要かをまとめて結びとしたい。

第Ⅰ部

分析編

日本経済の現状と三大リスク

少子・高齢化、デフレ、財政破綻リスクの影響

第1章

大転換時代を迎えた日本経済

現在、日本経済は大転換の時代を迎えている。これからおよそ20年、日本経済はどう変わっていくのかを見通すためには、まず長期的な視点から日本経済の現状を分析しなければならない。本章では、日本経済が大きな変化を遂げた1980年代半ばから現在までの経済情勢を概観し、経済構造や政策動向の変化を示す。次に、「21世紀初頭の三大潮流」と「三大リスク」を取り上げ、これらの日本経済への長期的な影響を整理し、本書の長期展望における視点を明らかにする。

1　バブル以降の経済変動と構造転換

● バブル時代の経済動向

わが国は戦後の荒廃のなかから幾度もの困難を乗り越えて成長してきた。1950年代には、終戦直後の混乱期から立ち直り高度成長期を迎えた。その後、ニクソンショック、第一次、第二次石油危機といった国際政治経済面での波乱に直面したが、日本経済はこれらを見事に乗り切ってきた。特に、二度の石油危機を乗り越えるために、「軽薄短小」のキーワードで代表されるように、日本企業は半導体などさまざまな先端商品を開発した。その結果、1980年代には日本経済は世界でトップクラスの実力を持つまでになり、「ジャパン・アズ・ナンバーワン」ともてはやされ、世界各国から日本型経営が賞賛された。

1980年代前半の不況期では、先端商品を武器に輸出を増やして、外需主導型の経済で景気回復を図った。集中豪雨的な輸出の増加で欧米諸国との貿易摩擦が激化した。日本市場の閉鎖性を重視したアメリカから市場開放を要求され、内需主導型経済への移行が課題となった。

貿易摩擦の激化で国際的な経済構造調整が必要となり、1985年の先進5カ国蔵相会議（G5）でドル高是正に向けた合意がなされた。このプラザ合意で急激な円高・ドル安が進行し、わずか半年の間に円レートは対ドルで一気に50円も高くなった。これが円高ショックだ。輸出が激減し日本経済は深刻な不況に突入した。各地の高炉や生産ラインも相次いで停止した。

この円高不況に対して、政府は財政金融政策を発動した。一方、企業は積極的にリストラクチャリング（再構築）を推し進め、新製品開発、海外展開、経営多角化、コストダウンを図った。海外展開では、NIES・ASEANを中心に部材の海外調達先を拡大し、貿易摩擦対策として欧米での現地生産を拡大した。内需拡大策とリストラクチャリングがうまく絡み合って、日本経済は本格的な内需主導型の経済に移行した。

　やがて日本はバブル経済に突入していく。アメリカからの外圧もあって金融緩和・低金利政策が長期化した。公定歩合は86年初に引き下げられ、87年には史上最低の2％にまで低下し、89年春まで低金利が続いた。金融緩和が長期化し好景気が続いた（図1-1）。大型テレビ、新型車、宝石類などの高額商品が飛ぶように売れ、各地で大型のリゾート開発も進められた。人々の期待成長率が高まり、右肩上がりの成長神話が一段と広まった。

　こうした楽観的予想がさらに資産価格を押し上げた。資産価格の上昇はキャピタル・ゲイン（資本利得）や含み益をもたらし、「資産効果」から家計消費や設備投資を促進し景気を後押しした。資産効果とは、資産価格の上昇が家計や企業の経済力を増し支出を増やす効果をいう。資産価格が経済の実勢を離れて異常に上昇し、行き過ぎた経済拡大が起きた。これがバブル経済の実体だった。バブルとは中身のない泡であり、いずれ破裂する。

　バブル経済の背景には、80年代からの金融自由化の動きがあった。金融自由化によって企業は資本市場で資金調達するのが容易になり、大企業の銀行離れが起きた。優良な貸出先を失った銀行は融資先を中小企業にシフトし、土地を担保に過剰な貸し出し競争に走った。株価が上昇するなかで、企業はエクイティ・ファイナンス（新株発行を伴う資金調達）により資本市場で低コストの資金を調達し、この資金を設備投資だけでなく、金利の高いCD（譲渡可能な大口預金）や大口定期、株式、土地といった金融資産や不動産の購入に振り向け莫大な利益を上げた。これが「財テク」である。大企業も中小企業も本業よりも財テクで稼ぐことが流行った。この財テクが株価、地価を押し上げ、バブル形成の大きな要因になった。

● バブル崩壊後の経済動向

　89年末からバブルは崩壊し始める。89年に入り、日銀は経済拡大に伴う物価上昇の予防的措置として公定歩合の引き上げに踏み切った。2年7カ月に及ぶ金融緩和政策は終焉し、これを契機に株価が下落し始めた。日経平均株価は1989年12月29日の38,915円をピークに下落に転じた。

　地価は株価に1年ほど遅れて下落に転じた。地価の下落は金融引き締めが直接的な要因ではなく、政府の地価上昇抑制策によるものであった。地価対策にはいくつかのものがあったが、そのなかでも地価の下落に最も強力に作用したのは大蔵省が発動した総量規制であった。総量規制は不動産向け融資の伸びを規制するもので、これが発動されるや不動産向け貸し出し額は激減し、それに伴って地価が大きく下落し始めた。

　株価、地価の継続的な下落という資産デフレは、家計や企業にキャピタル・ロス（資本損失）や含み損をもたらし、「逆資産効果」から消費や設備投資を冷やすことになった。折悪しく90年にはイラクがクウェートに侵攻し原油価格が上昇し、輸出低迷から景気の減速をもたらした。80年代の後半から続いた大型の好景気はこれで終焉することとなった。

　1990年代の日本経済は「失われた10年」といわれるように、景気の停滞が長期に及んだ。景気循環でみると、94年から96年にかけて、そして99年から2000年にかけて景気は一時的に拡大しているが、いずれも回復力は弱く期間も短かった。この結果、90年代の実質GDP成長率は平均1.4％にとどまった。80年代の成長率は平均4.1％成長であったから、実質成長率は大きく下方に屈折したことになる。経済成長率がこれほどまでに低下し、不況がこれほど長期に及んだのは戦後初めてのことである。戦後最悪の不況といわれるゆえんである。

　不況の主因はバブル崩壊であるが、これ1つだけではない。また、不況の要因は期間によって異なる。巷間では、91年以降から現在までの期間をひとまとめにして、平成不況と呼んでいるが、それは適切ではない。景気循環では3つほどの時期に区別できるが、金融システムやデフレの問題からみれば、大きく2つに分けてみることも可能だ。平成不況の第一幕は96年頃までで、97年以降から現在までが第二幕である。第一幕では、逆資産効果、ストック

第1章 大転換時代を迎えた日本経済　27

図1-1　経済成長率、株価等の推移

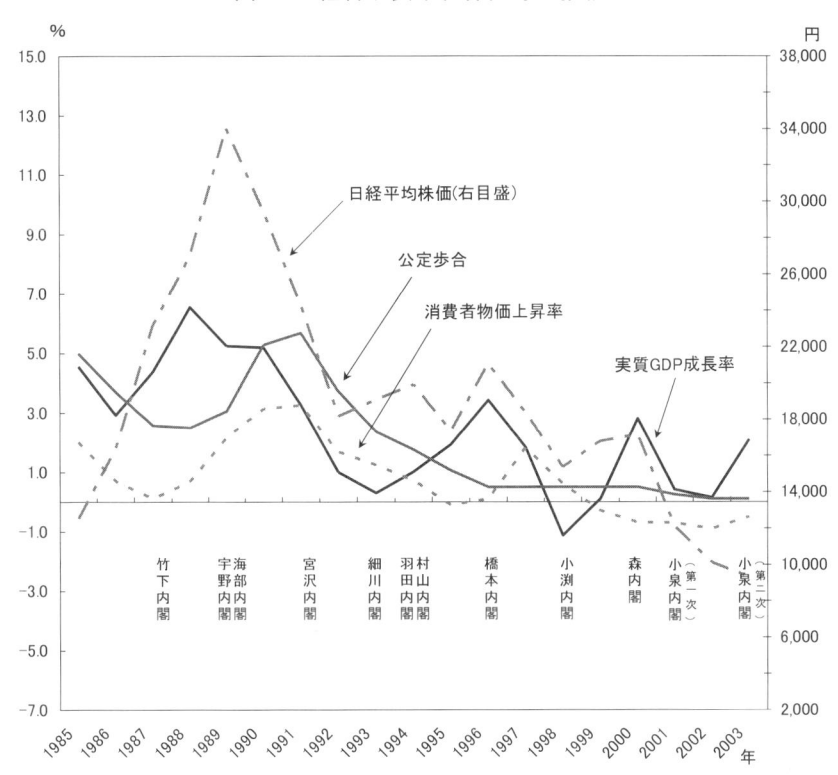

（注）2003年は実績見込み。
（出所）内閣府『国民経済計算年報』、日本銀行『金融経済統計月報』、総務省『消費者物価指数』、日本経済新聞社『日経平均株価』。

調整効果（設備投資や耐久消費財の調整の効果）、円高などが複合的に作用して景気が悪化した。従来の景気循環的不況とは異なる様相を呈しており、複合不況ともいわれた。複合要因として銀行の貸し渋り（クレディット・クランチ）を柱とする説が有力であったが、実際に、本格的な貸し渋りが発生したのは98年以降のことであった。95年から96年にかけて景気は回復に向かった。

● デフレ経済への突入

　景気回復が本物と判断した政府は財政再建を急ぎ、財政の引き締めを図った。97年には社会保険料の引き上げや医療費負担の増加、公共投資の圧縮、消費税率の引き上げ（3％→5％）を実施した。これらの負担額は総額で約9兆円にも上る。タイミングの悪いことに、同年7月にタイ・バーツの暴落からアジア通貨・金融危機が発生した。アジア危機の影響で秋口から輸出が減速し始めた。

　97年の年末にかけて、一部の大手銀行、証券会社が相次いで倒産し、金融システムへの不安が一気に高まり、株価が急落した。これが平成不況の第二幕の幕開けである。資本に株式の含み益が含まれているため、株価の下落は銀行の資本を減らす。93年に導入されたBIS（国際決済銀行）規制により、国際業務を行う銀行の場合、資産の8％以上の自己資本を準備しなければならない。株価の下落によりBIS規制の制約を受けるようになり、銀行は貸出額を圧縮し始めた。本格的なクレディット・クランチが起きた。この頃から銀行の貸し渋りが社会問題となった。中小企業を中心に資金繰りが厳しくなり、設備投資が激減し、景気は悪化の一途をたどった。企業や家計の心理は急速に冷え込んだ。

　驚いた政府は98年に入って、方向転換したばかりの経済政策を変更し、財政再建を先延ばしにして、大幅な公共投資の拡大、減税を実施した。その後、橋本内閣から小渕内閣へ交代し、99年から2000年にかけて政府はさらに思い切った景気対策を実施した。

　ところが景気回復への歩みがみられるようになった2000年春に不測の事態で内閣が交代した。森内閣そして小泉構造改革の旗印のもとで、財政引き締めが続いた。2000年以降の公共投資は毎年平均で前年比8％も削減され、景気は再び悪化した。2003年には、ようやく設備投資の自律反転から景気は回復基調に入ったが、今のところ本格的な景気拡大は期待薄の状況だ。

　2004年現在、日本経済は依然として供給が需要を上回る供給過剰の状態にあり、10数％の高水準の需給ギャップがある。大幅な需給ギャップは物価下落を呼び込む。98年下期以降、消費者物価が下落し続けており、内閣府は2001年3月、日本経済は緩やかなデフレにあるとし、戦後初めてのデフレを認定

した。デフレは勢いが弱まってきているものの、まだ終息していない。

デフレは物価下落から実質所得の増加をもたらすという利点はあるものの、総じて経済に悪い影響を及ぼす。デフレは金融機関などの不良債権を押し上げ、銀行がBIS規制をクリアすることを困難にする。金融機関の不良債権は約40兆円にも上り、デフレ下ではなかなか減らない。また、デフレは税収の減少から政府の財政赤字を加速する。国と地方政府を合わせた政府の債務残高は700兆円にも達しており、財政は危機的な状況を迎えている。財政に余力がなくなってきており、もはや大型の財政出動は困難な状況だ。

日銀は99年からゼロ金利政策を導入し、2001年からは量的緩和政策を続けている。超金融緩和で短期金利は0％近くにまで下がっている。「流動性の罠（わな）」といわれる状態で、金融を緩和しても金利が下がる余地はない。このため金融緩和で設備投資を押し上げ、景気を拡大する効果はほとんどない。このように、従来型の財政政策と金融政策は景気の拡大という面ではともにほとんど無力化しているが、デフレ進行を阻止するためには政策総動員によるデフレ対策が必要な状況だ。

長期的な要因としては、労働力の主体となる生産年齢人口（15〜64歳人口）が、すでに95年から減少傾向に転じていることがある。日本の人口は明治以来増え続けてきたが、あと数年で人口減少時代に突入する。人口減少は労働力人口の減少をもたらすため、経済成長の足かせとなる。少子化のマイナス影響は90年代から徐々に出てきており、経済成長率を引き下げる要因となっている。

2　90年代の日本経済を左右した三大要因

以上で1980年代半ばから現在までの経済動向を概観した（詳しくは例えば田中（2002）を参照）。そこから日本経済に大きな影響を及ぼした要因として、国際経済環境、政策、構造変化という3つの要因が浮かび上がる。ここで90年代を対象に経済変動に大きな影響を及ぼした要因を具体的に指摘しておこう。

● 国際経済波乱の影響：長引いたアジア通貨危機の影響

　第一に、国際経済環境の変化は輸出入、為替レート、輸入価格などを通じて広く経済に波及する。海外経済の波乱や円高は輸出産業に打撃を与え、国内の他の産業にも悪影響を及ぼす。80年代半ば以降、円高ショック、イラク侵攻、アジア通貨危機といった海外経済情勢の波乱があった。これらの影響はどのようなものであったか。一例として、電力中央研究所の試算結果を紹介してみたい。

　経済変動や政策変化については、計量経済モデルを使ったシミュレーション分析により、予めその影響を数量的に明らかにすることができる。当時の試算結果によれば、90年夏のイラクのクウェート侵攻では、原油価格の上昇で国内購買力が海外に流出するため、実質経済成長率は0.5％ほど下落し、当時の新いざなぎ景気ともいわれた好景気は頓挫すると予測している。また、97年のアジア通貨危機については、アジア通貨の暴落に伴う円高で輸出が減少するため、実質成長率は0.5％ほど低下し、その影響が数年に及ぶため、中期的な成長率は低下すると予測している（詳しくは服部ほか（1998）参照）。実際に、これらの国際経済の波乱に伴い景気は悪化した。当時の試算結果は概ね妥当だったといえよう。

● 政策の影響：90年代以降の政策の失敗

　第二に、国や地方政府の政策はあらゆるチャネルを通じて経済に波及する。株価が89年末にピークをつけたあと下落に転じたのは、金融引き締めがきっかけであった。91年からの地価の下落では、総量規制が極めて大きな影響を及ぼした。総量規制が効き過ぎたとの見方が有力であり、バブル潰しは必要であったが、行き過ぎてしまったとの批判が根強い。

　また、政策のタイミングも重要だ。97年の政策運営が景気拡大の芽をつんでしまったとする見方が有力だ。当時、一部の大手銀行・証券会社が破綻し、98年にかけて金融システム不安が一気に広まり、経営者や消費者はすっかり弱気心理にとりつかれてしまった。97年の消費税率引き上げの影響については、当時の試算結果によれば、物価上昇で消費が落ち込み、実質経済成長率は0.7％ほど低下し（詳しくは服部ほか（1998）参照）、同年に発生したアジ

表1-1　1990年代以降の景気対策

(単位　兆円)

年.月	92.8	93.4	93.9	94.2	95.9	98.4	98.11	99.11	2000.10	合計
総規模(兆円)	10.7	13.2	6.2	15.3	14.2	16.7	23.9	18.1	11.0	129.2
減税等				5.5		4.6	6.7			
公共投資	8.6	10.6	5.2	7.2	12.8	7.7	8.1	6.8	5.2	72.2

(出所) 東洋経済新報社『図説日本の財政』等より作成。

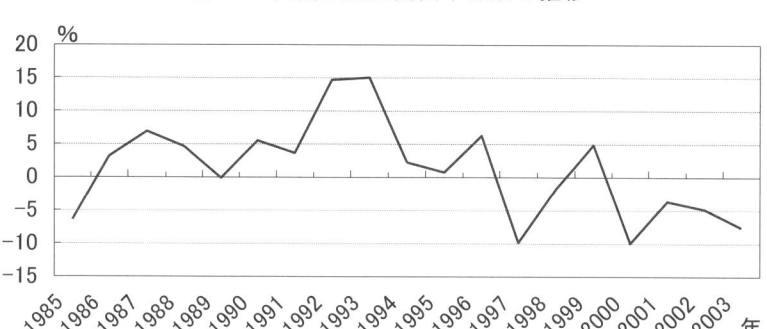

図1-2　実質公的固定資本形成の推移

(注) 2003年は実績見込み。
(出所) 内閣府『国民経済計算年報』。

ア危機の影響と合わせて、中期的に経済成長率は1％ほど押し下げられると予測している。

　さらに、99年から2000年にかけて再び景気は回復に向かったが、その後の構造改革先行型の厳しい引き締め政策が景気を押し下げることになった。2003年から景気は自律回復しつつあるが、本格的な経済拡大は難しく、現在でも弱気心理は払拭されていない。

　90年代初めから現在までの10数年間の政府の政策展開は「ストップ・アンド・ゴー」といわれているが、それどころでない。車を前進させては急ブレーキをかけ、後進させるような状況だった。景気拡大策（94〜96年）の次は、引き締め策（97年）、次に拡大策（98〜2000年）、また引き締め策（2001年〜）といった具合だ（表1-1、図1-2）。わずか10数年の間に、逆方向の政策が数回も繰り返されてきた。これでは経済はよくならない。企業経営者、消費者、国民にとっては混乱するばかりだ。

なぜ、このようなことになったのか。1993年に自民党単独政権が終焉し、連立政権が誕生したことも大きく影響している。90年代から現在までに内閣は8回も代わっている（前掲図1-1）。これほど政権の交代が激しいと、政策に一貫性が無くなるのも無理はない。

　しかし、もっと重要なことは、政策当局の「経済分析」と「政策評価」が必ずしも的確ではなかったことである。バブルの発生を許したのも、バブル潰しが行き過ぎたのも、そしてデフレの発生さえも、政府が実体経済の診断を見誤り、政策の影響をきちんと把握していなかったことが原因の一つだ（90年代の政策危機については、例えば小川・竹中編著（2001）を参照）。

● 構造変化の影響：史上まれにみる不均衡の拡大

　第三に、構造変化は経済に幅広く影響する。構造変化といってもさまざまなものがあるが、80年代半ば以降ではバブルの発生・崩壊に伴う構造変化が最も大きなものだ。90年代にはバブル崩壊後の逆資産効果で消費や設備投資が減少し景気が低迷した。資産デフレによって、金融機関や建設業界を中心に、膨大な不良債権が積み上がった。また、資産デフレのもとでBIS規制の制約を受けた銀行が貸し渋りに走り、企業活動が萎縮した。さらに90年代後半には、一般物価が継続的に下落するというデフレが発生した。このような構造変化のもとで、企業は設備投資を手控え、債務の返済を急ぐようになった。このため戦後初めて、企業の資金収支は黒字化した。金融機関などから資金を調達し設備投資を行って付加価値を生み出すのが、企業経営の本来の姿であるはずだが、現状では逆の展開となっている。

　その一方で、財政が大幅な赤字を続けている。景気低迷、デフレ、景気対策（減税）といった複合的な要因から、税収は一時的な振れはあるにせよ、91年以降減り続けている。その半面、景気対策に伴う財政支出の増大、高齢化に伴う社会保障給付の増大などから、90年代には財政支出が拡大した。税収減を主因として、財政赤字は急拡大し年間30～40兆円にも上り、世界でも最悪の財政状況となっている。国家財政は破綻したとの説まである。まさに日本の財政は危機的な状況だ。

　このように、本来なら借金経営で企業活動を展開するため赤字となる企業

部門が黒字となっており、また、平均して収支トントンが望まれる政府部門は膨大な赤字を計上し続けている。こうした状況は異常だ。

　日本経済の不均衡は、このような財政赤字だけでない。このほかにも、高水準の需給ギャップ（財・サービス市場での供給過剰）、高い失業率（労働市場での供給過剰）、大幅な経常収支の黒字（対外収支の黒字）があり、日本経済は史上まれにみる不均衡な状態に陥っている。

　このようないびつな経済構造がいつまでも続くはずはない。いずれ反動が起きる。特に、財政赤字を放置することはもはや許されない状況にある。財政破綻が強く懸念されるようになってきたからだ。いつ、どのような形で、これらの不均衡な状態の反動が起きるのか。その分析が、本書の長期展望でのメインテーマの一つである。

3　21世紀の三大潮流と三大リスク

● 21世紀の三大潮流

　5～20年後を見通す中長期の経済展望では、経済構造の変化や政策動向に注目するだけでなく、世界経済動向にも目を向け、また、時代の潮流がどのようなものであり、それらが経済社会にどう影響するかを予め検討しておかなければならない。潮流とは時代の大きな流れのことである。21世紀の潮流にはさまざまなものがあり、そのすべてを織り込んで展望することは難しい。そこで本書の長期展望では、経済成長を大きく左右するものとして、「グローバル化・世界大競争」「少子・高齢化」「高度情報化」という三大潮流を取り上げ、その影響に注目した（表1-2）。

◆ グローバル化・世界大競争

　第一の、グローバル化・世界大競争は90年代からの潮流で、そのうねりはますます高まってきている。中国が工業化に成功し、世界の供給基地ともなり、安い製品を大量に全世界へ輸出するようになった。また89年のソ連崩壊による冷戦終結で、東欧諸国が生産力を高めた。21世紀初頭には、新興工業国（NIES）などの生産力の拡大を背景に世界大競争が激しくなり、わが国の国際競争力の変化や海外生産の拡大などもあって、貿易構造や産業構造が変わっていく。

表1-2　21世紀初頭における三大潮流とその影響

	マクロ経済への影響	産業構造への影響
グローバル化・世界大競争	海外経済環境の変化 国際競争力の変化 ・貿易収支、為替レート	水平分業（双方向型貿易） 海外生産拡大 ・貿易構造の変化
少子・高齢化	経済成長力の低下 社会保障給付の増大 ・消費、労働需給、財政赤字の拡大	高齢社会対応型産業の拡大 ・消費構造の変化
高度情報化	新規需要の創出 労働生産性の上昇 ・消費、設備投資、労働需給	IT系情報関連産業の拡大 ・投入構造、消費構造、 ・貿易構造の変化

　グローバル化が進むと、水平分業が盛んになる。水平分業とは、双方向型の貿易構造である。資源や技術は一国だけに集中するものではなく、同種の製品であっても各国間でコストや品質などに差が生じるため、同じ財でも輸出も輸入も伸びる双方向型の貿易が成立するわけだ。国際的な分業で貿易・資本交流が盛んになれば、世界経済は活性化し、各国の生産性も上昇するというのがグローバル化のプラス面だ。お隣の中国が高成長を続けているが、中国の経済発展は日本の輸出拡大をもたらすと期待することも可能だ。

　しかし、グローバル化のマイナス面もある。IT（情報技術）革命や国内市場の成熟化の影響もあって、日本企業はグローバルな経営戦略を打ち出し、海外展開を一段と拡大しつつある。従来は、安いコストを求めて原材料の調達先として開発国へ進出するのが一般的であったが、海外での市場開拓、現地販売を目的とした海外展開が主流になってきている。輸出企業が国内で生産するのを止めて、海外で生産し販売するようになれば、国内の工場や事務所は縮小・閉鎖されることにもなる。こうした現象は産業空洞化といわれる。

　また、中国などのアジア諸国や東欧諸国の工業化の成功は、世界的な供給力過剰を生み出し「デフレ」の要因ともなっている。わが国は90年代後半からデフレ局面に入っている。デフレの発生には政策の失敗や需要不足という国内要因だけでなく、国際的な要因も影響を及ぼしている。

グローバル化の進展で、政治や政策面では世界的な連携や調整の必要性がますます高まってくる。地球規模の温暖化問題に関しては、二酸化炭素排出抑制を目標に、エネルギー政策の面で世界的な調整が要請される。

◆ 少子・高齢化

　第二に、少子・高齢化という潮流がある。人の寿命は70年以上あるから、人口構造の変化は緩やかにしか進まない。しかし、少子・高齢化の動きはすでに大戦後から始まっており1970年代に本格化している。少子・高齢化は少子化と高齢化の合成語だが、これら2つの経済への影響は異なるはずだ。少子化の影響はいよいよ顕在化し、あと2、3年で日本の人口は減少し始める。その一方で高齢者が急増する。

　少子・高齢化は経済に多大な影響を及ぼす。経済活動は基本的には資本ストック（工場やオフィスなど）や働く人たちで支えられているため、人口減少は経済成長を抑えるだろう。女性の労働参加は短期的には労働力を補うが、出生率を低下させるため、長期的には労働力人口の減少要因となる可能性が高い。

　一方、高齢者の急増は社会保障負担の増大をもたらす。政府が資金を出して社会保障制度を支えているため、高齢者の急増は財政収支の赤字要因となる。高齢化は介護サービスなど高齢社会対応型産業を拡大させ、経済成長を支える側面もある。少子・高齢化は着実に消費構造を通じて産業構造を変えていく。

◆ 高度情報化

　第三は、高度情報化という潮流である。情報化というキーワードはすでに1970年代頃から盛んにいわれてきたが、90年代の半ば頃からその中身が一変している。以前の情報化は、大型コンピュータの開発・普及やマイクロ・エレクトロニクス（ME）技術に関連した情報処理分野を中心とした概念であった。しかし、90年代半ば頃から世界的な情報技術（IT）革命が起こった。これはコンピュータと通信技術の融合分野での画期的な技術進歩を指すもので、IT革命の恩恵でインターネットや携帯電話などが急速に普及した。コンピュータも、小型の高性能パソコンが主役だ。インターネットの普及率も産業部門ではほぼ100％だ。携帯電話の普及率も60％を越えている。いつでも

どこでも情報交流できる「ユビキタス文明」はすぐそこまで来ている。
　情報化は経済成長にとってプラスの効果が大きいと期待できる。情報化はネットビジネスやコンテンツ産業など、情報関連の新産業や新規需要を生み出すとともにIT関連投資を拡大し、成長を押し上げる。インターネットで即座に情報交換できるため、ムダな時間が省かれ、情報収集力も飛躍的に高まるし、また、ITを使って労働生産性を引き上げることも可能だ。また、消費、設備投資といった最終需要部門だけでなく、原材料部門でも情報関連機器や情報サービスへの需要が高まるため、情報化の進展で産業構造は高度化していく。

● 日本経済をめぐる三大リスク

　こうした潮流は日本経済にプラス、マイナスの両面の影響を及ぼす。一般に、リスクとは経済的損失を与えるものであるから、ある要因が経済成長率の低下や雇用の縮小を引き起こすとすれば、それは日本経済にとってリスクである。三大潮流のうち、少子・高齢化という潮流は、経済成長を抑えるためリスク要因だ。このほかにもデフレ長期化、財政破綻の2つのリスクがある。本書では、特に、これら三大リスクの実体や日本経済への影響を詳しく検討する。三大リスクの概要は以下のようなものである（図1-3）。
　第一に、「少子・高齢化」のリスクとは、少子・高齢化が経済成長率を引き下げるというリスクだ。ただし、少子化と高齢化の影響は異なるため、2つを区別する必要がある。少子化は人口および就業者数の減少を引き起こすため、明らかに経済成長率の低下要因である。さらに経済成長率の低下は税収の減少を導びき財政赤字を拡大する。一方、高齢化は高齢社会対応型産業（シルバービジネス）を拡大し、新産業を創出するプラス効果があるが、社会保障給付を増大させるため、財政赤字を拡大する要因となる。全体的に評価すると、少子・高齢化は経済成長率を引き下げるためリスク要因といえる（第2章）。
　第二に、「デフレ長期化」のリスクとは、物価・賃金、資産価格の継続的な下落が家計の所得や資産価値、企業の販売額などの減少を引き起こし、経済成長を抑えるというリスクだ（第3章）。物価と賃金が連鎖的に下落するデフ

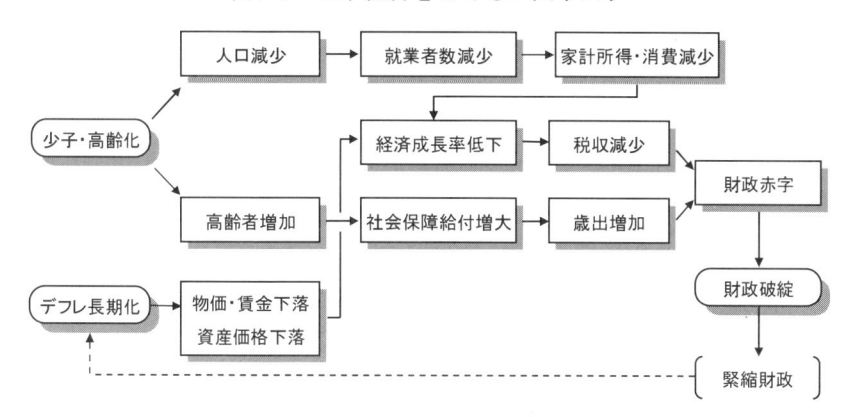

図1-3　日本経済をめぐる三大リスク

少子・高齢化 → 人口減少 → 就業者数減少 → 家計所得・消費減少
少子・高齢化 → 経済成長率低下 → 税収減少 → 財政赤字
少子・高齢化 → 高齢者増加 → 社会保障給付増大 → 歳出増加 → 財政赤字 → 財政破綻
デフレ長期化 → 物価・賃金下落 資産価格下落
財政破綻 ---- 緊縮財政 ----→ デフレ長期化

レ・スパイラルの局面に入ると、将来への不安が高まるため、成長率は大きく低下するだろう。デフレは名目GDPを縮小し、そのため税収の減少を引き起こすため、明らかに財政赤字要因だ。デフレの発生要因は複合的なものだ。今のところ、経済停滞のもとでの需要不足による供給力の過剰（大幅な需給ギャップの存在）が主因とする説が有力なようだ。その一方で、デフレは世界的な現象であり、中国、ロシア、東欧諸国の工業化に起因する世界的な供給過剰や世界大競争に求める説もある。また、デフレをマネタリー（通貨）な要因の影響に求め、デフレ脱却には金融緩和が最も効果的だとする説も有力である。

　第三に、「財政破綻」のリスクとは、このまま財政赤字を放置すれば、将来、財政が破綻し、日本経済が破局的な状況に陥るというリスクだ（第4、第5章）。先に述べたように、政府の債務残高はすでに700兆円にも達しており、日本の財政は危機的な状況だ。経済成長力と比べて歳出が多過ぎるか歳入が少な過ぎるわけで、財政構造に根本的な問題があるはずだ。抜本的な財政再建策を実施しなければ膨大な財政赤字が長期化するだろう。さらに少子・高齢化、デフレ長期化のリスクが財政赤字を拡大し、財政破綻リスクを増幅する。リスクがリスクを増幅するともいえるわけだ。

　財政赤字が拡大し、財政破綻リスクが高まると、それを回避するために、財政は引き締められる。そうなると需要不足からデフレがさらに長期化する

可能性が高まる。

　このように3つのリスクは一部で絡み合っている。日本経済の成長を抑えるものには、このほか金融システム不安や産業空洞化のリスクもある。この点について若干、補足しておきたい。

　まず、金融システム不安のリスクは短中期的な問題であり、個別の金融機関の破綻が連鎖的に波及し金融システム全体が危機に陥ることによるリスクだ。金融システムが破綻すると、金融機関の決済機能や仲介機能が止まるため、日本経済に大きな影響が及ぶ。2003年に、りそなホールディングスの実質国有化、足利銀行の一時国有化など、実質破綻した銀行に公的資金が注入された。これは改正預金保険法に基づく措置であった。2001年に預金保険法が大きく改正され、公的資金の注入が容易になり、金融システム安定化への見通しが立った。今後も金融機関の統廃合は避けられないが、公的資金の注入などで金融システム不安は徐々に解消されていくだろう。

　次に、産業空洞化のリスクとは、長期的な問題であり、世界大競争のなかで日本企業の海外進出が旺盛になり、国内での経営活動が縮小することによるリスクだ。産業空洞化は海外進出がどれだけ進むかに依存するものの、空洞化が発生すると、為替レートは円安になり、輸出はある程度まで回復する。産業空洞化の影響を見極めるためには、このような反作用まで考慮しなければならない。本書の展望では、後述するように、産業空洞化の問題については比較的楽観的な見方に立っている。

　以上みたように、三大リスクはいずれも経済成長を抑える要因である。そのうち日本経済に最も深刻な影響を及ぼすのは財政破綻のリスクだ。このため本書では、少子・高齢化およびデフレ長期化と絡んだ財政破綻の問題を最も重要なテーマとしてとりあげ、シミュレーションにより、財政へのデフレの影響、財政破綻の発生条件、財政破綻を回避し持続的成長を達成するための方策などを明らかにする。

　以下の第2章～第5章では、長期展望結果を紹介する前に、これら3つのリスクについて、その発生要因や日本経済への波及メカニズムなどを詳しく述べる。

第 2 章

少子・高齢化と その経済的影響

人口は経済成長、産業構造、地域経済など経済社会全般に多大な影響を及ぼす。わが国の人口動向は、歴史的な大転換期を迎えている。明治以来増え続けてきた人口は、戦後の少子化の影響で、あと2、3年で減少傾向に転じる。人口構造は少子・高齢化を反映して、若年人口の割合が減る一方で高齢者の割合が増え続けている。

　本章では、戦後の人口動向を全国ベースと地域ベースの両面から概観したあと、少子・高齢化の日本経済への影響について、マクロ経済や産業構造など分野別に整理し、少子・高齢化は日本経済にとってリスク要因であることを示す（人口展望は第7章参照）。

1　急速に進む少子・高齢化

● 人口はほとんど静止状態

　日本の人口は、戦争などによる一時的な変動はあるにせよ、明治以来、一貫して増え続けてきた。1880年（明治13年）では3,670万人であった人口は、第二次世界大戦が終わった1945年では7,200万人、さらに2000年では1億2,690万人に達している。明治の初期から現在までに、日本の人口は9,000万人増え、3.5倍にまで膨らんだわけだ（長期的な人口変動については、例えば古田（2003）を参照）。

　明治の頃では年間40万人程度の増加であったが、大戦後の30数年間の増加は目覚しく、人口は毎年平均100万人を越える増加をみた。1947年から49年にかけてのベビーブーム期に生まれたのが「団塊の世代」だ。団塊世代の子供が「団塊ジュニア」で、1970年代前半にも出生数が増加した。この影響で団塊世代、団塊ジュニアがさしかかった年齢層が膨らむことになり、戦後の人口動向は大きな波を伴っている。

　戦後、人口が一段と増えたのは、経済成長や医療技術の進歩などにより寿命がおよそ20年も伸びたためだ。戦後のもう一つの特徴は少子化であり、その影響が顕在化し、80年代後半から人口増加のテンポが鈍ってきた。90年代

に入ると、人口の増加は年間約50万人へと低下し、さらに2003年には遂に10万人を切った。今や日本の総人口はほとんど静止状態にあり、あと2、3年で人口減少時代を迎える。

● 人口構造は少子・高齢化を反映

　人口構造は大別すれば、年少人口（15歳未満）、生産年齢人口（15歳〜64歳）、老年人口（65歳以上）の3つに区別できる（図2-1）。このうち、生産年齢人口はその大半の人が働いている年齢層の人口であり、老年人口はその多くの人が引退している年齢層の人口で高齢者数ともいわれる。少子化と長寿命化は、総人口の伸びとともに人口構造を変えていく。少子化は年少人口を減らし、年が経つにしたがい、生産年齢人口さらには老年人口の減少を引き起こす。一方、長寿命化は老年人口を増やす。

　今のところ総人口はわずかながらも増加しているが、これは老年人口が増えているためである。年少人口はすでに1982年から、生産年齢人口も1996年から減少傾向に入っている。戦後に始まった少子化の影響はすでに年少人口、生産年齢人口に及んでいるわけだ。今後は団塊世代が高齢者の仲間入りすることもあって、老年人口が急増する。その一方で、年少人口、生産年齢人口はともに減少し続ける。

　人口の構成比について、1950年と2000年で比較すると、年少人口は35.4％が14.6％へ、生産年齢人口は59.7％が68.1％へ、老年人口は4.9％が17.4％へと大きく変化している。団塊世代が幼少期にあった1950年では年少人口の割合が大きく、団塊世代が中高年を迎えた2000年では生産年齢人口の割合が大きくなっている。ベビーブーム後に本格化した少子化の影響により、年少人口の割合は大幅に低下している半面、老年人口の割合は長寿命化による高齢者の増加と年少人口の減少に伴う相対的な影響から上昇している。

　生産年齢人口の老年人口に対する比率からみると、1人の高齢者を支えることが可能な働ける人の数は、1950年の12.2人から2000年では3.9人へと激減している。

図2-1　人口の推移　　　図2-2　合計特殊出生率と平均寿命

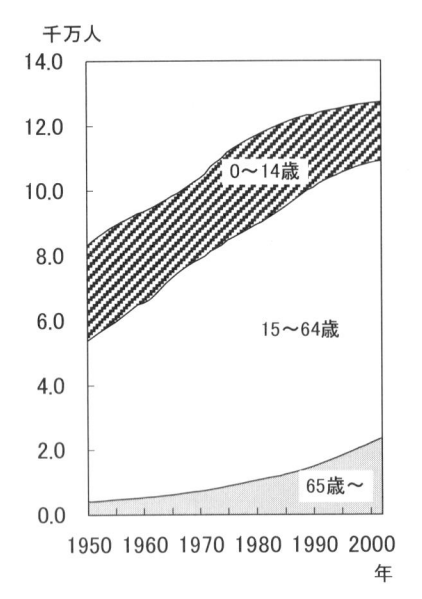

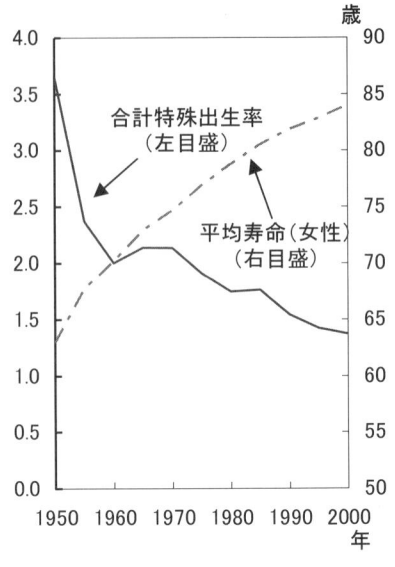

（出所）総務省統計局『国勢調査』。

（出所）厚生労働省『人口動態統計』、厚生労働省『第19回完全生命表』。

● 低下し続ける出生率

　次に、こうした人口動向の変化を引き起こした出生率と平均寿命の推移をみておこう。少子化とは子供の数が減ることであり、出生率の低下としてとらえられる。人口推計では、出生率として「合計特殊出生率」(TFR)という指標が使われる。これは、ある年次の年齢別出生率を全ての年齢階級で合計した数値であり、1人の女性が生涯に産む子供の数を示したものである。合計特殊出生率が2.0であれば、1人の女性が生涯に産む子供の数は2人ということを示している。結婚する前の年若い頃に死亡する子供がいるため、合計特殊出生率がおよそ2.08以上でなければ、現在の人口水準を維持することはできない。

　合計特殊出生率は、戦前では4～5と高水準であったが、大戦後には低下傾向をたどり、ついに1975年には2を割り込み、それ以降も低下し続けている

（図2-2）。1990年では1.54、2000年では1.36、さらに2002年では1.32にまで低下している。合計特殊出生率の低下は、晩婚化や非婚化、産む子供数の低下の影響によるところが大きい。

晩婚化、非婚化に伴い20歳代の女性では未婚率が上昇し、出生率が急速に低下する半面、晩婚化、晩産化の影響で30歳代では出生率は若干ながら上昇している。これら2つの動きが完全に相殺されれば、全体としての出生率は低下しないのだが、20歳代の出生率の低下が相対的に大きく、合計特殊出生率は明らかに低下の傾向がみられる。

合計特殊出生率の低下には、こうした晩婚化、晩産化よりも、非婚化、子供数の低下の影響が大きい。非婚化で独身男性や独身女性が増えている。40代前半の未婚率は2000年では、男性が18.4％、女性が8.6％であり、1970年と比べて、それぞれ15.6％、3.3％ポイント大幅に上昇している。特に、男性の未婚率の急上昇が目立つ。40歳代前半の男性の約6人に1人が未婚者であるわけだ。また、産む子供の数が減っている。各種アンケート調査結果によれば、夫妻が望む子供の数は3人が最も多いが、実際に持つ子供の数は2人が最も多い。近年は、一人っ子の家庭が増えてきている。

少子化、晩婚化、晩産化、非婚化はなぜ起きるのか。さまざまな要因が考えられるものの、就労機会の増大、高学歴化、社会的地位の向上などに伴って、経済的自立やより自由度の高い生活を志向する女性が増えたことが大きな要因の一つだ（例えば綜合社編（2003）を参照）。以前は、高校や大学を卒業すると社会に出て働き、結婚すると退職するというのが一つの典型的なライフスタイルであった。しかし、今では、専門能力などを生かして、生涯仕事を持ち続ける人たちが増えてきている。このため子供を持つことによる負担感が高まり、少子化や晩婚化などをもたらしている。

子供を持つことの負担感には、子育ての費用の増大が拍車をかけている。子育ての費用は、生活費のほか、保育費、学校教育費さらには結婚費用までを合わせると、1人当たり3,000万円以上にもなるといわれる。さらに子育ての費用だけでなく、機会費用が増大したこともある。機会費用とは、子供を持つことによって働く機会を逸し得られなかった所得を指す。戦後における経済成長、賃金の男女間格差の縮小などから女性の賃金が上昇したため機

会費用が大きくなり、子供を持つことの経済的負担が高まったわけだ。経済財政白書によれば、大卒女性が28歳で出産・子育で就業中断し35歳で再就職する場合、8,700万円の所得逸失が発生する（内閣府（2003））。

さらには、医療技術の進歩で乳幼児や中高年の死亡率が低下し、少子化に伴うリスクが減ったこと、また、結婚観が変わり男女の結びつきの形態も多様化し、必ずしも結婚が人生の目標とならなくなってきたことも、少子化の大きな要因である。

● 経済成長で伸びた平均寿命

一方、わが国の死亡率は、明治以来次第に低下してきたが、戦後になって一段と低下した。死亡率は戦前の1935年では人口1,000人に対して16.8人であったが、戦後の1950年では10.9人、2000年では7.7人にまで低下している。

平均寿命は出生時（0歳）の平均余命のことで、年齢別死亡率を基にして計算される。わが国の平均寿命は、戦前には男女ともまだ50歳に達していなかったのだが、戦後、飛躍的に伸びた。平均寿命は、1950年では男性が59.57歳、女性62.97歳であったが、2000年では男性が77.70歳、女性84.00歳と、40年間でおよそ20歳も伸びた。

死亡率の低下、平均寿命の伸長は、経済・生活水準の向上、医学・医療衛生技術の進歩、公的医療保険制度など、医療サービスの普及によるところが大きく、結局のところ、長寿命化は戦後の経済成長の恩恵によるものだ。

2　地域によって異なる人口動向

以上は全国平均の動きである。一方、地域の人口動向には人口移動という、全国ベースとは異なった動きがみられる。

● 地域別の人口

人口の推移には地域差がはっきりみられる。1970年を起点に2000年までの推移をみると、増加のテンポにしたがって、大まかに3つのグループに分けることができる（図2-3）。人口の伸び率が高い地域は沖縄、首都圏である。北関東、中部、関西は全国平均の伸び率に近いが、詳しくみれば、北関東、

第2章　少子・高齢化とその経済的影響　45

図2-3　人口の推移（地域別）　図2-4　合計特殊出生率の推移（同）

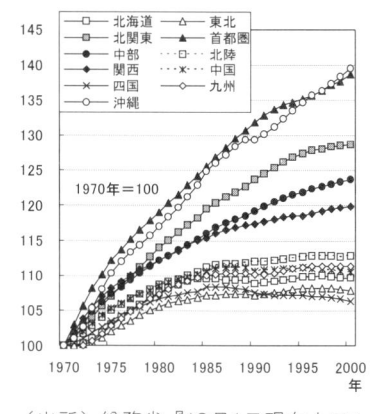

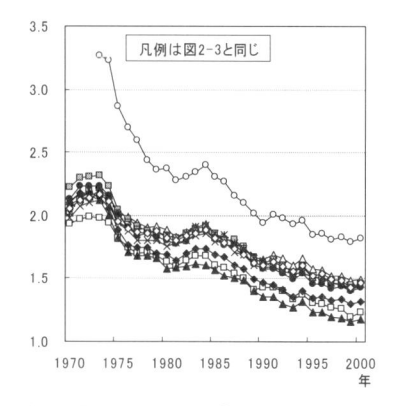

（出所）総務省『10月1日現在人口』で補間した国勢調査ベース。　（出所）厚生労働省『人口動態統計』。

中部は平均よりもやや高い伸び率で推移している。一方、人口の伸び率が低い地域は、低いものから順に、四国、東北、北海道、中国、九州、北陸である。このように沖縄、首都圏、北関東の人口の伸びは高かったが、沖縄を除く地方圏の伸びは低かった。

人口がピークを打った年からみると、中国、四国ではすでに1980年代までに頭打ちとなり、減少傾向に入っている。2000年でも人口が伸び続けているのは、北関東、首都圏、中部、関西、沖縄の5地域であり、北陸および九州の2地域ではほぼ横ばいで推移している。やはり増加テンポが鈍い地方圏では、より早い時期に人口のピークを迎えている。

地域の人口は各地域の出生率、死亡率のほか、地域間人口移動に大きく左右される。全国ベースの人口動態ではみられなかった転出・転入の動きが地域の人口に大きな影響を及ぼすわけだ。この地域間人口移動は経済社会的要因の影響を大きく受ける。ちなみに、各地域の出生率や死亡率による人口の増減を「自然増減」、地域間移動による増減を「社会増減」と呼ぶ。

1970年以降をみると、人口増加の大きい地域は当然ながら、自然増や社会増が大きい。沖縄では、出生率が高く長寿命化が進んだため、自然増による人口の増加が大きかった。首都圏では、自然増、社会増がともに人口増加を

もたらした。他地域からの純流入による社会増が大きく、他地域からの若い人たちの流入が出生数を押し上げた上に長寿命化の影響も加わり自然増も大きく、首都圏では両要因とも人口水準を押し上げたわけだ。中部、関西では純流入の効果はわずかむしろ減少要因となり、人口の伸びは長寿命化による自然増によるところが大きかった。一方、地方圏では、自然増がわずかむしろ自然減さえみられるなかで、首都圏などへの転出に伴う社会減があり、このため人口増加のテンポが弱く、一部の地域では人口はすでに減少傾向をたどっている。

このように、人口がピークを打つ年や増減のテンポは、地域によって大きく異なっている。しかし、合計特殊出生率がすべての地域で2.1を大きく割り込んでいるため、近い将来、全地域で人口が減少する時代を迎える。以下の節で、地域の人口に影響を及ぼしている主な要因をみておこう。

● 地域別の出生率

合計特殊出生率（TFR）は、全国平均と同様に地域別でも低下傾向をたどっている（図2-4）。1975年以降をみると、TFRの最も高いのは沖縄で、最も低いのは首都圏である。首都圏のTFRが最も低いのは、首都圏の経済水準が高く、女性の就労意欲が旺盛であることや、個人のライフスタイルを志向した独身女性が増えていることなどがその大きな要因だ。

TFRは、地域間格差をほぼ一定に保ちながら各地域とも低下傾向が続いている。1970年代には高水準の沖縄を除くすべての地域で、TFRは人口水準を維持できる2.1を割り込んだ。1980年代後半には沖縄も2.1を下回った。2000年時点のTFRをみると、最も低い首都圏では1.2まで低下しており、最も高い沖縄でも1.8にとどまっている。10地域とも、人口移動やさらなる長寿命化がなければ現在の人口水準を維持できない。

● 地域別の平均寿命

平均寿命は全国ベースと同様に、各地域とも長寿命化の傾向がはっきりしている。平均寿命の伸長は、各地域の人口増加をもたらし高齢化の要因となる。平均寿命の地域差について、1970年と2000年を比較してみると、最高

と最低の差は、男性では2.2歳から1.2歳へと大きく縮小しているのに対して、女性ではいずれも1.2歳程度でほとんど変わっていない。

地域別の特徴をいくつか挙げると、平均寿命が最も長いのは沖縄の女性で、2000年時点では全国平均より1.3歳長い。また、平均寿命の伸長が大きかったのは北陸で、平均寿命は1975年では上から8番目であったが、2000年では沖縄に次ぐ2番目にまで上昇している。男女別で異なった動きがみられるのは首都圏である。首都圏の平均寿命は、男性では1970年以降では絶えず平均より0.5歳ほど長くなっているのに対して、女性では1980年代までは全国平均より0.2歳ほど長かったのだが、1990年代に入ってから寿命の伸びが弱まり全国平均より0.1歳ほど短くなっている。このように全体的にみると、平均寿命は経済水準だけでなく、自然環境や社会的要因など多様な環境条件が影響している。

● 地域間人口移動

地域の人口移動については、高度成長期の1950年代から1960年代にかけて三大都市圏への集中が進んだこと、また、1980年代には東京一極化が進んだことなどが大きな特徴だ。

大戦後の復興期から高度成長期にかけて経済成長の地域間格差が拡大し、三大都市圏の豊かさを求めて地方から人口が大量に移動した。この頃、地方圏から三大都市圏への純流入は年間およそ30～60万人に達した。

その後、第一次石油危機をはさむ1970年代後半には、三大都市圏への純流入は細った。これ以降、経済成長率の高い時期には、地方から東京、大阪などの大都市圏への人口流入が増加し、低成長期にはいわゆるIターン、Uターンが発生して大都市圏への流入の勢いが鈍化するというパターンがみられた。

1980年代に入ると、首都圏の経済力が高まり、人口も再び地方圏から流入し、首都圏では年間平均で約12万人の純流入となった。1990年代に入りバブル崩壊で低成長が続き、地域間の経済格差が縮小したことや地方圏の若年者層が減少したことなどから、首都圏の純流入も一時的に減少した。

三大都市圏のなかでの動きは一様ではない。1980年代以降では、平均して

みると、首都圏では年間約8万人、これに北関東を含めると約9万人もの大幅な純流入となっているが、中部の純流入はわずかであり、また、関西ではおよそ2万人の純流出となっている。

一方、地方圏ではおよそ8万人の純流出となっており、地方圏の純流出は首都圏への純流入とほぼ見合った形で推移している。これは、全国10地域ベースでみると、首都圏への人口移動はそのほとんどが地方圏からのものであったことを示している。

3　少子・高齢化は日本経済にどう影響するのか

少子・高齢化は戦後の長期間に及ぶ潮流である。その影響がいよいよ顕在化し、21世紀初頭の日本経済に歴史的な構造転換を迫る（少子・高齢化の幅広い影響については、例えば木村（1999）を参照）。少子・高齢化とは、少子化と高齢化を合わせた言葉であり、これら2つは日本経済に異なる影響を及ぼすことに留意する必要がある。本節では、少子化と高齢化とを区別しながら、少子・高齢化の日本経済への影響について、マクロ経済、産業構造、財政部門、地域経済の分野別に整理しておこう（図2-5）。

● マクロ経済への影響（1）：人口減少の影響

経済成長への影響からみると、生産年齢人口の動きが最も重要だ。少子化の影響で生産年齢人口はすでに減少時代を迎えている。生産年齢人口と老年人口のうち働く意思のある人たちが労働力人口で、そのうち実際に働いている人たちが就業者である。当然ながら、労働力人口および就業者数は生産年齢人口に大きく依存する。労働力人口の人口に対する割合は労働力率とか労働参加率と呼ばれる。労働力率は、景気変動や賃金動向、産業構造、定年制度、女性の職場環境など、さまざまな経済社会的要因で変動する。経済展望では、人口動向だけでなく、将来の労働力率がどう変わるかが焦点の一つとなる。女性や高齢者を活用する社会になれば労働力人口は増える。しかし、それには限界があるため、少子化で生産年齢人口が大きく減ると、やはり労働力人口も減少する。

一国の経済規模を表すGDP（国内総生産）は、供給側と需要側の両面から

第2章 少子・高齢化とその経済的影響　49

図2-5　少子・高齢化の経済的影響

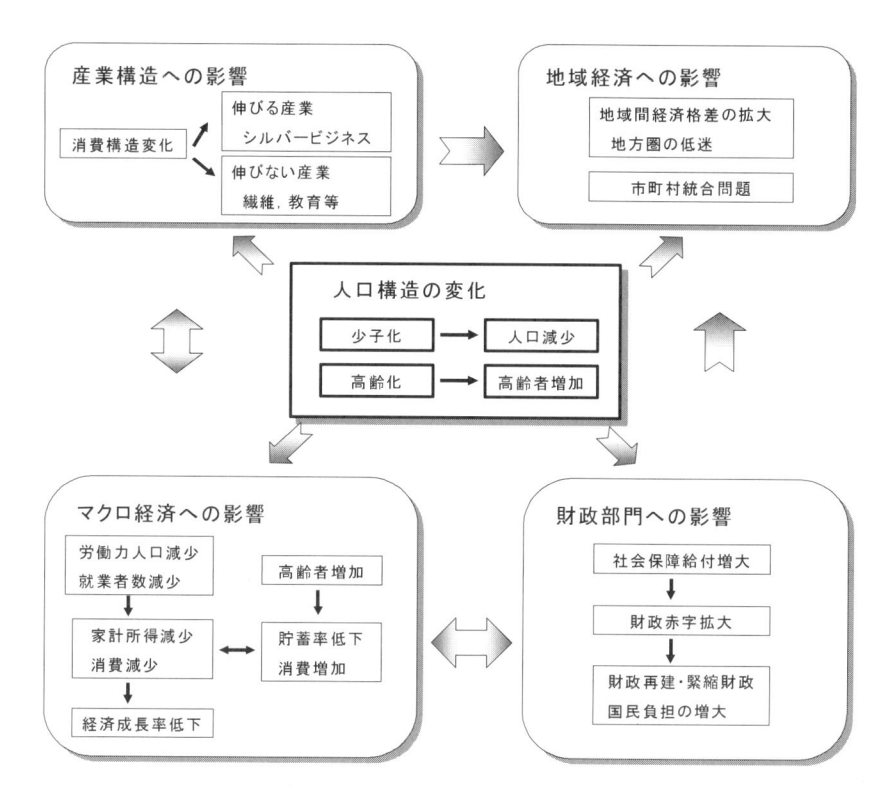

産業構造への影響
- 消費構造変化
  - 伸びる産業 シルバービジネス
  - 伸びない産業 繊維, 教育等

地域経済への影響
- 地域間経済格差の拡大
- 地方圏の低迷
- 市町村統合問題

人口構造の変化
- 少子化 → 人口減少
- 高齢化 → 高齢者増加

マクロ経済への影響
- 労働力人口減少 就業者数減少
- 高齢者増加
- 家計所得減少 消費減少
- 貯蓄率低下 消費増加
- 経済成長率低下

財政部門への影響
- 社会保障給付増大
- 財政赤字拡大
- 財政再建・緊縮財政 国民負担の増大

とらえることができる。供給側からみると、GDPを生み出すには資本ストック（工場やオフィス等）と労働力の2つの生産要素と技術が必要だ。これら生産要素をほぼ完全に利用したときの財・サービスの供給量が潜在GDPであり、GDPの上限になるわけだ。技術水準が変わらなければ、利用可能な資本ストックと労働力人口がGDPの天井を決める。だから、供給側からみると、労働力人口が経済成長率（GDPの変化率）を大きく左右することになる。このため、少子化により生産年齢人口が減少し労働力人口が減ると、経済成長率（厳密にいえば潜在GDP成長率）も低下する。

　一方、実際に働いている就業者の数は、やはり景気や賃金の動向、産業構造などの経済的要因で変動するものの、当然だが労働力人口を超えることは

ない。労働力人口のうち働かない人たちが失業者で、その割合を完全失業率と呼ぶ。完全失業率は現状ではおよそ3％程度が下限であり、この水準のとき労働市場では働きたい人がほぼすべて働けるため完全雇用の状態と呼ばれる。短期的な変動を均して長期的にみると、生産年齢人口が減れば、労働力率を引き上げない限り、労働力人口とともに就業者数も減る。働く人が減れば、家計の所得が減少するため消費も減る。消費が減れば実質GDPが減り、経済成長率が低下する。

計量モデルによる試算結果によれば、2000〜2025年間で労働力人口および就業者数が年平均0.3％減少すると、家計の所得および消費の伸びは年平均0.3％程度低下し、その波及効果も含めて実質GDP成長率はおよそ0.2％低下する。すなわち実質GDPは、年間およそ11兆円減少することになる。少子化による人口減少は成長率を引き下げるため、日本経済にとってリスク要因だ。

● マクロ経済への影響（2）：高齢化の影響

一方、高齢化は貯蓄率に大きな影響を及ぼす。現役時代に働いて貯蓄し、引退後には貯蓄を取り崩して社会保障給付によって生活するというのが、一般的なライフサイクルである。高齢者世帯の平均でみると、社会保障給付を除けば、所得以上に消費支出が多く貯蓄はマイナスとなっている。こうした点に注目したのがライフサイクル仮説だ。この仮説にしたがえば、高齢化が進むと、貯蓄率（可処分所得に占める貯蓄の割合）が低いかマイナスの世帯の割合が多くなるため、社会全体の貯蓄率は低下する。

ライフサイクル仮説は日本でもあてはまるとする見方が多い。しかし実際には、その計測は難しい。貯蓄率には、高齢化よりもむしろ金融資産残高や社会保障制度の方が大きく影響しているためだ。マクロベースの推定結果によれば、高齢者比率（総人口に占める高齢者の割合）が1％ポイント上昇すると、消費性向（可処分所得に占める消費の割合）はおよそ0.1〜0.5％ポイント上昇、したがって貯蓄率（＝1－消費性向）は同率だけ下落する。この計測結果は厳密なものではないが、仮にこの結果が正しいとしても、高齢化で高齢者比率は毎年0.5％ポイント上昇するから、消費性向の上昇による消費の増加は年間およそ6,000億円となる。

このように、高齢化に伴う消費の増加よりも、少子化による消費の減少が大きいため、結局のところ、少子・高齢化は経済成長率の押し下げ要因となるわけだ。

貯蓄率の低下の影響は、経済成長率だけでなく経常収支の面でも注目されている。日本経済全体の貯蓄から国内投資を差し引いたものが経常収支であるから、高齢化で貯蓄が低下すると、経常収支は赤字に転落する恐れがあるとの見方もある。しかし、貯蓄や投資は家計や企業の民間部門だけでなく政府部門にもある。民間部門の貯蓄が減っても、政府部門の貯蓄が増えて両者が相殺されれば、経常収支は変化しない。現在、年間10兆円以上にも上る経常収支の黒字が続いているが、将来も経常収支の黒字を維持できるであろうか。この点も展望の焦点の一つだ。

● 産業構造への影響

産業構造には、総人口のほか、年齢別人口ないし人口構造の変化が大きな影響を及ぼす。少子・高齢化は消費構造を大きく変える。消費構造が変われば、財・サービスの生産における産業間の結びつきを示す産業構造も変わる。

人口減少により消費は全体的に伸びが弱まる。特に、人口に関係の深い財やサービスが伸び悩むことになる。食料品や繊維製品は、他の財と比べて、所得よりも人口との関連性が高いため、少子化による人口減少の影響が大きく出る。

また、少子化で子供の数が減るため教育費も減少する。1人の子供にかける教育費は増加する傾向がみられるものの、子供数の減少の影響の方が大きいためである。学習塾や習い事教室、大学・短期大学といった教育産業では、すでに生徒の数が減ってきており、深刻な影響が出始めている。

一方、高齢化で高齢者が増加すると、医療・保健・衛生、介護サービス等の消費が増える。さまざまな健康用品の需要も高まる。高齢社会対応の民間企業や非営利団体の財・サービスの生産が増える。高齢化は、新しい産業を創出するプラスの効果も期待できる。

このように少子・高齢化は、消費構造の変化から産業構造を変え、産業や企業の盛衰を大きく左右する。少子・高齢化で伸びる産業と伸びない産業が

出てくるわけだ。

● 財政部門への影響

　少子・高齢化は財政部門の赤字を増やし、財政赤字が緊縮財政を呼び込むため、経済にマイナスの影響を及ぼす。わが国の公的年金制度は、基本的に賦課制度をとっている。すなわち、現在働いている現役世代の所得の一部が引退した世代に年金給付として支給される仕組みだ。政府は年金負担の一部を負担しているが、その財源の多くは現役世代の人たちからの税収で賄われる。日本の年金制度は、働いている間に自ら年金を積み立てておいて老後に引き出して使うという積み立て方式の年金制度ではない。

　このような賦課方式の年金制度では、少子・高齢化で働く人の割合が減り高齢者の割合が増えれば、年金財政の悪化は避けられず、必要な政策がとられなければいずれ破綻する。1970年では1人の高齢者を10人の働く人たちが支えていたが、2000年ではすでに4人にまで減少している。さらには2010年では3人、2025年では2人にまで減ってしまう。政策を抜本的に変えない限り、急激な高齢化で年金財政が悪化するのは当たり前のことだ。

　また、高齢化で医療費も急増する。国民の医療費は、雇用者、企業、政府によってまかなわれているから、高齢化で医療費が急増すると、政府の医療費負担が増し財政収支は確実に悪化する。

　財政部門は、年金や医療などに関わる社会保障部門を含み、その割合も大きい。社会保障負担額は2000年でみると55兆円で、財政収入に占める割合は26％にも達している。一般に財政といえば公共投資が注目されるが、社会保障は公共投資にほぼ匹敵する規模であり、しかも公共投資の伸びは抑制されるのに対して、社会保障の規模は高齢化で膨らむばかりだ。このため、今後の財政収支の動向を左右する最も大きな要因は、少子・高齢化と絡んだ社会保障部門の行方であり、将来の財政破綻を避けるためには、財政・社会保障制度の抜本改革が不可欠だ。改革が実施されなければ、財政や社会保障制度が破綻する恐れがある。財政赤字を解消するためには、増税や社会保障負担の増大が必要となり、これが経済成長率を引き下げる。このように少子・高齢化は、財政・社会保障政策の面からもリスク要因となるわけだ。しかしリ

スク要因としては、先にみたように、少子化による人口減少のマイナス影響（成長率引き下げへの影響）が圧倒的に大きい。

● 地域経済への影響

　少子・高齢化は、地域経済にも全国ベースと同様な影響を及ぼす。少子化による各地域の生産年齢人口の減少は、労働力や就業者数の減少をもたらし、財・サービスの供給と需要の両面から経済成長を抑える。地域によって少子化のテンポが異なるため、経済成長も地域間の格差が生じる。他の条件を一定とすれば、人口減少が早くから進み、そのテンポが速い地域ほど、経済成長率は低くなる。特に出生率が低く社会減少している北海道などの地域は、人口減少のスピードが速いため、大都市圏と比べて人口減少のマイナス影響は大きい。また産業構造については、少子・高齢化により、食料品、繊維、教育関連の産業が縮小する一方で、高齢化対応型の産業がシェアを増やす。このため、少子・高齢化で衰退する産業が多い地域ほど、経済成長率は大きく低下する。このように少子・高齢化は、経済成長率の地域間格差を引き起こす。

　一方、少子・高齢化の財政部門への影響は、地域では国と異なった動きをみせるであろう。社会保障制度はその大半を国が運営しているため、少子・高齢化の進行は国の財政を悪化させるものの、地方政府への影響はそれよりも限定的なものにとどまる。しかし、国家財政が悪化すれば、国から地方政府への補助金カットなどがなされるだろうから、少子・高齢化は地方政府に間接的なマイナスの影響を及ぼす。今後注視すべきは、地方自治体が運営している介護サービス事業への影響だ。高齢化が急激に進む地域の財政にとっては介護サービス費が負担になる。低成長のもとで介護サービス費が増大すれば、小さな市町村では財政が悪化するため、市町村の統合問題が現実化するであろう。

　なお本書の展望では、データの制約もあって、10地域ベースでの財政動向は把握していない。全国合計ベースでの国、地方政府、社会保障基金の3つに区分した上で財政展望を行っている。

第 3 章

デフレの進行と
その経済的影響

今日、テレビや新聞などで「デフレ」という言葉を耳にしない日はない。デフレは実質金利の上昇や債務負担の増大を通じて経済に悪影響を及ぼす。本章では、デフレという言葉の定義を整理したうえで、デフレの現状を経済データにより検証する。次いで、デフレの経済全体への波及ルートを整理したあと、財政へのマイナス影響を計測する。

1 デフレが進行する日本経済

● デフレとは

「デフレ」とは「デフレーション」(deflation)を略して用いられる用語であり、消費者物価などの一般物価が持続的に下落を続ける現象のことをいう。ただし、実体経済の状態が悪い時に発生することが多いという認識から、「不景気」「不況」という意味合いを込めて用いられることも多く、また、政府自身も「デフレ」を「物価の下落を伴った景気の低迷」(「物価レポート1999」)と定義していた時期もあった。経済の議論では用語の定義が曖昧で議論が噛み合わないこともしばしばあるが、デフレ論議でも混乱があったため、政府は2001年3月に、デフレを「持続的な物価下落」と実物経済要因を外した定義に変更し、デフレ論議の正常化をはかった。本節でもこの新しい定義を用いる。

モノサシである「物価」としては商品・サービスなどのフローの価格である消費者物価、GDPデフレーターなどを用いる。これらの動きをみると、1998～99年頃から日本経済は持続的な物価下落、デフレに陥ったことがわかる（図3-1）。なお、ストックの価格としての地価・株価などの資産価格の下落を意味する「資産デフレ」については、フローのデフレの検討が終わった後に述べる。

● 先進国のなかでも際立つ日本のデフレ

このような日本のデフレ状況を、先進各国と比較してどのような位置付け

図3-1　GDPデフレーター・物価・賃金の推移（日本、前年比％）

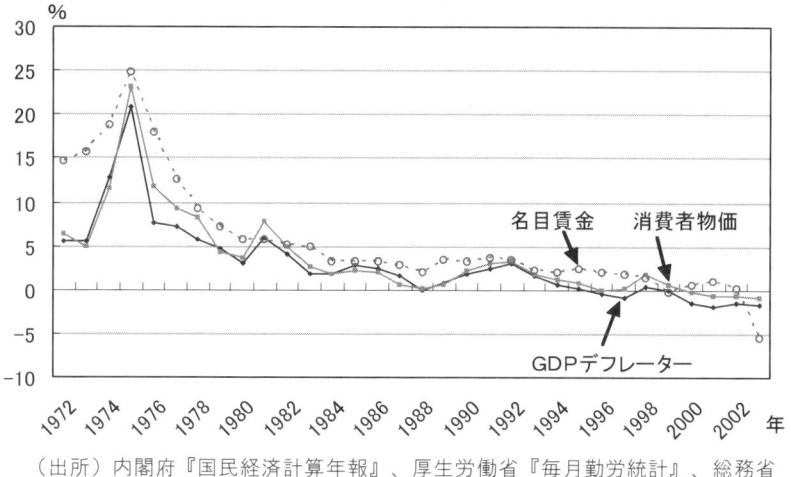

（出所）内閣府『国民経済計算年報』、厚生労働省『毎月勤労統計』、総務省『消費者物価指数年報』。

図3-2　主要先進国のGDPデフレーターの推移（前年比％）

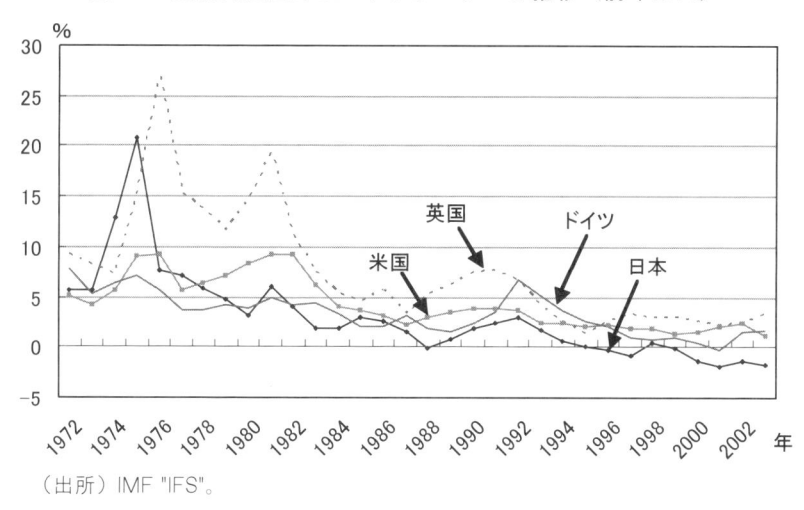

（出所）IMF "IFS"。

にあるかみてみよう。ホームメイドインフレの指標であるGDPデフレーターの推移をみると、主要先進国のなかで日本だけが、90年代後半以降ほぼ一貫して低下を続けている（図3-2）。

表3-1 主要先進国のGDPデフレーター・経済成長の長期推移

	GDPデフレーター上昇率(%)				実質経済成長率(%)		
	日本	米国	英国		日本	米国	英国
1850年代	N.A	N.A	1.2	1850年代	N.A	N.A	2.3
1860年代	N.A	N.A	0.4	1860年代	N.A	N.A	3.0
1870年代	N.A	N.A	0.0	1870年代	N.A	N.A	1.9
1880年代	N.A	N.A	-0.6	1880年代	N.A	N.A	1.3
1890年代	5.5	-0.2	0.7	1890年代	3.2	4.0	2.2
1900年代	2.7	1.9	0.1	1900年代	2.4	4.8	1.3
1910年代	11.3	8.6	11.2	1910年代	3.9	1.7	0.4
1920年代	-2.5	-2.6	-3.7	1920年代	2.0	3.1	1.5
1930年代	4.5	-1.0	1.4	1930年代	5.1	2.6	3.6
1940年代	N.A	6.3	5.9	1940年代	N.A	4.7	0.4
平均（戦前）	4.1	1.7	1.4	平均（戦前）	3.4	3.9	1.8
（戦後）	4.0	3.9	6.2	（戦後）	5.4	3.1	2.4
変動係数（戦前）	2.1	3.7	3.9	変動係数（戦前）	1.1	1.9	2.1
（戦後）	1.1	0.7	0.8	（戦後）	0.9	1.0	0.9

（注）各年代の増減率％の10年間の単純平均。日米の1880年代以前、日本の1940年代はデーター不備のため未表示。変動係数＝標準偏差/平均。
（出所）IMF "IFS"、大川一司編『長期経済統計』、米国労働省『アメリカ歴史統計』、B.R.ミッチェル『イギリス歴史統計』。

　OECD加盟30ヵ国に対象を広げてみても、韓国、スイス、アイスランドなどのように横ばい基調で推移している国はあるものの、日本のように明確に基調として下落している国はみられない。また、IMF（国際通貨基金）は、2003年4月に主要35ヵ国・地域についてデフレの危険度を評価した結果を公表した（IMF（2003））。そこでは、集計的な物価指標、超過供給の指標（産出ギャップ）、資産市場の状況、金融指標、の4つの指標からデフレ危険度を総合的に評価している。そのなかでは、日本は最もデフレの危険度が高い国とされ、不良債権問題の深刻化、資産価格のさらなる下落があれば、今後もデフレ進行の恐れがあるとした。日本以外では、香港、台湾、ドイツをデフレ危険度の高い国・地域に分類している。

● 歴史的にみた日本のデフレ

　日本では、第二次大戦直後の混乱期から90年代前半まで一貫して物価は右肩上がりで上昇してきた。では戦前にまで遡れば日本、米国、英国などで物価は平均的にどのように推移してきたのか？これをGDPデフレーターの10年毎の平均でみたものが表3-1である。これによれば、戦前には大恐慌時を除いても、各国でデフレはしばしば起っていたということがわかる。例えば、

日本では昭和恐慌直前の1920年代後半（第一次若槻、田中内閣時）、それ以外の時期でも1910年前後（第二次桂、第二次西園寺内閣時）に3年連続の物価下落があった。1880年代の英国、1890年代の米国でも、物価は小幅の下落をみたが、その間、実質経済成長率は平均ではプラスを維持していた。また英国の1870年代、1900年代の10年間平均でも、ほぼ物価は横ばいで推移するなかで経済は1.3〜1.9％の実質成長を遂げている。管理通貨制移行前の時期との比較は単純にはできないが、物価面だけからみると、戦前は変動幅も大きく、物価が下落する局面もしばしばあったことがわかる。

● 資産デフレ

これまでは、一般の商品・サービスというフローの物価だけを対象とするデフレをみてきたが、「デフレ」という用語を用いる場合には、株価・地価などの各種資産価格の下落を意味する「資産デフレ」を念頭に置く論者もいる。また、IMFの分析にもあるように、資産市場の動向をデフレ危険度の1つの要因として注目する機関もある。ここでは、資産価格の動向とフローのデフレとの関連を考える前に両者の動きを概観しておこう。

まず、1970年代以降の資産価格の動向を振り返ってみよう（図3-3）。90年代の株価・地価の下落は、ともに80年代後半のバブル期に高騰したものが、80年代前半の水準まで調整される局面であったことがみてとれる。日経平均株価は、1989年末の3万9千円弱から現状3分の1以下に下落している。また、市街地価格指数（六大都市）も同様の下げ幅となっている。

それに伴って80年代後半に膨らんだ資産のキャピタルゲイン（時価が簿価を上回る部分）は、90年代に入って、巨額が失われた（図3-4）。バブルのピーク年である1991年以降のマクロベースのキャピタルロスは、株式資産で累計206兆円（2002年名目GDP(499.2兆円)対比41％）、ITバブルの1999年を除けば411兆円（同82％）、土地資産（宅地のみ）では同876兆円（同175％）となっており、大きな影響を日本経済に与えたものと推察される。

2　デフレの弊害

それでは、デフレで誰がどのように困るのか、という点を整理しておこう。

図3-3 資産価格と物価の推移

(出所) 内閣府『国民経済計算年報』、総務省『消費者物価指数年報』、日本不動産研究所『全国市街地価格指数』。

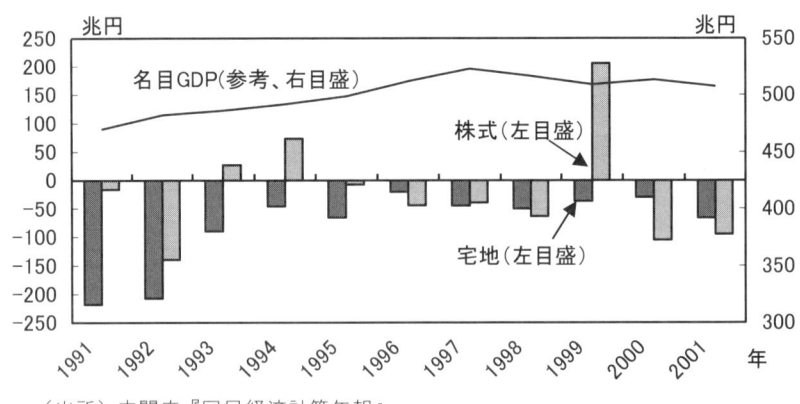

図3-4 キャピタルゲイン・ロスの推移

(出所) 内閣府『国民経済計算年報』。

まず家計部門（消費者）にとっては、雇用が確保され名目賃金水準が維持される限り、デフレそのものは実質購買力を高め生活水準向上につながるため望ましいといえよう。ただ90年代後半には、雇用が悪化して完全失業率は３％台から大幅に上昇して５％台で高止まりしている。さらに賃金水準についても、人件費の変動費化の動きに伴うパート比率の上昇、大企業での実質退職年齢の引き下げなどに伴う下落も広範にみられ、自らが職を失ったり賃

金カットに出会う不安が給与所得者の間に拡がった。このような状況は、第二次大戦直後を除けば、戦後日本経済で初めての経験である。

次に企業部門にとっては、デフレへの対応はビジネスモデルの変更などにより家計部門よりも容易な側面はあるものの、同様に厳しいものである。販価の下落による売上の伸び悩みを主因とする利益率の低下は避けられず、収益確保のためにはさまざまな形での投入生産要素費用の削減を余儀なくされる。人件費の変動費化、系列を超えた原材料品・部品調達などによる原価引き下げにとどまらず、中国をはじめ東アジア諸国との本格的な水平分業の活用など、生き残りのためにビジネスモデルの抜本的な改良を余儀なくされる場合も多い。

一方、政府部門にとってデフレは税収減少に直結するだけに影響は大きい。わが国の課税方式は主に従価税であるため、税収は名目の売上高や名目GDPと連動する。歳入が減少すれば歳出を切り詰めなければ政府の財政バランスは悪化する。歳出を切り詰めた場合も、負の乗数効果の波及により、名目GDPがさらに減少して財政バランスが一層悪化することも考えられる。この点は第3節でシミュレーション結果を検討して詳説する。

部門別には以上のような状況であろうが、マクロ経済的な観点から現在のデフレの弊害を考えると3点ほど挙げられよう。

第一に、不況からの自律的な回復が困難になるという点である。デフレ期待・デフレ予想が定着してモノの購入は先送りになる。また、経済学でいう分配効果（フィッシャー効果）により、支出性向が高い債務者にデフレは相対的に不利になるため、債務者の消費行動が消極的になってマクロの消費性向は低下する可能性がある。そのため、現在のデフレの主因である需要不足が解消に向かう可能性はますます小さくなる。

第二に、人件費比率の高い業種への影響が大きい点である。業種別にデフレ影響を考えると、製造業は少し長い目でみて、輸出や海外生産の増強など経営的に対応策がとりやすい。しかしながら、非製造業は、価格下落で売上が伸び悩んでも、費用に占める人件費比率も高くコスト削減の余地が小さいため、現状、情報化などのプラスの恩恵を受けない業界では業況が深刻化しがちである。

第三に、名目金利、名目賃金の下方硬直性が伴うと、デフレは長期化し、実体経済の不況と相互に悪影響を与えあって、さらにデフレが累積的に悪化していく危険がある。これが「デフレ・スパイラル」という状況である。物価下落と実体経済悪とが相互に影響を及ぼしあいながら、どんどん低下が続く場合にこの用語は使われる。金利・賃金が動きにくい状況は、経済に備わっている価格変動による自動調整メカニズムの働きを削ぐことになる。

3 デフレのメカニズム

前節では、デフレの弊害を部門別やマクロベースで検討した。本節では、デフレの背景を整理したうえで、デフレがどのようなメカニズムで現在の日本経済に悪影響を及ぼし、スパイラル的なデフレにも繋がりかねないかという危険性を指摘する。

● デフレは複合的な要因から

デフレの発生要因については、大幅な需要不足と海外からの安価な製品の流入などによる需給ギャップの拡大、マネーサプライの低下、IT（情報技術）関連の技術革新によるコストダウン、規制緩和を背景とした競争激化・リストラの進展、これらを背景とする生産性の上昇など、多くの論者から様々な要因が指摘されている。これらの要因は複合的に作用しており単純にデフレの原因をこれだということは難しい。論議を整理するために、やや単純化してデフレの影響とその波及ルートを図3-5に整理した。

90年代後半以降の日本のデフレの背景としては、（1）マクロベースで需要に比して供給超過の状態が続いていること、（2）資産価格の下落が続いていること、（3）デフレからは当面抜け出せないだろうという予想が一般的となったこと（期待要因）、などの点がポイントとなる。とりわけ現在の日本のデフレを考える際には、（1）が最も重要である。供給に比べて需要が弱く、需給のバランスが崩れ、供給超過の状態が続くとデフレに陥りやすくなる。他方高シェア企業主導の寡占的な価格設定が行なわれている商品では、内外の競争が激化しても、需要が旺盛で需給がタイトであれば持続的な価格下落は起こりにくい。

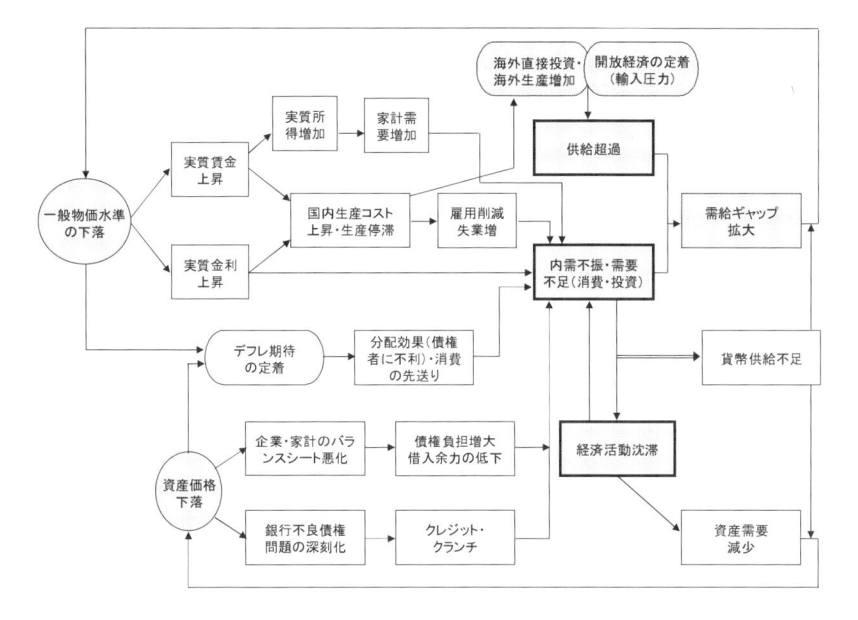

第3章 デフレの進行とその経済的影響　63

図3-5　デフレの影響と波及ルート

以下では、図3-5に即して複合的なデフレが定着した要因を順に検討してみよう。

● 需要不足の背景

　まず、何らかの外的ショックから物価が下落したとしよう。そのような状況のもとでも、名目賃金には下方硬直性があるため賃金の調整は遅れる。名目賃金指数（現金給与総額）は99年に戦後初めて前年比下落したが、その後も継続的に下がり続けているわけではない。賃金契約が長期であるなどの理由で、景気の変動に対して名目賃金の調整は通常、迅速に行われないのである。このとき、名目賃金を一般物価でデフレートした実質賃金は上昇する。実質賃金の上昇は、実質所得の増加を通じて家計需要増大につながる可能性はあるものの、企業にとっては労働生産性低下のもとでの生産コスト増大を通じて雇用削減を進めるインセンティブとなり、失業を増加させる。その結果、マクロベースの家計所得（賃金×雇用者数）の減少と、雇用不安などに

起因する消費者心理の悪化は、消費需要を減少させる。GDPの過半を占める消費の不振は内需不振に直結し、需給ギャップの拡大要因となる。

一方、物価が下落すると内需減退から資金需要も減少し、金利には低下圧力が働く。しかし、近年名目金利はすでに歴史的な低水準にまで下落しており、さらに引き下げることは難しい。ほとんどゼロ金利に陥った2001年春以降には、名目金利は下げる余地がなく、物価下落が進行するなかで実質金利は高止まりしている。これは企業の投資コストを押し上げ、国内での投資需要の減少をもたらした。これも内需不振を長引かせ、需給ギャップが拡大する要因となる。

さらに需要不足に拍車をかけるのは、デフレの「分配効果」と「消費先送り効果」である。デフレの進行は債務者から債権者への意図せざる所得分配効果を引き起こす。一般に債権者より債務者の方が支出性向は高いと考えられるため、デフレはマクロの支出性向（消費・投資性向）の低下要因となる。また、デフレ期待の定着は、技術革新のスピードが実感されるなかで新商品に対する需要を先延ばしし、なかなか需要増加につながらない。これらの要因がすべて同時に働くと、需要不足は極めて深刻なものとなる。

● 供給過剰が需給ギャップ拡大に拍車

次に需給のうちの供給面に目を転ずると、世界経済のなかの日本という観点が必須となる。資本取引の自由化・変動相場制を活用したプラザ合意による為替調整や、非関税障壁の関税化、関税率の引き下げなどを受けた開放経済定着のもとで、80年代後半以降の円高は日本企業の海外進出を促し、90年代の市場経済拡大のなかで世界の生産基地化した中国・NIES・ASEAN諸国からの輸入品圧力は強まる一方である。デフレの進行は、実質金利・実質賃金の上昇を通じた国内生産コストの上昇を招く一方で、海外進出に拍車をかける。

以上述べた需要不足と供給過剰という需給両面の要因から、90年代の日本では超過供給を示す需給ギャップは拡大した（図3-6）。需給ギャップは90年代後半以降、さらに拡大の様相を呈しており、持続的な物価下落の基本的な背景を形成しているといえる。

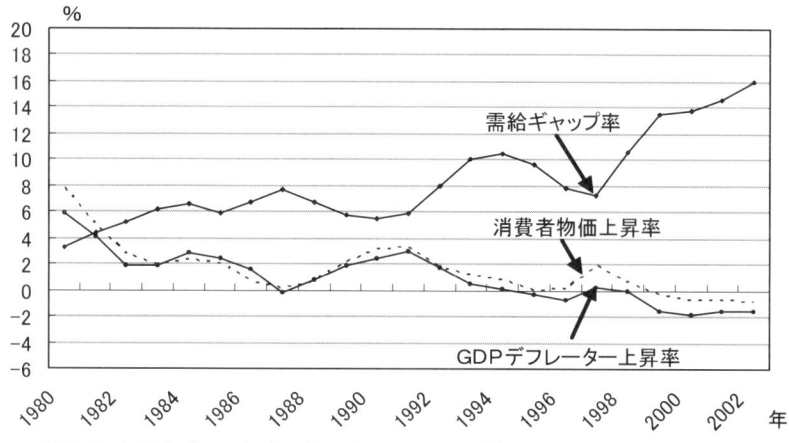

図3-6 需給ギャップ率と物価上昇率の推移

（出所）内閣府『国民経済計算年報』、総務省『消費者物価指数年報』、電力中央研究所データベース。

● 資産価格の下落の影響

　一方、資産価格の下落という、いわゆる「資産デフレ」の要因も、金融的な側面とともに、現在の日本のデフレを深刻化させている要因である（前掲図3-5）。

　90年代日本における資産価格の下落は極めて大幅なものであり、実体経済の低調さとあいまって不良債権問題の解決を遅らせてきた。日本の不良債権問題は、政治サイドの決断による適当な政策を得れば、90年代前半に十分に解決できたとの指摘（西村（1999））もあるものの、これは結果論であり、現状のデフレのもとでは、資産価格の下落はさらに問題を深刻化させることとなる。

　リスクを取る体力のない金融機関は民間企業への融資拡大に消極的にならざるを得ず、大なり小なりクレジット・クランチを招いて経済活動を萎縮させる。間接金融から直接金融への移行スピードには限度があり、当面間接金融中心で行かざるを得ず、資金供給面での銀行行動の重要度は減ずることはない。日銀がマネーサプライを増やすためにベースマネーを増やしても、民

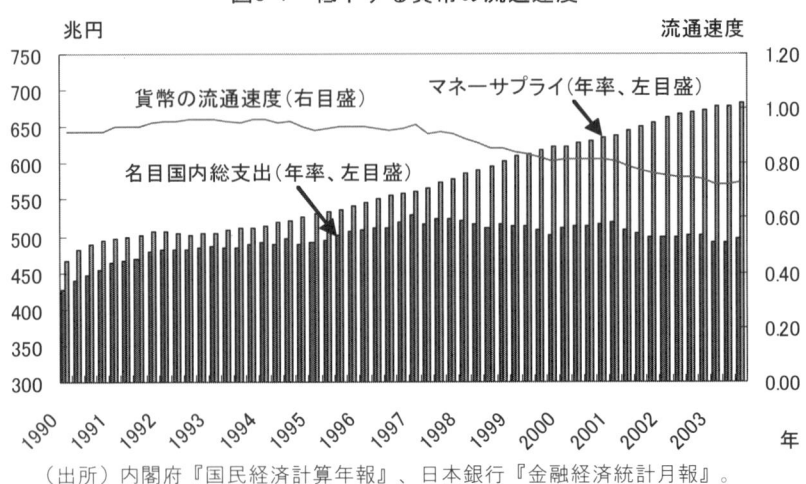

図3-7 低下する貨幣の流通速度

(出所)内閣府『国民経済計算年報』、日本銀行『金融経済統計月報』。

間銀行が安全資産の公債購入を減らして貸出拡大に転じない限り、低下し続けている貨幣乗数は下げ止まらないであろう。

　他方で資産価格の下落は、企業の借入余力を削ぐだけでなく、焦げ付き(不良債務)に至らなくとも実質的な債務負担の増大から企業経営は慎重にならざるを得ない。企業の過剰債務の削減努力は財務体質改善のために必須の行動であるが、これ自体は需要不足の加速要因である。また、住宅債務の重荷にあえぐ家計に消費拡大の余力はない。

　以上のように、金融機関、民間企業、家計への資産デフレによる打撃は経済活動を沈滞させ、資産需要をさらに減退させて、一層の資産価格の下落につながる。

　デフレの原因としてしばしば強調されたマネーサプライ(貨幣供給)要因について触れておこう。その評価にあたっては2001年後半からの大幅なベースマネーの供給増加にもかかわらず、金融不良債権問題処理の負担に起因する金融仲介機能の低下、それにもとづく貨幣乗数の低下から2002〜2003年にかけてマネーサプライや名目GDPの増加には繋がらなかった(図3-7)。この事実が示唆する点は重要である。すなわち、長期的にはデフレは貨幣的現象であり、金融要因が決定的に重要な場合もあるものの、短期的にはマネー

サプライは経済活動全般の動きを織り込んで内生的に決定されるものであり、いつでも自由自在に増やすことが可能なものではないという点である。ここ2年ほどの、貨幣乗数の低下という経験は、貨幣要因が基本的には必要条件にとどまることを示したといえよう。但しこれは現在とられている量的金融緩和政策の効果を否定するものではなく、デフレ脱却への道筋を展望した場合には、不良債権処理を進めると同時に、少なくとも量的緩和の継続は当面必須と考えられる。

以上、フローの物価下落を中心に、ストックの資産デフレとの関連も含めてデフレ定着の要因を整理し、デフレがきわめて複合的な要因からきていることを明らかにした。

4 デフレの税収・財政バランスへの影響

本節では、過去数年にわたるデフレが政府部門、財政に対して、どの程度の悪影響を与えてきたかという点を数量的に確認する。ここでは、1998年から2003年までの日本経済の成長経路として、90年代前半並みのやや高目の名目経済成長率で標準ケースを設定し、それに対して名目成長率が標準ケース比4%弱低い成長経路をシミュレーションケースとして設定して、両ケースの差が財政関連の指標で測ってどの程度かを数量的に評価した。このように、過去のある期間について仮に発生しなかったと想定したときの影響を分析するためのシミュレーションをカウンターファクチュアル・シミュレーションと呼ぶ。政策評価や経済見通しを行うにあたって、デフレの影響を数量的に把握することは喫緊の課題となっているが、この分析から財政に大きな影響を与えることが明らかとなった。

● 財政モデルによるシミュレーション

わが国の課税方式は従価税が基本であるため、税収は一般に名目の売上高や名目GDPに依存する。そのためデフレは、直接的な税収の減少を通じて政府バランスの悪化要因となるものと予想される。これを定量的に確認するため、財政モデルを用いてシミュレーションを行なった。

通常、マクロモデルと財政モデルは図3-8に示すように、弱い形でリンク

図3-8　デフレの財政へのマイナス影響

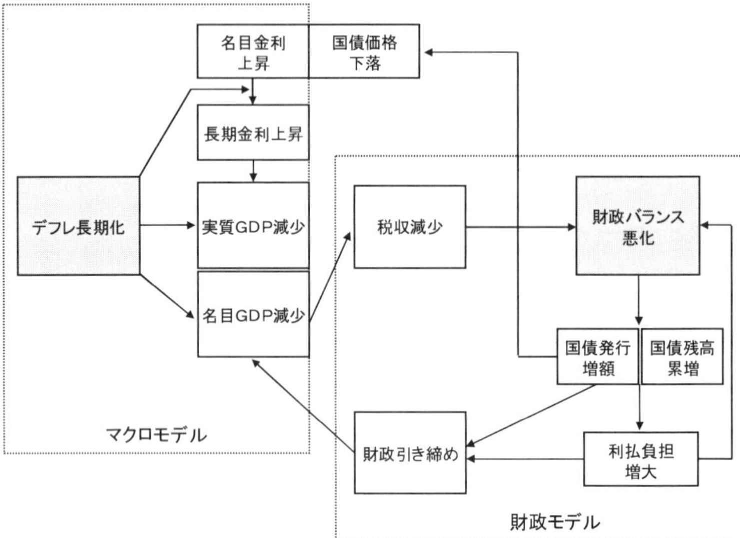
名目金利
上昇
国債価格
下落
長期金利上昇
デフレ長期化
実質GDP減少
名目GDP減少
税収減少
財政バランス
悪化
国債発行
増額
国債残高
累増
財政引き締め
利払負担
増大
マクロモデル
財政モデル

している。シミュレーションでは財政モデルのみを使い、財政モデルに名目GDP（経済成長率）などを外生的に与えて計算した。

この試算では、デフレ発生前の90年代前半のトレンド並みの名目成長率（平均2.4％）が98年以降も続いたケースと、実際のマイナス成長との両ケースを比較して、どの程度税収や政府バランスに差があるか、悪化したかをシミュレーション計算で求めた。デフレに陥った98年以降の５年間について、実際の名目成長率は年平均でマイナス1.4％というマイナス成長であった。名目成長率が90年代前半のトレンドより４％弱低下したことの影響を定量的に計測したわけである。具体的には、名目成長率2.4％（平均）をマクロモデル側から財政モデルに与えて財政関連の変数を求めた標準ケース（ケースA）と、名目成長率で４％弱引き下げたマイナス1.4％、それに対応した１人当り国民所得、民間消費、住宅投資の伸び率等を外生的に財政モデルに与えたシミュレーションケース（ケースB）との乖離率（幅）をもってデフレの影響とみなして評価した。その際、各種社会保険料率など制度的な条件は不変とし、物価スライドも織り込んでいない。

表3-2 デフレの財政収支への影響（1999～2003年）

	デフレ発生なしのトレンドケース（ケースA）	デフレケース（ケースB）	デフレの影響（B-A）	デフレの影響（2003年でのケースA、Bの乖離率、%）	デフレの影響（2003年でのケースA、Bの乖離額、兆円）
(主要前提条件)					
名目GDP	2.4%	-1.4%	-3.7%	-17.0%	-95.0
同 上（1999～2003累計、兆円）	2670.3	2402.4	-267.8		
就業者1人当り国民所得	1.4%	-1.0%	-2.4%	-11.3%	-701.2
同 上（1999～2003累計、千円）	30327.5	28598.6	-1728.9		
(財政指標)					
租税計	3.6%	0.1%	-3.5%	-16.0%	-17.4
同 上（1999～2003累積、兆円）	505.5	459.4	-46.1		
社会保障負担	3.7%	0.8%	-2.9%	-13.2%	-8.8
社会保障給付	6.6%	4.0%	-2.6%	-11.5%	-10.1
貯蓄投資差額(1999～2003累積、兆円)					
中央政府	-135.2	-149.3	-14.0		-5.0
中央・地方政府	-115.8	-160.3	-44.5		-16.7
一般政府	-106.0	-151.1	-45.1		-16.5
国債残高(2003年、兆円)	506.5	517.9	11.4	2.3%	11.4
国債残高対名目GDP比(2003年、%)	90.5%	111.5%	21.0%		

（注）ケースA,Bについては本文参照。変化率％は1999～2003年の平均値。
（出所）内閣府『国民経済計算年報』、財務省『国債統計年報』。

シミュレーション結果をみてみよう（表3-2）。デフレ経済に入ったといわれる1998年を起点として、5年目の2003年では、名目GDPは17％、税収は16％減少した（2003年は推計値、以下同じ）。すなわち、デフレの影響で名目GDPは95兆円、税収は17兆円も失われたことになる。この喪失額を1999～2003年の5年間の累積でみると、名目GDPで268兆円、税収で46兆円という巨額にのぼる。その結果、一般政府部門の貯蓄投資バランスは45兆円悪化し、国債残高も11.4兆円もの大幅な増加をみる。それに伴って利払い負担も大幅に増加し、財政の自由度を奪うことになる。

国の財政余力をみるうえでは、国債残高のレベルよりも国債残高の対名目GDP比の方が重要である。企業や個人の場合もそうだが、債務残高が増えても所得が増える限り、債務の支払いは大きな問題とはならない。しかし債務残高の伸びが相対的に大きく、債務残高の所得に対する比率が上昇すると、返済支払いの負担は確実に増す。

国債残高の対名目GDP比は、デフレが発生していなければ、2003年では91％（ケースA）の見込みだったものが、デフレの影響で一気に100％の大

台を超え111％（ケースB）に達したわけである。国債残高対名目GDP比がわずか5年間で21％ポイントも上昇したのは、過去の実績から見ると異常に大きい。ちなみに、1980年代以降の推移をみると、国債残高対名目GDP比は1980～1990年間では9％ポイント、1990～1995年間では8％ポイントの上昇、15年間の全体では17％ポイントの上昇である（29％→47％）。これと比べると、1990年代後半以降、国家財政は異常な事態に陥っていることは歴然としている。

　このような国債残高比率の急激な上昇は、分子の国債残高が増えた一方で、分母の名目GDPが減ったためである。2003年を見ると、国債残高はデフレがなかった場合と比べて11.4兆円増加し、逆に名目GDPは95.0兆円減少している。このようにデフレは、債務者の実質的な負担を一方的に増やす。巨額の国債という債務を抱えた国の財政が未曾有の危機に直面したのは、デフレの影響が大きい。事実、国債残高対名目GDP比は1995～2003年間では実に64％ポイント（47％→111％）も急激に上昇している。シミュレーション結果から大雑把に言えば、21％ポイントの上昇がデフレによるものとすれば、1990年代後半以降の国債残高対名目GDP比の上昇の約3割はデフレの影響とみなすこともできよう。

　このようにデフレの財政への影響は極めて大きく、デフレが財政危機を加速したことは間違いない。仮にデフレがさらに5年以上も続くならば、国内外で日本の財政破綻問題についての認知が拡がり、日本の評価が一気に低下して国家の信認が問われる、といった事態も予想される。早急なデフレからの脱出が必要とされる所以である。

第4章

高まる財政破綻の可能性

わが国の財政は危機的な状況にあり、財政破綻懸念が高まってきている。この10数年間、日本経済は長期低迷にあえいでいる。1990年代後半から戦後初めてのデフレが進行している。このため税収が減り続け、年間30兆円以上もの財政赤字が引き続いている。政府の長期債務残高は中央、地方政府を合わせて、今や700兆円、対名目GDPで1.4倍にも達している。本章では、財政状況を概観し、財政破綻の認定基準を示したあと、財政が破綻したときの日本経済への影響を整理し、財政危機への対応について良いシナリオと悪いシナリオがあることを示す。

1 未曾有の財政危機

わが国の財政が危機的な状況にあることを、国債残高と財政赤字の2つの指標からとらえてみよう。

● 増え続ける国債残高

国（中央政府）の長期的な負債を示す国債残高は、1965年度以降ほぼ一貫して増え続けてきた（図4-1）。特に、二度の石油危機で財政出動への依存が高まり、その財源として建設国債が発行されたため、国債残高は急速に増加した。第二次石油危機後、財政状況が悪化したため、1980年度には同年度を「財政再建元年」とする財政改革が開始された。概算要求の段階でゼロシーリング、さらにはマイナスシーリングの設定もなされ、厳しい歳出抑制が続いた。80年代の後半には、プラザ合意後の円高ショックからの脱出に向けて、大型の景気対策が実施された。超金融緩和でバブルが発生し好景気が続くなか、89年度の消費税の導入もあって、税収が大幅に伸び、財政が黒字に転じ、国債残高の伸びに歯止めがかかった。

しかし不幸なことに、日本経済は90年代に入りバブル崩壊や円高など複合要因から戦後最悪の不況に突入した。特に、97年度にはアジア通貨危機、公共投資削減、消費税率引き上げなどの影響もあって景気が落ち込み、一部の

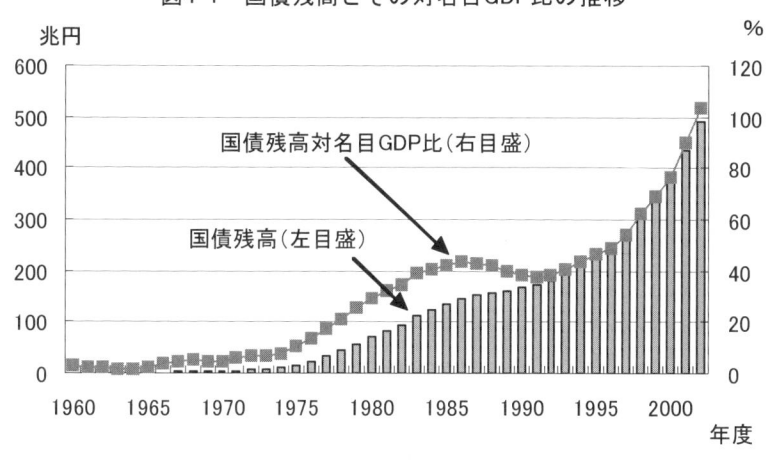

図4-1 国債残高とその対名目GDP比の推移

（出所）内閣府『国民経済計算年報』、財務省『国債統計年報』。

大手銀行・証券会社が破綻し金融不安が広まった。しかもこの頃から、日本経済は物価が下落し続けるデフレ局面に入った。デフレ進行は戦後初めて経験する異常な事態である。戦後最悪の不況からの脱出をめざして、90年代以降では総額120兆円以上もの景気対策がなされたが、バブル崩壊やデフレの悪影響が大きく、景気の本格的な回復はみられなかった。経済低迷やデフレ長期化は税収の大幅減少を引き起こし、90年代後半以降の財政状況は、財政再建問題が注目された70年代後半から80年代前半にかけての期間を上回る勢いで急激に悪化した。国債残高は1980年度では67兆円、1990年度164兆円、2002年度では482兆円となり、まさにうなぎのぼりの状況だ。特に、デフレが発生した90年代後半以降では、毎年平均で40兆円ずつ累増している。その対名目GDP比も1980年度では28％だったが、2002年度では実に102％（1.02倍）にまで達している。国債残高対名目GDP比は90年代後半からの急上昇が際立っている。これはデフレの悪影響によるところが大きい（第3章参照）。このように、過去20数年の間、財政状況は一時的に好転する局面はあったにせよ、悪化の一途をたどってきた。特に、90年代後半以降の財政状況は、史上まれにみる異常な事態に陥っている。

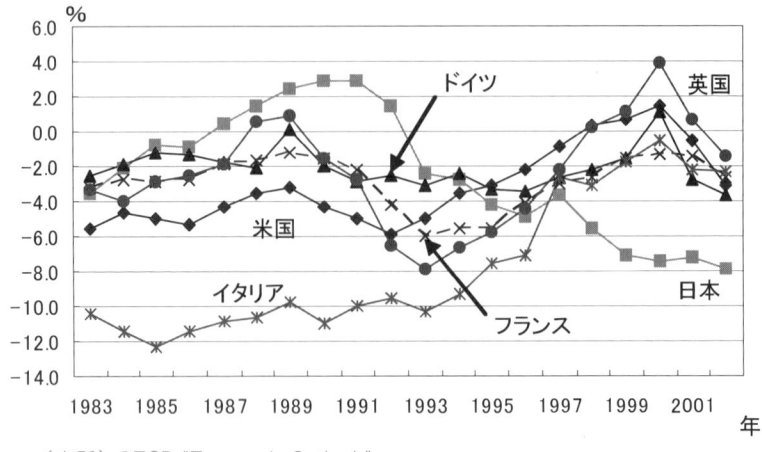

図4-2 財政収支の対名目GDP比の各国比較

(出所) OECD "Economic Outlook"。

● 日本の財政赤字は世界でも最高水準

　次に、財政状況を海外諸国との比較でみてみよう。各国の財政収支対名目GDP比の動きをみると、日本では1990年代半ばから再び赤字に転落し悪化しているが、米国や英国などでは財政赤字が縮小に向かっていることがわかる（図4-2）。

　80年代から90年代初頭にかけて、日本はバブル景気で財政が黒字化した。しかし、欧米各国はその要因は異なるものの、一様に巨額の財政赤字に悩んでいた。米国は80年代のレーガノミックスの後遺症ともいうべき深刻な「双子の赤字」を抱えていた。一方、欧州各国は、80年代以降の長引く経済の停滞や高失業率のなかで、重い財政負担を続けてきたが、さらに冷戦終結による旧東欧諸国への財政負担が加わった。

　ところが90年代に入ると、まず米国はIT産業を核とする力強い成長を達成し、続いて欧州経済も回復に向かった。これに伴って、程度の差はあるにせよ、欧米各国の財政収支は軒並み改善に向かっている。もちろん、この背景には、経済成長を財政再建につなげるための、財政、税制の構造改革努力があったことを忘れてはならない。米国における財政再建のための制度改革は

すでにレーガン政権の後期から着手されており、その後のブッシュ政権のもとで作られた「包括財政調整法」の枠組みが、90年代のクリントン政権下でようやく機能した。また、欧州諸国においてもEU通貨統合の条件として、財政の健全化が要求されたため、各国ともその目標に向けて歳出削減や増税を行ってきたことも、財政改善の要因となっている。もっとも、2001年以降では世界的なIT不況などの影響で成長率が低下し、各国の財政状況は再び悪化の傾向をみせており、先行きは楽観を許さない。

一方、日本はバブル経済の発生と崩壊という経済撹乱に対して、適切な政策対応がとられたとはいいがたく（第1章参照）、抜本的な経済構造改革や財政・社会保障改革は先送りされてきた。財政再建の道筋をいまだ描けぬまま、政府債務は刻一刻と増え続けている極めて深刻な状態にある。今後は急速に進む高齢化のもとで、年金、医療などの社会保障負担は否応なく増加する。今や早急に日本経済の中長期的な進路を見極め、財政改革の方策について国民各層を含めて本格的に議論すべき時である。

2　財政破綻とはどのような状態か

財政赤字がマクロ経済にさまざまな悪影響を及ぼすことは多くの人たちから指摘されている（例えば、林（1997）、井掘（2000）参照）。本書では財政政策の包括的な分析を行うのではなく、財政危機を直視し、将来の財政破綻の可能性や破綻回避の方策を見出すことを大きなテーマとしている。現在の財政状況をどうみるかについては大きな論争がある。現時点で国家財政は破綻しており日本経済は今にも破局するとみる超悲観論がある一方で、財政赤字は最終的には税収で賄うことができるため特に問題にすることもないとする超楽観論もある。財政破綻についての認識が大きく分かれるのは、財政状況を判断する基準が定義されていないことによるところが大きい。

● 理論的なとらえ方

財政破綻とはどのような状況をいうのであろうか。中長期的な財政動向をみるには、プライマリー・バランス（基礎的収支）の動きが注目される。これは通常の財政収支から純利払い費を除いたもので、過去の債務状況からの

影響を排除したときの現在の基礎的な財政構造をみるのに適した概念である。家計でいえば、収入から債務返済額や利払い費以外の生計費を差し引いたものである。通常の財政収支は、歳出から歳入を差し引いたもので、過去の財政赤字の影響は元利払いとして財政収支のなかに含まれている。プライマリー・バランスが赤字であれば債務残高が膨らんでいく。

　理論的な考え方によれば、プライマリー・バランスの将来先までの合計額を金利で割り引いた現在価値が、現在の政府債務残高を下回れば財政破綻の状態という。理論的には将来の期間として無限先を想定する。したがって、この状態では、無限先の将来までの政府の純貯蓄額を金利で割り引いた総額を使っても、現在の政府債務を完全に返済することはできない。このため政府の債務残高が累増し利払い費が増えることになり、政府は借金地獄から抜け出せなくなる。企業でいえば、いずれ倒産してしまうから、この状態になったとき財政破綻と認定するわけである。

● 現実的なとらえ方

　ところが無限先までの財政収支を計算することは、実際には不可能だ。このような定義では、財政が破綻しているのかどうか、将来いつ財政破綻が発生するのかを見極めること自体が不可能なことになってしまう。政策を実施するためには、理論的な考え方を基本としながらも、より現実的な定義の仕方を考えなければならない。

　プライマリー・バランスが赤字を続ければ、政府債務残高は増加し続ける。赤字幅が大きければ、政府債務残高が名目GDPを上回って伸びるから、政府債務残高対名目GDP比は一方的に上昇していく。この状態が長期間続けば、いずれ政府債務の返済が不可能になる財政破綻に追い込まれる。逆に、プライマリー・バランスが黒字を続ければ、政府債務残高は減少し、政府債務残高対名目GDP比も低下していく。この状況が長期間続けば、やがて政府債務はなくなる。これら2つのケースを示したものが図4-3である。

　もし現在の政府債務残高対名目GDP比が例えば数％というわずかなレベルであれば、この比率が緩やかに上昇し続けても、財政破綻という大きな問題にはならない。しかし、国の債務状況をみると、国債残高対名目GDP比は

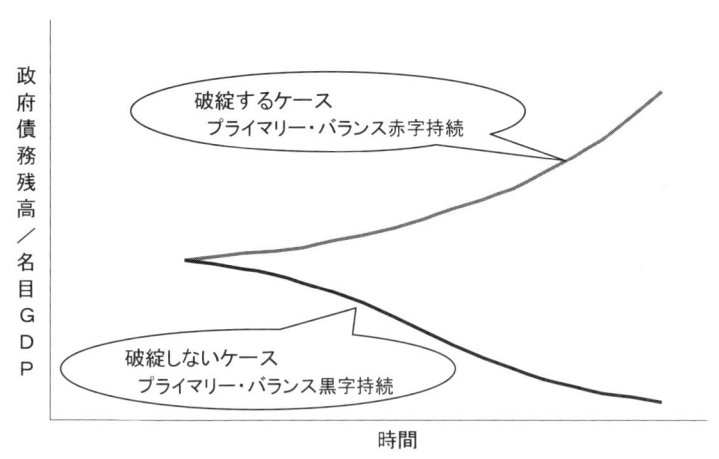

図4-3 財政破綻の状態

政府債務残高／名目GDP

破綻するケース
プライマリー・バランス赤字持続

破綻しないケース
プライマリー・バランス黒字持続

時間

（注）井堀（2000）を参考に作成。

現在、すでに100％を越えている。国の税収規模は名目GDPの1割強であるから、国債残高の対税収比率は860％（8.6倍）にも相当する。個人の場合、住宅ローンは年収の5倍程度が上限といわれているから、現時点での国の債務負担は極めて重いことがわかる。国債残高対名目GDP比が100％という高水準にあり、しかも上昇し続けているため、近い将来、国家財政が破綻するのではないかと懸念する見方が広まっているわけだ。このように、政府債務残高対名目GDP比が上昇し続けるとしても、この比率がどの水準にあるかによって、財政破綻の確率は大きく異なってくるはずだ。

● 財政破綻の認定基準はあるのか

財政破綻を認定する公的な基準は、今のところ存在しない。しかし、そのような基準を設定しておくことは、財政状況を判断するのに役立ち、財政破綻論議で無用な混乱を避けることができるため、財政運営には必要なことであるはずだ。

財政破綻の認定基準を設定するためには、金融機関における不良債権の定義の仕方が大いに参考になる。銀行の自己査定の基準によれば、同じ不良債権といっても、貸出先の財務状況に裏付けされた債権の回収の可能性に応じ

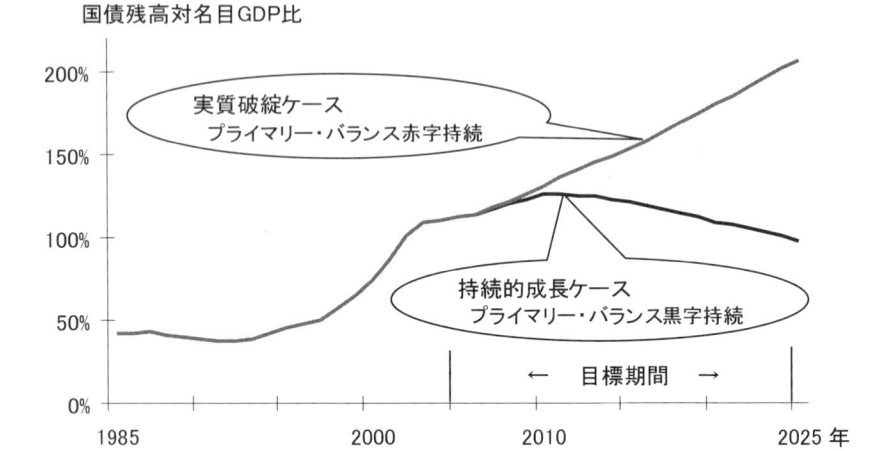

図4-4　国家財政：2つのシナリオ

国債残高対名目GDP比

（実質破綻ケース　プライマリー・バランス赤字持続）

（持続的成長ケース　プライマリー・バランス黒字持続）

← 目標期間 →

て、要注意先から、破綻懸念先、実質破綻先、破綻先までの4つの不良債権に区別されている。

　そこでいまだ試論的ではあるが、この銀行の自己査定基準を参考にして、財政状況について、政府債務残高の対名目GDP比のレベルや変化の方向から、「正常」、「要注意」、「財政破綻懸念」、「実質財政破綻」、「真性の財政破綻」という5つの状態に区別してみた。ここでは国家財政が問題となっているため、政府債務残高を国債残高と読み替えて説明しよう（図4-4）。

　要注意の財政状況というのは、国債残高対名目GDP比が10％～50％未満の範囲で、数年以上にわたって上昇傾向にある場合の財政状況をいう。財政破綻懸念とは、国債残高対名目GDP比が50％～100％未満で数年以上にわたり上昇傾向にある状況を指す。実質財政破綻とは、国債残高対名目GDP比が100％以上で、数年以上にわたり上昇し続ける状態を指す。この状態では国債の返済（償還）が不可能になるということはないが、財政は実質的に破綻している。真性の財政破綻とは、実質財政破綻の状態からさらに悪化して、国債償還や利払いが不可能になった財政状況を指す。これはまさに企業倒産と同じような状態である。

　このような基準で国の財政状況をみると、要注意の時期は1975～1996年

度、財政破綻懸念の時期は1997年度〜2001年度ということになる。2003年度現在では、国債残高対名目GDP比は100％を超え上昇傾向にあるため、実質財政破綻局面の初期の段階に入っているということになる。本書の展望では、この基準をベースに財政状況を判断した（第5、8、9章参照）。

ただし、このような定義の仕方はあくまで試論的なものに過ぎず、ややあいまいであることは否めない。特に、基準とすべき国債残高対名目GDP比のレベルや経過観察の対象期間をどう設定するかが大きな問題となる。レベルや対象期間を変えれば、認定される財政状況は異なってくる。

しかし、やや恣意的な定義の仕方であるけれども、このような概念を導入すると、財政状況がどのような局面にあるかがより明確にわかり、財政情勢の経済的影響や政策運営のあり方などを局面毎に考えることができる。財政危機が叫ばれている折に、政策当局が不良債権を認定したときと同じく、財政状況を判断する基準を早急に作成することが望まれる。

● 財政破綻の可能性は計量モデルで把握できる

将来の財政破綻の可能性については、計量経済モデルをうまく使えばかなり高い精度で把握できる。誰しも無限先までを見通すことは不可能であるが、計量モデルを使えば、一定の前提条件をおいた上で、20年ほど先までの経済情勢を展望することは十分可能だ。もちろん展望にはシナリオや設定条件の違いからさまざまな試算結果がありうるし、100％的中するような完璧な予測はどこにもない。

しかし、計量モデルを使えば、直感や経験と比べて、より正確に将来を予測できるだけでなく、シミュレーションによって海外環境条件の変化や政策変更の影響などを数量的に明らかにできる。経済成長率や物価上昇率などの主要な要因の動きと一体的、整合的に財政収支を予測できるし、設定条件をさまざまに変えたときの財政収支も計算できるため、計量モデルは利用価値が極めて高い。

将来の財政状況について計量モデルを使って試算し、その結果を先述の財政破綻の認定基準に当てはめれば、いつ実質財政破綻の状態を迎えるのか、どのような政策を実施すれば実質財政破綻局面から脱出できるかなどについ

て、明確に判断を下すことが可能となる。

　このとき将来については無限先までではなく、経済計画や財政運営の対象期間として、ある一定の現実的な期間を設定すればよい。政府の政策目標や国民生活などで長期という概念を考えると、この先20年程度の期間を考えるのが妥当であろう。無限先までを考えて生活する人はなく、若い世代で住宅を購入する人たちは10～30年先までを見越して住宅ローンを借りることが一般的だ。

3　財政危機からの脱却のシナリオ

● 財政破綻は突然には発生しない

　平常時では、元利払いができなくなる「真正の財政破綻」がある年に突然として発生することはないだろう。その状態に至るまでに実質財政破綻の状態が長期間続くだろう。もちろん非常時では、真性の財政破綻がわずか数年のうちに起こったケースもある。第二次世界大戦の時には、戦費調達のため戦前・戦中に大量の国債が発行されたが、敗戦で日本経済が壊滅的な打撃を受け、国債は紙くず同然になった。新円切り替えで銀行窓口が閉鎖され、ハイパーインフレーションも発生した。このときの状態は財政破綻どころではなく、日本経済の破綻であった。敗戦によって引き起こされた財政破綻は、まさに企業倒産と同じ事態で、政府債務の返済は全く不可能になってしまった。このように戦争、動乱、革命といった異常事態が発生して経済の機能が完全に停止すれば、短期間のうちに財政も破綻する。

　しかし、現在、懸念されている財政破綻は、このような異常事態での財政破綻とは明らかに異なる。戦争、動乱などの突発的な事態が生じない限り、年間数10兆円もの財政赤字が続いても、政府債務の返済や利払いが不可能になる「真正の財政破綻」に陥るまでには、少なくとも20年以上の歳月がかかるであろう。

　「すでに国家財政は破綻しており、日本経済は今すぐにも破局に陥る」とする超悲観説（例えば浅井（2003）を参照）があるが、本当にそうであろうか。現在の日本経済は大戦直後に国債が紙くず化した状況とは全く異なっており、戦後の経済成長の恩恵で、家計の貯蓄額は今や1,400兆円にも達してい

る。国際競争力のバロメーターである経常収支は、年間10兆円以上もの黒字が続いている。この現実をみれば、数年以内に新円切り替えで銀行の窓口が封鎖されるような事態が起こるとは考え難い。そんな無謀なことをすれば、そのショックで日本経済は大混乱し、政治家は職を失うだろう。そのような滅茶苦茶な政策を平気で実施する政治家や政策担当者はいるのだろうか。やはり経済情勢は冷徹に見極めることが肝要だ。少なくとも財政破綻の概念について、「実質財政破綻」と「真性財政破綻」とを区別して検討しなければ、財政危機の実体を見誤ることにもなる。

● 財政危機への対応のシナリオ：2つの悪いシナリオ

　将来の財政破綻が懸念されるような、現在の未曾有の財政危機に対して、政策的にどう対応するかによって、日本経済への影響は全く異なったものになる。ここでは3つのシナリオを取り上げてみたい（図4-5）。そのうち2つは悪いシナリオ、1つは良いシナリオである。

　悪いシナリオとは、政策の失敗によって日本経済が大混乱し破綻に向かうケースである。その第一は、国債暴落のシナリオである（国債暴落の影響については、例えば高橋ほか（2002）を参照）。今回の長期展望結果によれば、政府が何らの対策をもとらずに財政赤字を放置すれば、将来、真正の財政破綻に陥る可能性が高い（詳細は第5章参照）。先述したように、今すぐにも真性の財政破綻が発生するわけではなく、そこに至る前には実質財政破綻の状態が長期間続く。実質財政破綻局面に入ると、やがて国債の供給過剰で国債の価格は下落し、国債の利回りは上昇する。実質財政破綻局面の早期の段階で、政府が財政再建に向けて政策転換に動き出せば、国債価格は暴落する事態にまでは至らず、国債価格の下落は一定の範囲内に収まるだろう。

　しかし、政府が財政赤字を放置し続ければ、国債がどんどん膨らみ、財政は実質破綻局面を突き進むことになる。実質財政破綻局面が深まると、政府への信頼が揺らぎ、真性の財政破綻に陥るとの見方が金融市場で一気に広まるだろう。いずれ破綻して金利支払や債務返済が不可能となるような債権を持つ投資家は誰もいないから、金融機関や個人など国内外の投資家は国債を買おうとしなくなり、国債価格は暴落する。国債暴落は国債の不良債権化で

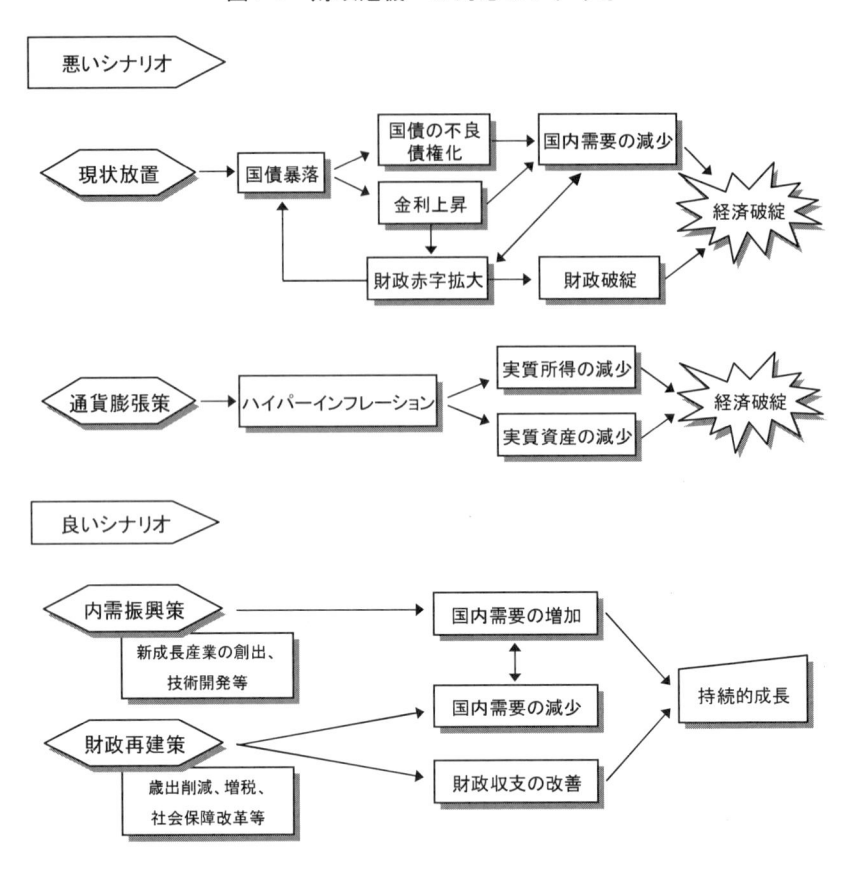

図4-5 財政危機への対応のシナリオ

あり、資産デフレの発生を意味する。国債を保有している金融機関や個人投資家たちは、膨大なキャピタル・ロス（資本損失）を被る。国債暴落は銀行の収益を圧迫するため貸し渋りを引き起こし、設備投資などの停滞要因となる。家計は資産デフレや将来の増税に備えて、消費や住宅投資を手控える。一方、国債暴落で国債の金利は大幅に上昇する。長期金利の代表格である国債金利の上昇は、他の金融商品の金利を押し上げる。金利上昇は設備投資や住宅投資の減少から、景気を悪化させる。金利の上昇は一方で国債の利払い費を増やし、財政赤字を拡大する。それがさらなる金利負担の増大をもたら

す。金利が雪ダルマ式に膨らむ。財政赤字が拡大すると、国債価格のさらなる下落を生む。このような悪循環に落ち込むと、急スピードで真正の財政破綻に陥り日本経済は破綻してしまう。

　第二の別の悪いシナリオは、異常な通貨膨張政策によってハイパーインフレーションが発生するケースである。現在、日銀は長期国債の買い切りオペレーションを実施している。これは実質的に日銀が国債を引き受けるのと同じ効果がある。日銀が国債を買い続ければ、財政赤字を補填するための収入は国債発行で賄えるから、真性の財政破綻を先延ばしすることが可能になる。日銀による国債の買い支えは、それが一定限度内で実施されるなら、国債価格の暴落を抑える上で有効な政策手段である。国債の買いオペは日銀の量的緩和政策の一環である。適切な量的緩和政策は、やがてデフレの進行を阻止する効果を現すだろう。

　しかし、この考え方が行き過ぎて、日銀が国債の買い切りオペを無制限に続け、既発債も含めてすべての国債を買い支えることにでもなれば、膨大な通貨が金融市場に出回り、超金融緩和が長期化することになる。そうなると財政の規律が失われ、財政赤字はむしろ長期化し拡大するであろう。

　経済実体を上回る膨大な通貨は金融機関の信用創造機能を通じて、企業や家計の名目所得の増加をもたらす。実質的に所得が増えるのではなく、物価や賃金が上昇して名目上の所得が増えるためである。見かけ上、増えた所得は財貨・サービス、株式などの購入にあてられるから、物価や株価が上昇する。物価が適度に上昇するのはむしろ望ましい状態である。しかし、巨額の財政赤字が長期化し、膨大な通貨が市中に出回れば、通貨に対する信認が失われてハイパーインフレーションが発生する恐れがある。ハイパーインフレーションとは物価が1年で2倍にも3倍にもなるような物価上昇の激しい状態である。こうした異常な通貨膨張政策によって財政破綻を切り抜けることはできるだろう。しかし、その半面、ハイパーインフレーションの発生で実質所得が大幅に減るだけでなく、長年にわたって築き上げた家計資産の実質的価値も激減するため、日本経済が破綻するという副作用が出てくる。

　日銀が無制限に国債の買い切りオペを続けるためには、財政法5条の撤廃が必要となる。この規定は日銀が国債を直接引き受けることを禁じたもので

ある。これが廃止されれば、国債はすべて日銀が直接購入できるようになる。そうなれば国債を簡単に紙幣に振り替えることができ、どんどん紙幣が増発されるため、通貨の信用は失われてハイパーインフレーションが発生するであろう。

　もっとも後述するように、財政再建策を実施すれば財政破綻を免れることができるわけだから、財政法の改悪は万策つきたときの最後の手段になるだろう。いかなる財政再建策も国民に拒否されてしまい、財政再建の目途が全く立たなくなった場合には、インフレーションで事態を打開するために、政府は最後の手段として財政法の改悪に踏み切るかもしれない。

● 財政危機への対応のシナリオ：良いシナリオ

　以上２つの悪いシナリオのもとでは、いずれも最終的には日本経済は大混乱のうちに破綻するであろう。では、良いシナリオとはどのようなものであろうか。良いシナリオとは、財政収支の改善で財政破綻が回避されるとともに、物価の安定が維持され、緩やかながらも持続可能な成長が達成されるシナリオである。

　この良いシナリオでは、内需振興策と財政再建策を同時的に実施することによって財政危機を乗り越えていく。今後、およそ10年以内に現在の年間30兆円以上もの財政赤字をなくし、さらには持続的に黒字を計上できるように、財政構造や経済構造を変えていくシナリオである。中央政府の長期債務である国債はすでに480兆円に達しており、その返済のためには、将来、巨額な財政黒字が必要となる。政府の借金はいずれ返済しなければならないから、財政の黒字化を図ることは当たり前のことだ。これほど膨大な規模で財政収支を改善させるためには、抜本的な財政再建策が不可欠となるが、それだけではとても足りない。本格的な内需振興策によって、民間部門を中心に経済を活性化し、税収を高める必要がある。

　財政再建策は税収を増やし歳出を抑えるのが基本になるため、財政は引き締めざるを得ない。緊縮財政は経済に大きなデフレ効果を及ぼすため、その穴埋めには新成長産業など新しい需要を創出する方策が必要となる。需要の減少を新たな需要の創出で相殺できれば、持続的成長が達成でき、将来、財

政黒字も期待でき、財政破綻を免れることが可能となる。投資減税や補助金などによって政府資金を投入し、また、産学官共同体制の強化を図ることなどにより、情報化、高齢化、環境、エネルギー対応型の新産業の育成、拡大を促進しなければなるまい。もちろん新産業の育成、拡大は財政収支の改善のために行うものではなく、それ自体が政策目標となるものであり、日本経済の成長、活力の維持・高揚、生活水準の向上にとって必要なことだ。

　以上でみたように、現在、わが国経済は未曾有の財政危機に直面しており、実質財政破綻局面に入った段階である。この状態を放置すれば、20年以上先になるであろうが、いずれ真性の財政破綻が発生する。国家財政が破綻すれば、日本経済は破局に向かうだろう。財政赤字の問題を先送りすればするほど、将来世代の負担は一段と大きくなる。政府債務はいずれ返済しなければならないからだ。このような国家的な難局を切り抜けていくためには、悪いシナリオを避け、良いシナリオに沿って政策運営を遂行し、持続的成長を達成していかなければならない。

　現在のところ、わが国は財政破綻への道をまっしぐらに進んでいるかのようだ。果たして、財政破綻がいつどのような形で起きるのか、財政破綻を回避して持続的成長を遂げるための条件や政策は何か。こうした将来の財政状況や経済動向を、計量経済モデルでシミュレーションした分析結果については、次章で詳しく述べる。

第5章

日本経済の進路：
財政破綻か持続的成長か

三大リスクのうち、これから20年もの間、日本経済に最も深刻な影響を及ぼすのが財政破綻リスクである。日本経済が持続的に成長していくためには、財政破綻からの脱出策を見出すことが最も重要な課題となる。

　将来の日本経済の進路についてはさまざまなシナリオが描ける。本章では、特に財政危機の問題に注目し、大別２つのシナリオを想定してシミュレーションを行い、2025年に至る日本経済の進路を探る。

1　国家財政破綻への道

　まず本節では、本格的な財政再建策も内需振興策も盛り込まれていない現状並みの政策が続いた場合、日本経済の将来がどうなるかを検証する。そのため、前章で述べた実質財政破綻局面に入ったときの経済動向について、マクロ経済モデルと財政モデルを連携したシミュレーションを行う（詳しくは服部ほか（2004）参照）。

● 構造改革だけでは持続的成長の達成は難しい

　2001年発足以来、小泉内閣は構造改革を積極的に推し進めている。2003年秋には第二次小泉内閣が成立したが、改革路線に変わりはない。構造改革への取り組みは画期的なことだが、現在までのところ、その改革の柱は道路・郵政事業などの民営化が中心であり、新産業の創出に向けた構造改革はみえ難い。こうした行政面が主体の構造改革は行政の効率化という面では大きく評価できるものの、現在の日本経済が抱えている根本的な問題を解消するには力不足である。根本的な問題とは、大幅な需要不足、デフレの進行、財政危機（膨大な財政赤字）といった問題であり、日本経済が持続的成長を遂げるためには、これらをいかにして解決していくかがカギとなっている。

　公的部門を中心とした構造改革も、これら民営化政策だけでは不十分であり、それよりもむしろ財政・社会保障制度の抜本的な改革が必要であるが、いまだほとんど手付かずの状況だ。特に、国家財政（中央政府の財政）は破

綻懸念から実質破綻局面に入った段階にあり、もはや大幅な増税は不可避な情勢だが、消費税増税などを含む税制の抜本改革には踏み込んでいない。消費税率引き上げの問題は2007年まで先送りされた形になっている。

一方、新産業創出プログラムも目ぼしいものはなく、政策実施に向けての政府の資金投入の裏付けもなされていない。日本が敗戦後の廃墟から立ち直るために、鉄鋼、石炭といった基幹産業の生産拡大を最優先し、財政資金を重点配分した。これが有名な傾斜生産方式であり、この国家的戦略が経済復興に大いに役立った。21世紀型の新産業を創出するためには、補助金や投資減税などによる財政資金の優先配分が必要であり、公共投資の中身も新産業に直接関連した分野に投入すべきであるが、いずれも大規模な動きは見当たらない。財政面からの裏付けのない掛け声だけの政策では、新しい需要を掘り起こすことは難しい。

需要の創出に本腰を入れていないのは、小泉政権の構造改革が需要側よりも生産側の要因を重視しているためとみられる。民営化や規制改革などで公的部門や民間部門の生産効率を高めさえすれば、経済は活性化し成長が促進されるとする考え方に立っている。こうしたいわゆる構造改革派の考え方は新古典派経済学の理論を踏襲したものであり、同理論が現実経済の動きを十分に説明できるものではない点に留意する必要があろう（例えば小野（2000）を参照）。

現在の不況は、構造改革派のいう供給面に問題があるというよりもむしろ需要不足が大きな原因なのだ。需要の減退をもたらす要因としては、消費者のニーズにあった画期的な新商品・新サービスが乏しくなってきていること、中高年層を中心に年金制度への不信感が高まっており、将来の給付削減に備えて消費を減らし貯蓄を増やしていること、一般サラリーマンたちがデフレの進行で将来の物価下落を見込んで消費を手控えていること、公共投資が大幅に削減され続けていること、少子化の影響で消費を行う人の数が伸びなくなってきていること、などが挙げられる。

このように経済低迷は供給側の生産性や経済効率の問題だけではなく、むしろ需要側の要因によるところの方が大きい。こうした状況のもとで、従業員の削減や賃金カットなどを柱とする組織のスリム化やリストラで生産性を

引き上げても、それが需要の拡大に結びつかないため、経済の活性化は思うように達成できないわけだ。

● 実質財政破綻局面で３つの経済変化が起きる

　抜本的な財政再建策も内需促進策も盛り込まれていない現状並みの政策が続くならば、財政赤字は改善するどころか、むしろ悪化する恐れさえある。引き続く財政赤字で国債残高が累増し、国債残高対名目GDP比が100％を超えて上昇し続けるのは、国家財政が実質的に破綻しているからだ（第4章参照）。

　財政が実質破綻局面に入ったとき、日本経済はどうなるのであろうか。その解明が切に望まれている。そこでマクロ経済モデルと財政モデルを連携させたシミュレーションを行い、財政状況を中心に将来動向を展望した。しかしながら、これまでに、平常時で財政が実質的に破綻したことはないため、シミュレーションを行う際、将来、発生する特別な変化を予め外生的に想定して、その影響を織り込む必要があった。

　財政状況が破綻懸念からさらに悪化して実質破綻局面に入ると、①金融市場で国債価格が下落し金利が上昇する、②国内資本が海外へ逃避するため円安圧力が高まる、③家計は増税が不可避とみて消費や住宅投資を手控える、という少なくとも３つの特別な変化が発生するだろう。これらをどう織り込むかで結果の数値は変わるが、基本的な結論もしくは変化の方向はさほど変わらない。これまでに平常時で財政が実質破綻したことがないため、その設定はやや恣意的にならざるを得ないが、やむを得ないだろう。

　ただし、このシミュレーションは実質財政破綻局面の早期における軽度の段階を想定したものであり、前章で示したような真性の財政破綻局面に近い末期的な重度の段階を想定したものではないことに留意されたい。したがって、前章の現状放置シナリオよりも現実的で緩やかな経済変化を想定しており、国債価格や円レートの暴落といった事態は想定していない。

● 国債価格は下落、金利は上昇

　まず、金融市場での変化を予想しよう。実質財政破綻局面に入ると、国内

外の市場で国債の信用は低下していく。金融機関など機関投資家たちは国債を売却し、株式など国内の他の金融資産に代替するか、海外の資産に投資する。また、海外からの資金もその一部が引き上げられるだろう。

国債の売却が増えれば、国債価格が下落し国債の利回りが上昇する。実質破綻局面の早期の段階では、財政再建の余地があるため、国債価格は下落するものの、国債の暴落が長期間に及ぶことは予想し難い。もちろん一時的な暴落はあるだろう。実質破綻局面が深まり、もはや財政再建が困難になったとの見方が広まったときに、本格的な国債暴落が起こるだろう。同じ実質財政破綻局面でも、早期か末期か、軽度か重度かの段階の違いによって、国債価格などの変化の方向は同じでも、変化の大きさは異なるはずである。

国債価格の下落に伴う国債利回りの上昇は、銀行の長期金利の上昇に波及し、預金金利も上昇する。しかし、国債の金利の上昇は一方で国債価格の下落から銀行にキャピタル・ロス（資本損失）をもたらし、銀行の収益の悪化を引き起こすため、預金金利の上昇は長期金利よりも小幅なものになるだろう。

金利の動向は、基本的には名目成長率と金融市場における需給が反映される形で決まる。シミュレーションでは、国債利回りは財政状況の悪化に伴い、徐々に上昇し、2025年までに3％程度にまで上昇すると見込んだ。これは、財政状況の悪化（国債残高の対名目GDP比の上昇）の国債利回りへの影響度について、従来の計測値、つまり通常時の約3倍の大きさになると想定して求めたものである。金利の上昇は一見すると小幅なようだが、名目GDP成長率と比べると相当な金利高を見込んだことになる。

● 資本流出で円安に

実質財政破綻局面に入り国内外の市場で国債の信用が低下していくと、日本から海外への資本移動が本格化し、資本収支の赤字が拡大しドル需要が増えて、為替市場では円安圧力が高まる。為替レートは基本的には経常収支対名目GDP比によって決まるから、この比率がどの程度まで上昇するかをみて、円安の幅を検討できる。この考え方にしたがって、シミュレーションでは、国債残高の累増に伴って為替レートが徐々に円安化し、2025年までに対

ドル20円ほど円安となることを織り込んだ（為替レートを外生化して計算）。
　経常収支対名目GDP比は、円安効果を織り込まないときは2025年で5％程度であるが、2025年までに対ドル20円という円安効果を織り込むとその2倍以上の11％に達する。1980年代半ばに経常収支対名目GDP比が3〜4％に上昇して日米間の貿易摩擦が発生し、プラザ合意で急激な円高になったことを思い起こすと、同比率を11％にも押し上げるほどの円安が進行する可能性は、現実的には低いといえよう。
　日本経済は家計の貯蓄残高が1,400兆円もあり、経常収支も年間10兆円の黒字が続いており、大幅な増税などにより財政再建を図る余地があるわけだから、世界各国が日本の大幅な円安を許容することはないだろう。日本の経常収支の黒字は、貿易相手国にとっては赤字なのだ。このように、シミュレーションで想定した対ドル20円の円安化は、一見するとわずかな円安のようだが、実は相当な円安進行を織り込んだことになる。

● 増税予想で家計は需要を減らす

　実質財政破綻状態が人々に認識されるようになると、家計部門も行動を変えるだろう。財政赤字が続き、国債残高が100％を超えて一方的に上昇していく状況が新聞やテレビで頻繁に報道されるような事態になれば、多くの人たちは、将来、増税されることを予想して、増税される前から消費を抑えて貯蓄を増やすだろう。消費が手控えられると、設備投資も減り、生産や所得が減り、増税する前から経済は縮小に向かう。
　こうした家計消費の手控えの効果を予め推計するのは極めて難しく、あえて大胆な設定を行って試算するほかない。この消費の節約額を正確に見積もることは難しいが、将来の増税額がどの程度の規模になり、それによって消費がどれだけ減少するかを推計できれば、家計の節約額をおよそ把握することができよう。
　このため別途、消費税増税のシミュレーションを行い、財政破綻を避けることができる消費税増税の規模と、そのときの消費の減少額を計算しておき、これを参考にして、将来の増税を見越して節約する消費額を算定した。
　試算結果によれば、消費税増税のみで財政破綻を回避するためには、消費

税率を2020年頃までに30％に引き上げる必要がある。すべての家計が将来を完全に予見して合理的に行動するとすれば、消費税増税を見越した消費の節約額は、シミュレーションで計算された消費税増税後の消費の減少額にほぼ等しいとみなしてもよかろう。しかし、現実には合理的に行動する家計は多くないだろう。シミュレーションでは、合理的に行動する人は約半分と想定し、消費税率を30％に引き上げたときの家計消費の減少額の5割程度が消費税増税を見越して節約されるものとみなして計算した。この割合の変更はシミュレーションでは簡単にできるが、基本的な結論はさほど変わらない。

● 現状のままなら国家財政は破綻する

　以上の3つの特別な変化を織り込んで、シミュレーションした結果は以下のとおりである。「現状並みの政策を続け、本格的な内需振興策も抜本的な財政再建策も実施しなければ、実質GDP成長率は2025年まで平均0％台後半にとどまり、経済低迷が続くとともに、国債残高が累増し、国家財政は実質破綻の道を突き進むことになる。さらに、この状態を放置し続ければ、20年以上先のことになるであろうが、いずれ国債償還も利払いも不可能となる真性の財政破綻に陥り、日本経済は破局に向かうであろう」というのが基本的な結果である。何とも悲観的な結果だ。これを財政危機ケースと呼ぶことにするが、現状並み政策ケースといってもよいだろう。

　シミュレーション結果をもう少し詳しくみてみよう（表5-1、図5-1）。金利高、円安、需要減の影響を明らかにするため、これらの影響を織り込まないケースと織り込んだケースの2通りを計算した。

　まず、3つの変化を織り込まないケースでは、実質GDP成長率は2000～2025年間平均で0.7％と、1％を割り込む低成長となる。財政赤字が引き続くため、国債残高対名目GDP比は上昇し続け、2025年度では191％に達する。100％を超えて国債比率が上昇し続けるのは、財政が実質破綻局面を突き進んでいることを意味する。経常収支対名目GDP比は2025年には6％に近づき、為替レートは国内需要の低迷で経常収支が膨らむため1ドル＝57円の円高となる。

　一方、3つの変化の影響を織り込んだケースでは、実質GDP成長率は2000

図5-1 財政危機ケースの比較

表5-1 財政危機ケースの比較

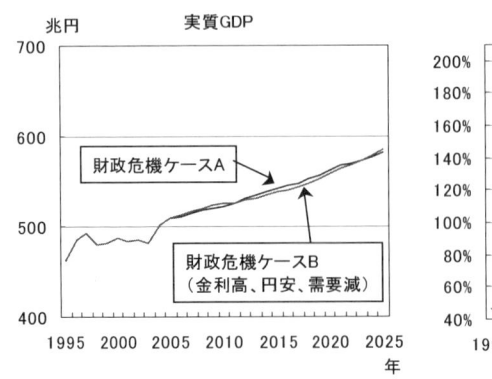

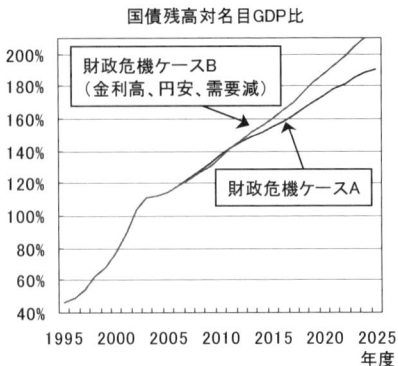

	財政危機ケースA			財政危機ケースB		
	2000年	2025年	年率	2000年	2025年	年率
名目GDP(兆円)	490.6	652.9	1.1%	490.6	671.0	1.3%
実質GDP(兆円)	487.4	581.9	0.7%	487.4	584.9	0.7%
GDPデフレータ(90年=100)	100.7	112.2	0.4%	100.7	114.7	0.5%
経常収支対名目GDP比(%)	2.8	5.6	2.8%	2.8	11.3	5.7%
為替レート(円/ドル)	107.6	57.2	-2.5%	107.6	77.2	-1.3%
国債残高(兆円)*	374.1	1243.7	4.9%	374.1	1438.4	5.5%
国債残高対名目GDP比(%)*	76.5%	191.0%	3.7%	73.2%	214.9%	4.4%
国債利回り(10年物)(%)	1.7	1.1	—	1.4	3.1	—

（注）財政危機ケースAは金利高、円安、需要減を織り込まないケース。財政危機ケースBは織り込んだケース。数値は暦年ベース、＊印のものは年度ベース。
（出所）内閣府『国民経済計算年報』、財務省『国債統計年報』。

〜2025年間では平均0.7％にとどまり、先のケースと同じで低成長となる。成長率よりも問題なのは財政収支の動向である。国債残高対名目GDP比は一段と発散的に上昇していき、2025年では何と200％を超えてしまう。財政は重度の実質破綻状態に陥るが、これは真性の財政破綻状態に近い。経常収支対名目GDP比は2025年では11％になり、為替レートは2025年では1ドル＝77円と現在よりも円高となる。このような円高は国内需要が減少し経常収支が膨らむためである。

● 金利高、円安、需要減の３つの影響

　２つのケースを比較すると、実質財政破綻局面で予想される３つの変化のマクロ経済への影響が明らかになる。両ケースでは、実質GDP成長率は変わらないものの、名目GDP成長率は変化を織り込んだケースの方がやや高い。

　実質GDP成長率が両ケースで変わらないのは、なぜであろうか。円安が経済成長率を押し上げる半面、金利高と需要減が成長率を押し下げるため、これらの影響が相殺されるためである。より詳しくみると、2000〜2025年間の実質GDP成長率は、円安効果で0.2％ポイント上昇する半面、需要減、金利高の影響で0.2％ポイント低下する。このうち、金利高による実質成長率への押し下げ効果は小さい。これは、設備投資に対しては、金利よりも需要変動の影響力が圧倒的に大きいためである。

　名目GDP成長率は、３つの変化を織り込んだケースの方がわずかながら高い。これは実質成長率が変わらないもののデフレーターが若干、上昇するためである。物価上昇は円安の影響によるものである。円安に伴う物価上昇は金利高・需要減に伴う物価下落で相殺されるため、物価上昇率は小幅なものにとどまる。

　問題は財政収支である。国債残高対名目GDP比は、３つの変化を織り込んだケースで大幅に上昇している。３つの変化を織り込まないケースと比べて、円安効果で名目GDPが増えるため税収も増加する。しかし金利高が財政赤字を増やし、国債残高が大きく増えるため、国債残高対名目GDP比が上昇するわけだ。やはり巨額の債務を抱え込んだ政府部門にとって金利の上昇は大きな打撃となる。このように財政赤字を放置し、問題を先送りすればするほど、金利が雪だるま式に増えるため、将来の増税の規模はますます大きなものになる。円安誘導策やインフレ策は、一方で高金利を引き起こすため、必ずしも財政改善の切り札とはならないわけだ。政府負債残高が名目GDPを上回るほど膨大なものになると、金利の動向が財政赤字に決定的な影響を及ぼすようになる。

　以上でみたように、３つの変化を織り込むかどうかで展望結果は異なるものの、いずれにしても実質GDP成長率は０％台後半にまで低下し、国債残高対名目GDP比は上昇し続け、2025年度では180〜210％に達する。このよう

に、財政危機から目をそらし、本格的な内需振興策も財政再建策も実施しなければ、財政は実質破綻局面を突き進み、将来、元利払いができなくなる真性の財政破綻に至る恐れがある。

いずれ政府債務は返済しなければならないわけだから、必ずや大増税という形で民間から資金を吸い上げ、債務の返済に回すことになる。そうなれば、今の若い世代やこれから生まれてくる将来世代の人たちが、大幅な増税という犠牲を支払わなければならなくなる。このような状況は、次世代の人たちにとってはまさに「恐ろしい未来」として映るだろう（水谷（2003）は将来を恐ろしい未来と表現している）。

● 結局は円高になる

ここで、為替レートの動きに注目しておきたい。実質財政破綻の局面に入ると、国内外の市場で国債の信用は低下していく。国債の信用の低下に伴い資本が海外へ流出する影響として、2025年までに対ドル20円ほど円安が進行することを織り込んだ。しかし、為替レートは最終的な仕上がりとして2025年では1ドル＝70円台後半と、2004年現在よりも30〜40円ほどの円高となっている。財政破綻懸念が広まると、為替レートは円安になるとする見方が多いが、この結果は大方の見方とは異なっている。これはなぜであろうか。

中長期的にみると、為替レートは財政や金利などの動向よりも、国内アブソープション（国内需要の規模）、つまりは経常収支の動きに大きく依存して決まる。将来を見通すと、経済全体が成熟化していること、人口減少が成長を抑えること、財政に余力がなく財政支出の伸びが弱いことなど、需要が伸び悩む要因が大きいため、新成長産業など需要の創出に本腰を入れない限り、国内需要は高まらない。このため輸入の伸びが低調となり、経常収支が増え円高となるわけだ。

この為替レートの水準が妥当かどうかは、経常収支の対名目GDP比によってある程度まで判断できる。円安など3つの変化を織り込んだケースでは、経常収支の対名目GDP比は2025年では11％に達している。先に述べたように、現実にここまで円安が進むかは疑問である。これはモデル計算の技術的な話だが、経常収支が膨むのは、為替レートを外生変数（モデルの外から与

える）として設定し円安化を想定したためである。

　財政が実質破綻局面に入ると、為替レートが大幅な円安となるため、インフレが発生して財政収支が黒字化し、財政破綻は避けられるとする説がある。この説は一見して説得的ではあるが、あまりにも楽観的に過ぎる。今みたように、円安がどんどん進めば、経常収支の黒字がどんどん溜まることになる。しかし、現実には為替市場での需給関係や国際政治経済との絡みで、一方的な円安は許容されないだろう。日本と対世界との関係でみると、日本の経常収支の黒字は、海外諸国全体の対日収支の赤字であるから、日本だけが経常収支の黒字で外貨をどんどん稼ぐことは難しい。円安にも自ずと限界があるわけだ。

　為替レートは、内需が拡大しなければ、国内信用不安に伴う円安効果を含めても、最終的には円高傾向をたどることになる。現在よりも対ドルで30～40円もの円高になれば日本の輸出は完全にストップしてしまうのではないかと懸念する向きもあろう。しかし、輸出には大幅な落ち込みはみられない。これは大幅な円高で国内物価が下落し、円建ての輸出価格も下落するため、対外価格競争力が大きく変わらないからである。このように、為替レート、国内需要、輸出入、諸物価など、経済指標はすべて相互に依存しており、一つだけとって論じても意味のないことがわかる。やはり経済の実態を的確に把握するためには、経済の相互依存関係をとらえた計量経済モデルでシミュレーションして検討する必要がある。

2　持続的成長への道

● 財政再建だけでは財政危機は乗り越えられない

　以上みたとおり、本格的な内需振興策も財政再建策も盛り込まれていない現状並みの政策が続くならば、国家財政は実質破綻局面を突っ走ることになる。この段階で国債償還も利払いもできなくなるということはないが、この状態を放置すれば、およそ20年以上先には真性の財政破綻状態に陥る恐れがある。しかし、そこに至るまでに政府は必ずや財政再建に踏み切る。そうしないと日本経済の屋台骨が折れて、手の着けられないような状態になってしまうからだ。したがって結局のところ、国家財政破綻のシナリオは実現しな

いであろう。いつどのような形で政策転換を図るかは、政治の問題とも絡む。増税はいつの時代でも最も不人気の政策であり、政治家は避けて通りたいから、問題の先送りになる可能性も高い。しかし、政策転換を先延ばしすればするほど、後世代の負担は確実に重くなる。

　もし財政再建策のみで財政破綻を回避しようとすればどうなるのか。これをシミュレーションで分析したところ、消費税率は2025年までに30％以上に引き上げなければならなくなる。社会保障負担も合わせると、国民負担率は70％台に達する。稼いだ所得のおよそ7割が政府の収入として吸い上げられることになる。吸い上げられた分が財政支出として減税や社会保障給付などの形でそっくり戻ってくれば、国民にとって特に問題とはならないが、政府収入の多くは財政赤字の補填に回されるわけだから、人々の生活は苦しくなる。緊縮型の財政再建策だけで切り抜けようとすれば、経済成長率は今後20年間平均でほぼ0％になり、日本経済は長期停滞に落ち込む。このとき、国債残高の対名目GDP比は2018年頃ピークとなり2025年には135％近くにまで低下する。それでも依然として次世代の債務の負担はとても重い。

　また、公共投資削減だけで財政破綻を回避することも難しい。前提条件が異なるため本書の試算結果と必ずしも整合的ではないが、別のシミュレーション分析によれば、公共投資を毎年3％ずつ削減しても国債残高対名目GDP比は一方的に上昇していく（服部・星野（2001）参照）。

● 政策ミックスが必要

　消費税率を30％以上に引き上げることに対しては、政治的な問題とも絡み、国民的コンセンサスを得るのは難しい。財政破綻を回避して持続的成長を達成するためには、増税だけでなく、内需促進により民間部門の活力を引き出し、経済成長率を高めなければならない。政府の中長期的な政策目標としては、経済成長と財政再建との二兎を追うべきである。これら2つの目標は両輪のごとしであり、どちらか1つだけではうまくいかない（景気と構造改革の二兎を追う政策を提唱しているものに、例えば原田（2001）がある）。

　いかなる政策も、プラス面がある半面でマイナス面がある。財政再建のため増税策として消費税率を引き上げると、財政収支は改善するものの、景気

の悪化で実質成長率は低下し失業者が増える。実質成長率の低下は賃金下落につながる。国内需要が縮小すると輸入が減り経常収支が膨らむため、為替レートは円高となる。消費税率の引き上げの当初では国内物価は上昇するが、やがて国内物価には下落圧力が加わる。

　大方の見方では、消費税率引き上げはインフレを引き起こすといわれているが、実体は違う。シミュレーションによれば、消費税率引き上げ直後は、確かにほぼ増税に見合った分だけ物価は上昇する。しかし、やがて景気が悪くなり実質成長率が低下すると、賃金の下落や円高が物価を引き下げる要因として作用する。数年後には消費税増税前と比べて物価はほとんど変わらないか、むしろ若干下落する。消費税増税後、数年経つと、名目GDPは減少するため、消費税増税による増収効果は意外と小さく、財政収支の改善は予想以上に小幅にとどまる。こうした現象を筆者は「消費税のパラドックス」と呼んでいる（服部ほか（1998）参照）。このように経済の相互依存のなかで反作用があるため、政策当局が消費税増税によって思惑どおりに税収の増加を図ることは難しいだろう。

　政策効果でどれだけ税収が伸びるかを的確に予測することは、経済の相互依存関係をとらえたマクロ経済モデルと財政モデルを使って推計しない限り無理であろう。

　一方、内需振興策だけで財政危機を乗り越えようとすれば、今後20年先まで平均4％以上の実質GDP成長率を確保する必要があるだろう。本格的な人口減少時代の到来に伴い、将来、労働力不足という制約を受けるようになるため、よほど生産性を引き上げなければ、4％以上の経済成長を達成することは難しい。しかし、成長率を大きく押し上げることは難しいにしても、実現可能な範囲内で、内需振興策により需要を増やせば、物価や賃金は上昇する。また、為替レートも円安へシフトするため、これが物価を押し上げる要因となる。実質成長率に物価上昇効果が加わるため、名目GDPが増加し、税収はある程度まで増える。

● 持続的成長の達成には、二兎を追うほかない

　このように、財政再建だけでは税収は伸びても景気が悪化する。一方、内

需振興策だけでは景気が良くなるものの、将来の労働力不足の制約から経済成長率や税収を高めるには限界がある。財政再建策と内需振興策の２つの政策を適度にミックスすれば、政策の足りない面が補われて、効率的に所定の目的が達成され、政策の実現性も高まる。政策の組み合わせ方にはいくつかある。財政の規模をどの程度にするのか、消費税率をいつどの程度まで引き上げるのか、社会保障制度をどう改革していくのかなど、政策のあり方については、財政危機の現状や将来展望を踏まえて、国民的コンセンサスに向けて活発に論議すべきである。財政の規模をどの程度にすべきかなどは理論的に決定できるものではなく、結局は国民の多数意見によるわけだ。

　適切なマクロ経済政策を立案・実施して政策効果をあげるためには、事前に日本経済の全体を総合的に分析し、政策効果を的確に評価する作業が不可欠だ。経済成長率、財政収支、経常収支、物価・賃金、為替レートなど、さまざまな経済指標の動きは密接に関連し合っているため、それらの一つ一つを別々に取り上げて展望し論じてみても、経済の実体を把握することはできない。財政政策の経済的影響を評価する手法としては、マクロ経済モデルと財政モデルとの連携的な活用が有用である。

　内需振興策の柱は新規産業の育成、拡大である（需要創出型構造改革を説くものに吉川（2003）がある）。産業構造は時代とともに変わっていく（第11章参照）。従来型の産業の多くは成熟化し、あるいは衰退に向かう。例えば、食料品、繊維、金属、流通といった従来型の産業は、人口減少や普及の一巡などから高い成長が見込めそうもない。やはり需要を掘り起こすためには、情報化、高齢化、環境、新エネルギーといった成長が期待できる、21世紀型の新しい産業を育成し拡大するほかない。そのためには成長分野へ政府資金や社会資本を重点配分する必要がある。ムダで効率の悪い公共事業はやめて、新成長分野へ社会資本を投入し、また、補助金、投資減税、無利子融資などの形で政府資金を投入して新産業を創出することが重要な課題となる。

　また、規制緩和は需要創出の切り札ともいわれるが、新しい産業や消費者ニーズの高い分野での規制緩和でないと効果は薄い。成熟化した産業でいくら規制緩和を推し進めても、市場規模が限られているため競争が激化して企

業倒産が増え、むしろ経済成長を抑えることにもなりかねない。これに対して、価格弾性値（価格1％変化に対する需要変化％の比率）や所得弾性値が1を超えるような、価格や所得への反応度が高い成長分野での規制緩和は、市場規模を大きくし経済成長に役立つであろう。

● 持続可能な成長への道

　以上みたように、政策の実現性や実効性という観点から、さまざまなシミュレーションを行い、そのなかから日本経済が持続可能な成長を遂げるための、一つの望ましい政策ミックスを見出した。その政策とは「消費税率を2015年までに15％にまで引き上げると同時に、新産業の創出・拡大で2025年までに新たな民間需要を70兆円以上創出し、その波及効果で実質GDPを100兆円以上拡大する」という政策ミックスである。この政策ミックスを実施すれば、将来の財政破綻はかろうじて回避され、持続的成長が可能になる（詳しくは第8章、第9章参照）。これを持続的成長ケースと呼ぶこととする。

　この持続的成長のシナリオのもとでは、2つの政策の効果が補い合って、実質GDP成長率は2000～2025年間平均で1.0％、名目成長率は2.4％となる（表5-2、図5-2）。失業率は2015年頃から3％程度と、完全雇用の範囲に入る。国債残高の対名目GDP比は2011年頃にピークを打ち2025年には100％にまで低下する

　1980年代までの3～4％の中成長と比べると大幅に低い成長にとどまるが、財政再建や人口減少などのマイナス影響で低成長は避けられない。しかし低成長でも、人口および労働力人口が減っていくため、2010年頃から現在の労働力過剰（高失業率）の状態は改善に向かう。また、懸案の国家財政については、2025年頃には国債残高対名目GDP比が100％を超えて上昇し続ける実質財政破綻局面から脱出できよう。したがって、真性の財政破綻が発生する恐れもなくなる。

　もちろん高成長であるほど財政再建も早く進むから成長率が高いほどよいのだが、その実現の可能性が現実の問題として浮上する。実現可能性が困難なシナリオを描いたとしても、それは「絵にかいた餅」となってしまう。

　2000年3月公表の産業構造審議会（2000）の最終答申によれば、サードウ

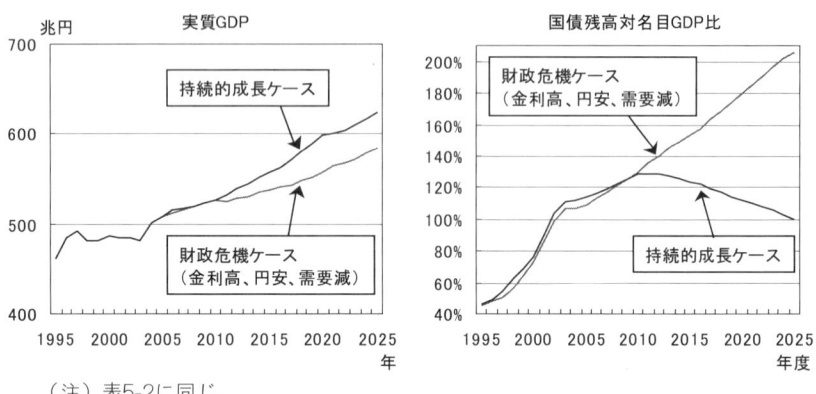

図5-2 財政危機ケースと持続的成長ケース

実質GDP（兆円）：持続的成長ケース／財政危機ケース（金利高、円安、需要減）、1995〜2025年

国債残高対名目GDP比：財政危機ケース（金利高、円安、需要減）／持続的成長ケース、1995〜2025年度

（注）表5-2に同じ。

表5-2 財政危機ケースと持続的成長ケース

	財政危機ケース	持続的成長ケース
名目GDP成長率 （2000〜2025年間）	1.3%	2.4%
実質GDP成長率 （2000〜2025年間）	0.7%	1.0%
国債残高対名目GDP比＊ （2025年）	214.9%	99.7%
国債利回り（10年物） （2025年）	3.1%	1.5%

（注1）財政危機ケースは、金利高、円安、需要減を織り込んだケースである。
（注2）持続的成長ケースは、財政再建と内需拡大を同時に実施するケースである。
（注3）数値は暦年ベース、＊印のものは年度ベースである。
（出所）内閣府『国民経済計算年報』、財務省『国債統計年報』。

エア産業（ハードとソフトを融合した第三の商品群を生産する産業：情報家電、ロボット等）、高齢社会産業（健康、医療、福祉、介護、家事代行業等）、環境産業（環境創造、環境保全等）などを中心に、2025年までにおよそ260〜330兆円の新規需要創出が見込まれている。公表後のデフレ長期化や低成長を考慮すると、これだけの需要を創出することは難しいとしても、その3割程度の70〜100兆円の需要の創出は実現可能だろう。しかし、それでも相当な政策的努力や民間企業の活躍が必要だ。

問題は財政状況がどうなるかである。税収は順調に伸びる。税収の着実な伸びは、財政再建だけによるものではなく、あくまで内需振興策が功を奏してこそ可能となる。税収の伸びで、国家財政のプライマリー・バランス（基礎的収支）は、徐々に改善していき、2017年頃に赤字体質から脱出し、黒字基調へと転換する。このため国債残高対名目GDP比は、2011年頃におよそ130％とピークに達したあと下落傾向に転じ、2025年ではおよそ100％にまで低下する。もしも内需振興策がなく、消費税増税という財政再建策のみで切り抜けようとする場合、30％以上への消費税率引き上げが必要となる。その大幅増税のマイナス影響で経済成長率はほぼ0％になり、高い失業率が続く。だから、どうしても財政再建と内需振興（経済成長）の二兎を追わなければならないわけだ。そうしないと、財政破綻を回避し失業率を抑えて、持続的成長を達成することは無理である。

　国民負担率は租税や社会保障負担の増加で、現在の43％が2025年では55％にまで上昇する。国民負担率が50％を超えるため、サラリーマンたちが働いて稼いだ所得の半分以上が租税や社会保障負担として政府部門に吸い上げられる。国民は相当な負担を覚悟しなければならなくなるが、その一方で社会保障給付も増えるため社会福祉環境は充実していく。国民がどの程度の社会保障水準を要求するかによって、租税や社会保障負担の規模は変わる。ここ数年以内に、社会保障改革や消費税増税など重要な政策が相次いで決定されることになっており、「大きな政府」か「小さな政府」か、政府や国民はどちらかを選択しなければならなくなる。

第Ⅱ部

展望編

これから20年どうなる

世界経済環境と日本経済7つの分野

第6章

世界の経済とエネルギーはどうなる

日本は世界とともにあり、国際経済・エネルギー動向は日本経済に大きな影響を与える。特に、冷戦後、急速に進展した世界経済のグローバル化や中国を中心とした発展途上国の急速な工業化は、海外生産や輸出入、さらには経済成長や産業構造に多大な影響を及ぼす。

日本経済を展望するためには、まず、世界の経済やエネルギー情勢がどうなるかを見通す必要がある。特に、主要国別・地域別の経済成長率や国際エネルギー価格は、日本経済の展望にとって極めて重要な指標である。本章では、世界経済および世界エネルギー動向を展望する。

本章の展望結果を踏まえて、次章以降で、日本経済を7つの側面からとらえた展望結果を順次、紹介していく。

1 世界経済の展望

まず、本節では2025年までの世界経済を展望する。

● 中国経済の成長力：楽観論 VS. 悲観論

冷戦後の世界経済においては、市場経済の拡大、資本移動の自由化、情報技術（IT）革命などを背景にグローバル化が急速に進展している。90年代に日本経済はバブル崩壊で経済が停滞したが、アメリカは世界的なIT革命の中心的な役割を果たし、経済成長を高めた。アジア諸国は積極的に海外からの投資を受けいれ、工業化を進めた結果、高成長を遂げた。しかし、1997年にタイ・バーツの暴落を契機にアジア通貨危機が発生しASEAN諸国を中心に大きな打撃を受けた。その後、ASEAN、アジアNIES諸国は、全体的として見ると経済が回復傾向を示したものの、通貨危機以前と比べると成長テンポは鈍っている。

そうしたなかで、中国は通貨危機を免れ、平均7～8％という高成長を続けている。2001年には念願のWTO（世界貿易機関）加盟を果たした。今や、中国は「世界の工場」ともいわれるまで経済規模が拡大し、今後の世界

経済を展望する際には、中国経済の動向は無視できないものになっている。

2002年の中国の国内総生産（GDP）は10兆2,170億元と初めて10兆元の大台を突破し、実質GDP成長率も7.9％を記録した。1人当たりのGDPでみても、前年より50ドル増え、961ドルと1,000ドルの大台も間近である。こうした絶好調の経済状況のなかで、江沢民前総書記は「国内総生産（GDP）を2020年までに2000年の4倍にする」と宣言したが、これは今後20年間のGDPの成長目標を7％強とすることに等しい。

果たして、今後も中国経済は過去10年余りの間続いた高成長を持続できるだろうか。これについては、1994年にクルーグマンが唱えたアジアの成長まぼろし論以後、多くの議論を喚起した。とりわけ、中国は、マクロ経済面では高い成長力を示しているが、ミクロの面では、都市と農村間、東部と西部地域間の発展レベルの格差や国有企業と郷鎮・外資系企業格差など深刻な二重構造問題を抱えている。また、世界貿易機関（WTO）加盟とリンクして盛り上がった近年の外資主導・外国技術導入による工業化路線は、その成功の一方で外国依存の増大というリスクを伴っている。経済発展論における「トリクル・ダウン」説が説くように、高成長という果実がこうした格差を次第に埋め、中国の広大な市場と巨大な需要を掘り起こすことに成功すれば、7％成長の持続、GDP4倍という目標は不可能でないかもしれないが、それを支えるべき改革の進展と深化が今後どのように進むのかいまだ疑念を抱く人は多い。

そうした「悲観論」の歴史的論拠の一つが、戦後の欧州や日本、さらにアジアでは韓国、台湾といった国々でみられた高成長期後における成長減速である（図6-1）。これらの国ではほぼ例外なく、20年程度の経済の高度成長期を経てその後米国の所得水準に近づくにつれて成長減速を経験した。特に、日本や韓国では、経済の離陸期（復興期）に成長が加速し、その後低下に向かう「逆U字型成長パターン」が観察される。過去20年間年率9％に及ぶ飛躍的な高成長を遂げた中国においても、今後は同じような成長減速に見舞われる可能性は否定できない。前述のクルーグマンの指摘はまさにこの点を突いたものであった。

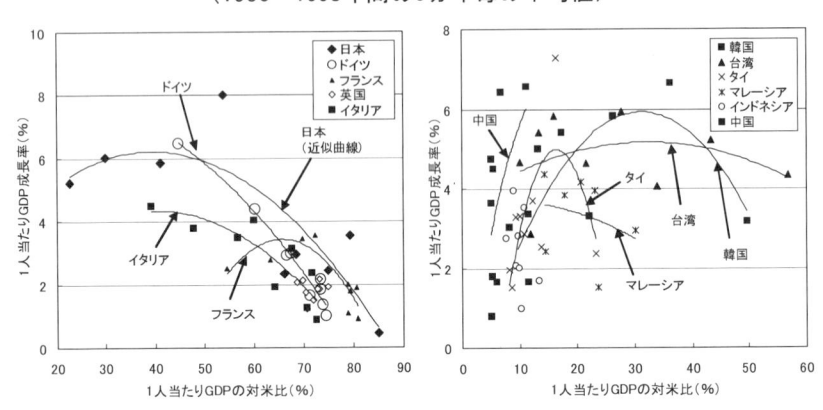

図6-1　1人当たりGDP対米比と成長率の関係
（1950～1998年間の5ヵ年毎の平均値）

（出所）櫻井（2000）、グローニンゲン大学成長センター（GGDC）データより加工。

● 供給力を重視した潜在成長率予測モデル

　数カ月先までのごく短期の予測なら直感でもできるだろうが、中長期予測となればそうはいかない。やはり予測するための道具として、何らかの計量モデルが必要である。計量モデルとは、さまざまの経済要因間の数量的な因果関係を、過去のデータを用い、統計学の手法で以って計測した単一の方程式または連立方程式体系である。

　計量モデルにはいくつかのタイプがあり、需要側の要因を重視したもの、供給側の要因を重視したもの、2つを同時にとらえたものなどがある。

　今回の世界経済展望では、条件付収束モデルと呼ばれる新古典派成長モデルを使った。このモデルは供給側の要因を重視したものであるが、前項で述べた、戦後の世界経済の成長パターンをかなり正確に説明できた。

　このモデルの基本的な構造は、現実の経済成長過程はある長期的な均衡に移行する過程にあり、この移行過程では資本蓄積に伴う収穫逓減が働き、経済成長率は徐々に低下していくとの考え方に立っている。したがって、工場や機械などの資本の蓄積が進み、所得水準が上昇するにつれて経済成長率は低くなる。しかし、長期的な各国の経済成長率はそれぞれの国の初期所得水準、投資率や人口成長率などに依存するため、各国の成長率はこれらの要因

の総合的な影響で決まることになる。

このモデルを使って、1960～1998年間の61カ国の1人当たりGDP成長率を決める要因を下のように計測した。その説明変数は初期所得（1960年の1人当たりGDP水準）、さらに、経済のファンダメンタルズ要因として、物的資本投資率、人的資本投資率（総教育年数で代理）、労働力人口比率（働く人の割合の指標）、輸出率（経済開放性の指標）などである。推定したモデルは、この間の各国間の成長率変動の82％を説明できた。

1人当たりGDP成長率の推定式（1960～1998年間）

1人当たりGDP成長率
＝定数項 − 0.382×（初期所得）
　　＋0.634×（有効物的投資率）
　　＋0.314×（有効人的資本投資率）
　　＋2.137×（労働力人口比率）
　　＋0.160×（（輸出＋直接投資）の対GDP比率）＋0.238×（その変化率）
　　−0.271×（熱帯度指標）
　　−0.051×（市場の歪み度（為替レートの闇市場プレミアム））

この結果、戦後のアジア経済の高成長の要因としては、低い所得水準、高い投資率、熟練した労働力（高い人的資本投資率）、働く人の割合の増加（労働力人口比率）、経済開放度（輸出比率）の上昇の寄与が大きいことが明らかになった。

● 展望の前提条件

このモデルを用いて2025年までの世界経済の展望を行った。いかなる予測も前提条件付きであり、条件が変われば展望結果も変わる。主な前提条件は以下のとおりである（表6-1）。

世界的に人口や労働力の伸びの低下を見込んだ半面、アジアへの投資意欲が持続すること、輸出比率（経済開放度の上昇）が今後も緩やかに上昇することなど、グローバル化が進行すると想定した。近年のトレンドが持続し、急激な構造変化が起こらないと想定した点で、全体としてみれば楽観的なシナリオとなっている。

表6-1 主要説明変数の設定

	1人当たりGDP 1998年ドル	人口成長率 2025/98	労働力成長率 2025/98	投資率 1999年	総教育年数 1999年	輸出比率 2025～98年間平均	直接投資率 1985～96年間平均
61ヵ国計	6,108	0.88	1.06	21.9	7.2	46.2	1.5
OECD24ヵ国	19,614	0.30	0.10	20.7	9.3	49.4	1.3
米国	25,392	0.64	0.47	20.8	12.7	15.7	0.9
日本	19,918	-0.15	-0.64	27.3	11.7	13.3	0.0
EU15ヵ国	17,707	-0.07	-0.27	20.3	8.8	49.9	1.3
その他OECD	12,593	0.93	0.93	21.9	8.5	41.7	1.5
中国	3,281	0.61	0.70	33.1	5.3	31.4	2.8
アジアNIES4	14,228	0.52	0.35	29.3	9.1	118.4	5.5
韓国	12,392	0.46	0.28	33.4	10.8	52.6	0.4
台湾	15,445	0.63	0.52	22.4	8.5	69.7	0.4
香港	19,977	0.53	0.09	28.0	9.6	175.7	10.6
シンガポール	20,019	0.66	0.57	33.7	7.4	175.7	10.6
ASEAN4	3,550	1.06	1.37	31.4	7.4	60.2	2.3
タイ	5,386	0.64	0.65	39.8	7.9	52.7	1.6
インドネシア	3,034	1.04	1.37	26.7	5.7	39.9	1.2
マレーシア	7,387	1.24	1.63	37.3	8.1	104.8	5.1
フィリピン	2,336	1.35	1.88	21.7	7.9	43.5	1.5
南アジア5ヵ国	1,653	1.21	1.72	28.3	4.8	24.2	0.4
中南米7ヵ国	5,931	1.14	1.35	19.9	6.7	26.6	1.5
アフリカ10ヵ国	1,358	1.74	2.14	17.8	3.5	30.9	1.0
中・東欧5ヵ国	4,798	-0.14	-0.24	21.7	7.0	49.0	1.0

(出所) 図6-1に同じ。

◆ 人口・労働力成長率

人口成長率及び労働力成長率については、国連の人口予測値を利用した。日本及び韓国や香港といったアジアNIES4では低下する一方で、ASEAN4や南アジアでは逆に上昇すると予測されている。

◆ 投資率、総教育年数

投資率や総教育年数については、なるべく直近の実績値で固定した。総教育年数は今後も伸びが予想されるが、伸び率の設定は恣意的なものとならざるを得ないため、敢えて直近の値で代用することにした。(教育年数の1年の増加は、平均成長率を0.1％ポイント上昇させる)。

◆ 輸出比率、直接投資率

輸出比率の今後の動向については、中国のWTO加盟やAPEC地域での自由化プログラムの進行など、さまざまな対外環境の変化により予測が難しい。そのため、輸出比率については、今後もアジアを含む世界全体で貿易依存度が趨勢的に上昇すると想定した。ただし、輸出比率がすでに100％を超えている香港や台湾や韓国など一部のアジア諸国では伸びが弱まると見込ん

だ。

　直接投資（純流入）対GDP比率については、過去最大の直接投資のブーム期にあたる1985～96年間の平均値を用いた。これは、今後も直接投資の高い伸びが持続すると想定したためである。

● 中国が経済大国に

　以上のような前提条件のもとでの展望結果によれば、世界全体（61カ国、1998年の世界GDPの95％を占める）の実質GDPは、1973～1998年間では年率3.1％の成長であったが、今後1998～2025年間では、年率2.4％となり0.7％ポイント低下する。実額（90年PPP価格：購買力平価で測った実質値）では、1998年の31兆ドルが2025年ではその約1.9倍の59兆ドルに達する（表6-2）。

　地域別にみると、OECD諸国は平均1.3％成長に対して、非OECD諸国は3.6％と3倍近いスピードで成長を遂げる。ただし、両地域間の成長率格差（2.3％ポイント）の6割は人口の成長格差によるものであり、1人当たりGDP成長率の格差ではあまり差が開かない。その結果、2025年には、非OECD諸国のGDPシェアは6割近くになり1998年のOECD諸国のシェア（約6割）と逆転する。特に、中国を含むアジア諸国（中国、アジアNIES4、ASEAN4、南アジア）の世界全体に占める割合は1998年の29％から2025年頃には43％と10％ポイント以上も上昇し、OECD諸国に匹敵する経済圏となる。途上国（非OECD諸国）のGDPの7割以上がこのアジア経済圏から生み出されることになる（表6-2、図6-2参照）。

　さて、問題の中国経済であるが、中国の世界全体に占めるシェアは21％に達し、米国（16％）を大幅に上回る世界最大の経済大国となる（購買力平価ベース）。それでも、GDP成長率は、中国当局の目標とする7％にはるかに及ばない4％程度と予想される。仮に、ほかの国の予測値が変わらずに中国が7％成長を達成するとすれば、2025年の中国のシェアは35％にも達する。中国、アジアNIES4がこれまでの高成長（7％程度）から大幅に減速するのは、資本蓄積に伴う収穫逓減、生産年齢人口比率の低下という人口転換、さらに外需依存の限界によるものである。特に、アジアNIES4の成長

表6-2 世界経済の成長展望

	実質GDP、10億ドル		年率%		構成比%	
	1998年	2025年	'73〜98	98〜25	1998年	2025年
61カ国計	30,569	59,003	3.1	2.4	100.0	100.0
OECD24カ国	17,727	25,067	2.5	1.3	58.0	42.5
米国	6,958	9,655	2.7	1.2	22.8	16.4
日本	2,515	3,221	3.0	0.9	8.2	5.5
EU15カ国	6,624	9,102	2.1	1.2	21.7	15.4
その他OECD24	1,486	2,195	3.0	2.4	5.3	5.2
非OECD諸国	12,842	33,936	4.1	3.6	42.0	57.5
中国	4,120	12,275	6.9	4.0	13.5	20.8
アジアNIES4	1,117	2,218	7.0	2.5	3.7	3.8
韓国	575	1,265	7.1	2.9	1.9	2.1
台湾	338	574	7.1	2.0	1.1	1.0
香港	134	243	6.0	2.2	0.4	0.4
シンガポール	70	135	7.1	2.4	0.2	0.2
ASEAN4	1,295	3,796	5.0	4.0	4.2	6.4
タイ	330	878	6.3	3.6	1.1	1.5
インドネシア	626	1,796	4.7	3.9	2.0	3.0
マレーシア	164	527	6.3	4.3	0.5	0.9
フィリピン	176	594	3.1	4.5	0.6	1.0
南アジア5カ国	2,164	6,801	4.9	4.2	7.1	11.5
中南米7カ国	2,373	4,905	2.9	2.7	7.8	8.3
アフリカ10カ国	612	1,756	3.0	3.9	2.0	3.0
中・東欧6カ国	1,161	2,186	-0.3	2.3	3.8	3.7

（注）実質GDPは1990年PPP価格（本文参照）。
（出所）図6-1に同じ。

　率は2.5％へと急落するが、これは収穫逓減と人口動態要因による効果が大きい。一方、成長加速が見込まれるインドなど南アジア5カ国は、貯蓄率の上昇と生産年齢人口の上昇（若年従属人口比率の低下）という人口動態効果が大きい。

　このような低成長下であっても、アジアNIES4の1人当たりGDPは2025年に2万5千ドル弱に達し、EU諸国と肩を並べる高所得地域となる。特に、シンガポール、香港は、米国をも上回り、ルクセンブルグ、スイスに次ぐ世界最高の高所得国（地域）となる。また、マレーシアやタイの所得水準も2025年には1万ドルを突破する。さらに、中国の所得水準も8,300ドルに達し、ブラジルを上回る中所得国への仲間入りが予想される。しかし、南アジア諸国の生活水準はなかなか改善されず、インドの1人当たりGDPのレベルは2025年時点でも4,000ドル、南アジアの最貧国であるミャンマーやバン

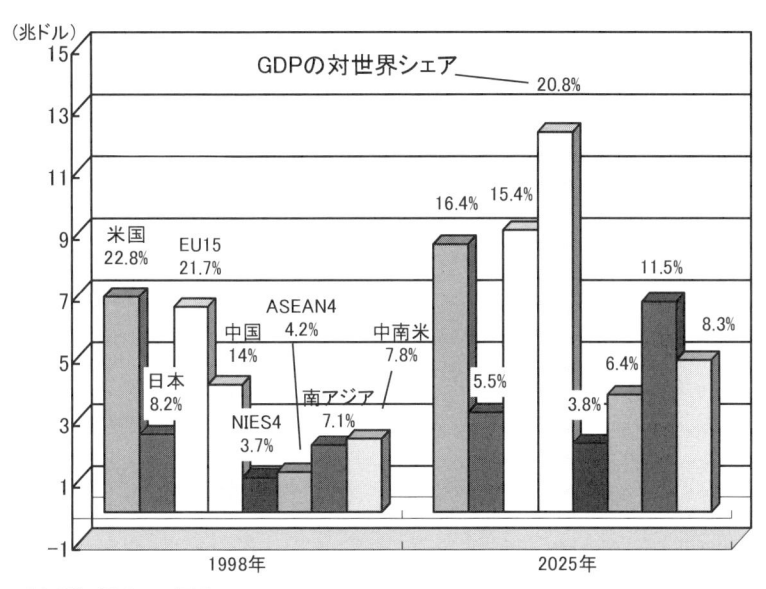

図6-2 実質GDPの規模とシェア（1990年購買力平価基準）

（出所）図6-1に同じ。

グラデシュに至っては2,000ドル程度にとどまり、ASEAN諸国に追い付くことは難しいだろう。

　以上でみたように、アジア経済の長期的な成長率は、2.5％（アジアNIES4）～4％程度（中国、ASEAN4、南アジア）と予想される。他機関の予測結果と比べると、アジア諸国の成長率は1～2.5％程度低い。これは前提条件やモデルの構造などの違いによるものであるが、予測数値には幅をもって読んでいただきたい。今回の展望では、モデルの基本的な結果は変わらないものの、足元の中国経済などの強さを加味して1％程度かさ上げした数値を採用している。

2　世界エネルギーの展望

　次に、本節では2025年までの世界の一次エネルギー需給および一次エネルギー価格を展望する。

● 堅調に推移する世界エネルギー需要

　世界の実質GDP成長率は、1999～2025年間平均で年率2％台半ばと堅調な伸びが見込まれる。地域別ではG7（先進7カ国）が1.6％だが、中国は5.3％、アジア計は4.3％と、アジアでは高めの成長が予想される。これを反映して、世界のエネルギー需要はG7では0.7％と低調だが、アジアが3.6％と好調に推移し、全体では1.6％で増加する。世界の一次エネルギー需要に占めるアジアのシェアは、2000年の18.2％から2025年には28.6％にまで上昇する（図6-3）。

　エネルギー種別では、地球温暖化問題や環境問題への対応から、いずれの地域でも天然ガスへの志向が高まり、発電部門を中心に石油から天然ガスへの代替が進む。高めの経済成長を続けるアジア地域では、天然ガス、石油、石炭需要がいずれも急増する。世界の天然ガス需要は2.8％と最も高い伸びとなり、石油、石炭需要もそれぞれ1.8％、2.0％と堅調に推移する。

　一方原子力発電量は、中国が大きく伸びるものの、欧米が低調なため全体で0.4％の伸びにとどまる。このため一次エネルギー需要全体に占める天然ガスのシェアが拡大する一方で、石油、石炭のシェアはほぼ横ばい、原子力が低下する。

● 高まるOPECのシェア、アジアでの石油自給率の低下

　次に、原油生産についてみてみよう。ここ数年来、石油価格の高止まりや外国資本による生産設備への投資の増加によって、旧ソ連の生産量回復が著しい。しかし長期的にみると、旧ソ連を含む非OPECでは、徐々に良質な油田の枯渇が顕在化するため、豊富な埋蔵量を持つOPECが再びその生産シェアを拡大するであろう。OPECの生産シェアは、2000年の40.0％から、2025年には50.3％へと拡大する。それとともにOPECは、再び国際石油市場での価格支配力を強めることも考えられる。

　アジアのエネルギー生産をみると、石油生産はほぼ横ばいで推移する一方、石炭生産は年率3％程度の増加を続ける。石炭については、2002年末の可採年数は中国が82年、インドが235年と豊富な資源量を持つことから、発電用を中心としてアジア地域の重要なエネルギー源としての地位は揺るがな

図6-3 一次エネルギー需要

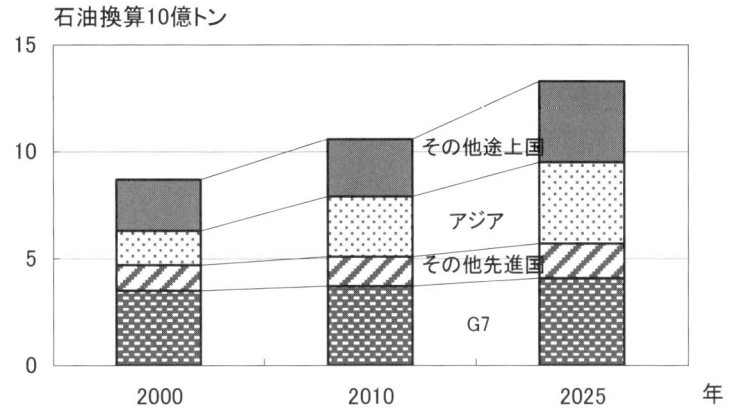

石油換算10億トン

(出所) 服部ほか (2003)、IEA "Energy Balances of OECD, Non-OECD Countries"。

い。アジアの石油石炭の自給率をみると、石炭については2025年で137％と現状並みの水準を維持し、石炭は依然として輸出可能であるが、石油は現在の71％から2025年では30％にまで低下し、アジアの石油需要は一段と大幅な輸入超過となり、世界の一次エネルギー価格を押し上げる要因となるであろう。

● 上昇傾向をたどる世界エネルギー価格

こうした世界のエネルギー需給の変化が国際エネルギー価格に影響する（図6-4）。国際石油価格（WTIスポット）は、アジアを中心に石油需要（年率1.8％増）が底堅く伸びるため、1999～2025年間では年率3.2％上昇し、2025年では名目で43.4ドル／バレルとなる（2000～2025年間では同1.4％）。実質価格（1999年米ドル価格）は、2025年では23.2ドル／バレル、1999～2025年間では年率0.7％の上昇となる。石炭価格（北西欧州市場価格、McCloskey）は2025年に名目で47.8ドル／トン、実質価格（1999年米ドル価格）は25.6ドル／トンと、実質ではほぼ横ばいとなる。アジアのLNG価格（日本の輸入価格）は2025年に名目で7.4ドル／MBtu、実質価格（1999年米ドル価格）は3.9ドル／MBtuと、実質では年率0.8％の上昇と

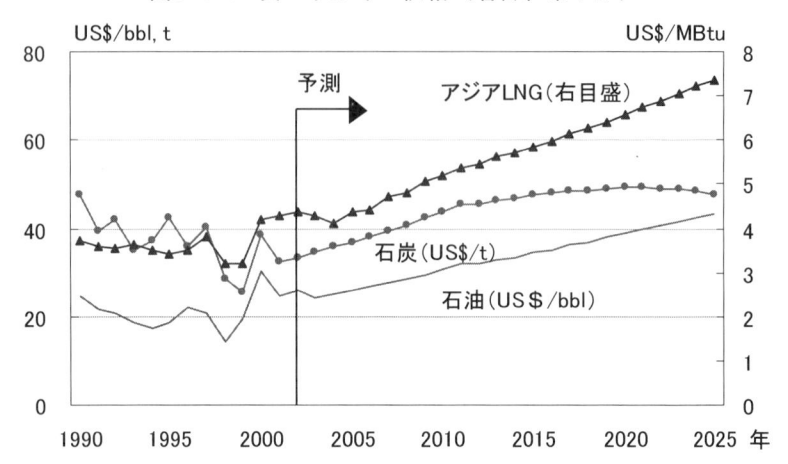

図6-4 一次エネルギー価格（名目、米ドル）

（出所）服部ほか（2003）、IEA "Energy Prices and Taxes"、BP "Statistical Review of World Energy"。

なる。このように米国GDPデフレーターで実質化した価格からみると、石油、LNGを中心に、世界の一次エネルギー価格はゆるやかながら上昇傾向をたどる。

日本のLNG価格は現在のところ原油価格に連動して動いている。しかし、今後中国などアジア地域での天然ガス需要の増加に合わせて、スポット市場ができる可能性は十分にあり、そこで決定される価格は、よりLNGの需給関係を反映したものとなるであろう。

● 中国の成長、アジアの原子力発電の動向と世界エネルギー価格

世界のエネルギー情勢は、好調なアジアの経済動向に大きく左右される。そこで、アジアの動向が世界エネルギー市場に与えるインパクトをみるために、中国経済の成長率が2005年以降1％ないし3％ポイント高まると想定した場合および、アジアにおける原子力開発が2005年以降進まないとした場合に、世界一次エネルギー価格がどの程度影響を受けるかについてシミュレーションした（図6-5）。

第6章　世界の経済とエネルギーはどうなる　119

図6-5　中国の成長、アジアの原子力と一次エネルギー価格（2025年）

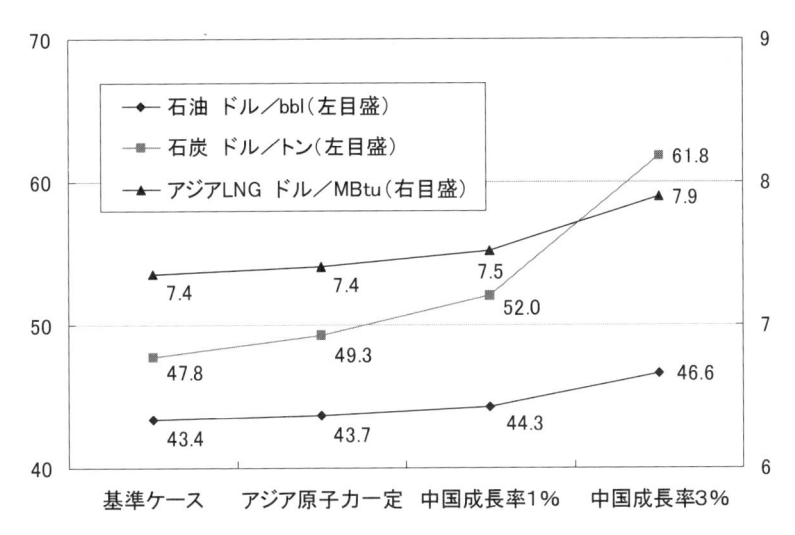

	基準ケース	アジア原子力一定	中国成長率1%	中国成長率3%
石油 ドル／bbl	43.4	43.7	44.3	46.6
石炭 ドル／トン	47.8	49.3	52.0	61.8
アジアLNG ドル／MBtu	7.4	7.4	7.5	7.9

（出所）服部ほか（2003）。

　シミュレーション結果によれば、中国の経済成長率が基準ケースと比べて2005年以降1％ポイント高まる場合には、石油価格は2025年で約1ドル（2.1％）、同じく3％ポイント高まる場合には約3ドル（7.4％）上昇する。アジアLNG価格への影響も石油価格とほぼ同程度である。これに対して最も影響を受けるのが石炭価格で、中国の経済成長率が3％ポイント高まる場合には、石炭価格は2025年時点で約3割弱上昇する。これは、中国の一次エネルギー需要に占める石炭のシェアが2025年時点でも依然として6割強と高く、世界全体でみても中国のシェアは4割弱と高いことによるものである。基準ケースでは、中国を含むアジア（除く日本）の原子力発電量は、1999～2025年間に平均4.8％で増加を続けると想定している。仮にこの原子力開発が2005年以降進まないと想定した場合、石油価格は2025年で約0.3ドル（0.7％）高くなる。アジアLNG価格の上昇もわずかである。石炭価格は約3％上昇する。このように全体として影響が軽微であるのは、アジアの原子力発電の規模が依然小さいためである。石炭価格への影響は相対的にやや大きいが、これは原子力発電の伸びが高い中国が石炭火力に大きく依存してい

るためである。

3 まとめ

本章では、日本経済をとりまく世界経済・エネルギー動向について2025年までの長期展望を行った。

グローバル化が進行するなかで世界経済は大きく変わる。供給力を重視した世界経済モデルで予測した結果、世界の実質GDP成長率はこれまでの25年間と比べて今後20数年間ではほとんどの国や地域で低下する。その主な要因は人口の伸びの低下に求められる。しかし、世界全体では実質成長率は2％台半ばの伸びとなり、世界経済は堅調に発展すると予想される。

世界経済の重心は、欧米から中国を初めとするアジアに移る。特に、中国は伸びが低下するとはいえ4～7％の成長が見込まれ、2025年の中国のGDPの世界経済全体に占める割合は20～30％にも達する。このように中国は世界で最大の経済大国になるであろう。世界の政治経済は、アジア、特に中国を舞台に展開される可能性が高い。

一方、化石燃料のほとんどを輸入に頼る日本にとって、世界の化石燃料価格の動向は国内エネルギー需給だけでなく経済成長にも大きく影響する。

アジア経済の高めの成長を反映して、世界のエネルギー需要は欧米の低調な伸びに対してアジアでは好調に推移する。この結果、すべての化石燃料価格は今後上昇し続け、石油価格は2025年に43.4ドル／バレルに達すると予想され、資源を持たない国の経済成長を阻害する可能性もある。

特に、中国の経済成長が上向いたり、アジアにおける原子力開発が停滞したりすれば、化石燃料価格はいっそう上昇することが懸念される。日本はほとんどエネルギー資源をもたないため油断は禁物である。

また、アジアを中心としたエネルギー需要の増大によって、地球温暖化問題の重要性はますます高まってこよう。

第 7 章

人口は
どうなる

日本経済の展望には、経済社会の基盤となる人口の将来動向を見極める必要がある。少子・高齢化は人口構造を大きく変え、人口減少を引き起こし、日本経済に歴史的な構造転換を迫りつつある（第2章）。本章では、さまざまな経済社会情勢の変化の影響を織り込み、わが国の総人口および地域別の男女・年齢階級別人口について2025年までの将来動向を展望する。

1　人口減少時代の到来

● 予想以上に速い少子・高齢化

　わが国の公的な将来人口推計としては、国立社会保障・人口問題研究所（以下、社人研）が5年に一度公表する人口推計がある。この社人研の2002年の将来人口推計（中位推計）によると、明治以来増え続けてきた日本の人口は、2006年に1億2,774万人とピークを打ち、2025年では1億2,114万人、さらに2050年にはほぼ1億人にまで減少する。社人研の将来予測値は唯一の公的な推計であるが、これまでのところ改訂されるたびに、出生率や人口推計値は下方修正を繰り返してきている。このように少子・高齢化は予想以上に速いテンポで進んでいる。

　合計特殊出生率（1人の女性が生涯に産む子供の数）が、人口を維持するのに必要な水準（2.08）を下回ってから四半世紀が経ち、最近ではこれが1.4を割り込み過去最低水準を更新し続けている。このため、人口構造の少子・高齢化は間違いなく進み、近い将来総人口が減少することは確実だ。むしろ問題は少子・高齢化や人口減少のテンポがどの程度のものになるかである。人口がピークを迎えるのはいつか、出生率は低下し続けるのか、高齢者人口の割合はどこまで上昇するのか、などが人口展望の焦点となっている。

● 推計方法と前提条件

　社人研の出生率や社会移動推計は、過去のすう勢に基づいた人口学的なメカニズムによる推計方法によるものである。しかしながら、近年の出生率の

表7-1 人口に影響する経済社会的要因の想定（前提条件）

		三大都市圏	その他地域	全国
就業者数(万人)	(2000年)	3,912	2,311	6,223
同	(2010年)	3,828	2,274	6,102
同	(2025年)	3,707	2,116	5,823
実質GDP年平均成長率(%)	(2000〜25年)	1.1	0.5	0.9
名目賃金指数伸び率(%)	(2000〜25年)	1.1	1.1	1.1
出生性比（＝男/女）	(2000〜25年)	1.05	1.05	1.05

（注）2000年以降は予測値。就業者、出生性比は国勢調査ベース。実質GDPは内閣府『県民経済計算年報』、賃金は厚生労働省『毎月勤労統計』ベース。

低下は女性の職場進出など経済社会的要因の影響が大きく、人口経済学的なアプローチからの推計が有効であると考えられる。また、従来から少子・高齢化のテンポには地域差がみられ、将来の人口変動も全国一様ではない。公表時期の問題としても、社人研の将来人口推計は5年に一度しか公表されないうえに、地域別世帯数の将来推計は公表がかなり遅れる。

こうしたことから、経済社会的な影響を取り込んだ地域別人口モデルを独自に開発し、これを使って2025年までの将来人口を予測した。この地域別人口モデルは、全国が10地域に分けられており、出生、生残、人口移動の大別して3つのブロックで構成されている。女性の出産行動については家計の所得や賃金男女比など、また、人口移動については地域間所得格差や雇用機会格差など、経済的要因の影響をとらえている。

将来人口を展望するためには、こうした家計所得や賃金など経済社会的な説明要因を想定する必要があり、その想定には他の章で示した展望結果を使っている。その一方で、マクロ経済や地域経済の展望では人口展望の結果を用いており、展望全体としては整合的なものになっている。人口展望で用いた主な経済要因は表7-1のとおりである。

● 引き続く出生率・出生数の低下

将来の人口水準に大きな影響を及ぼすのが、合計特殊出生率（TFR）である。モデルの推定結果によれば、出生率には初婚年齢と夫の所得（所得要因）が影響しており、さらに初婚年齢には女性の時間コスト（機会費用要因）の

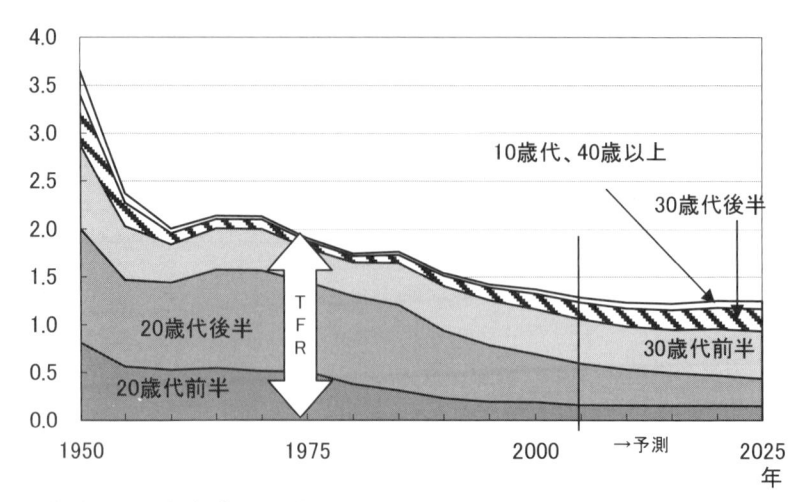

図7-1　女性年齢階級別出生率

（注）厚生労働省『人口動態統計』ベース。すべての年齢階級の出生率の総和が合計特殊出生率（TFR）である。

影響が大きい。日本では婚外子が少なく、結婚と出生の間には密接な関係があるため、初婚年齢がTFRに最も大きな影響を及ぼす。ちなみに近年の統計によると、結婚して3年以内に第一子が生まれる家庭の割合は8～9割にも上る。女性の年齢別にみると、出生率は20歳代と30歳代では動きが異なっており、20歳代では晩婚化、30歳代では晩婚化・晩産化の影響が大きい（図7-1）。

　晩婚化・晩産化の要因にはさまざまなものがある。特に女性の高学歴化や就労意欲の増大のもとで、経済的自立や人生の選択肢の多様化を志向する女性が増えてきたことが大きい（第2章）。経済的な要因からみると、経済成長とともに女性の結婚・出産による機会費用（女性が出産・子育てによって働く機会が失われ稼げなくなる所得）が増加し、これが有配偶率を低くし、出生率の低下要因となっていると考えられる。その一方で、経済成長は夫の所得の増大をもたらし、出生率の上昇要因となっている。このように経済成長は2つの側面から出生率に影響を及ぼしており、経済水準が高まるにつれ妻の機会費用が大きくなると、結果的に経済成長は出生率を押し下げる方向に作用するようになる。

また、世帯人員も出生率に影響する。一般に世帯人員が多ければ子育てがしやすい。核家族化に伴う世帯人員の低下は、出生率の低下要因となっている。ちなみに、1世帯当たり人員は1970年では3.69人であったが、2000年では2.66人にまで低下している。因果関係は明確ではないが、全国を地域別に比較すると、世帯人員が多い地域は出生数が高いという傾向がある。

将来を展望すると、抜本的な少子・高齢化対策が実施されない限り、人口をめぐる近年の経済社会的環境が大きく変化することは予想し難い。低成長だが所得水準が上昇すること、女性の社会的地位の高まりや賃金上昇で出産・子育てに伴う機会費用が増加すること、核家族化で世帯人員が減少することなどが予想される。

こうした出産に伴う機会費用の増大や核家族化などにより、今後も20歳代の有配偶率がわずかながらも下落するため、20歳代後半の出生率は低下していく。その一方で30歳代以上の出生率は晩婚化、晩産化の影響で若干ながら上昇していく。相対的には20歳代の出生率の低下の影響が大きく、すべての年齢階級の出生率を集計したTFRは、2000年の1.36から2025年の1.24まで一貫して低下していく。ちなみに、社人研の人口推計によれば、2025年のTFRは、中位推計（基準ケース）では1.38へと若干回復し、低位推計（低ケース）では1.11まで低下すると見込まれている。本書の予測値は両推計の中間的なレベルとなっている。将来人口推計では出生率をどうみるかがカギである。

● 総人口は2007年から減少していく

将来の総人口がどうなるかは、現時点の人口構造や出生率のほか、生残率、人口移動などが影響する。医療技術や医療サービスの向上などから、緩やかながらも平均寿命が延びるため生残率も高まる。国内の人口移動については全国総人口には影響しないし、また、今回は移民政策の導入を想定していないため、国際人口移動による総人口の増加は見込んでいない。

したがって、出生数から死亡数を差し引いたものが総人口の増減となる（図7-2）。出生数はおよそ25年前の1975年では年間190万人であったが、2000年では119万人、さらに約25年後の2025年では74万人にまで低下するとみられる。団塊ジュニア世代が結婚適齢期を迎えるため2007年頃までは、出生数

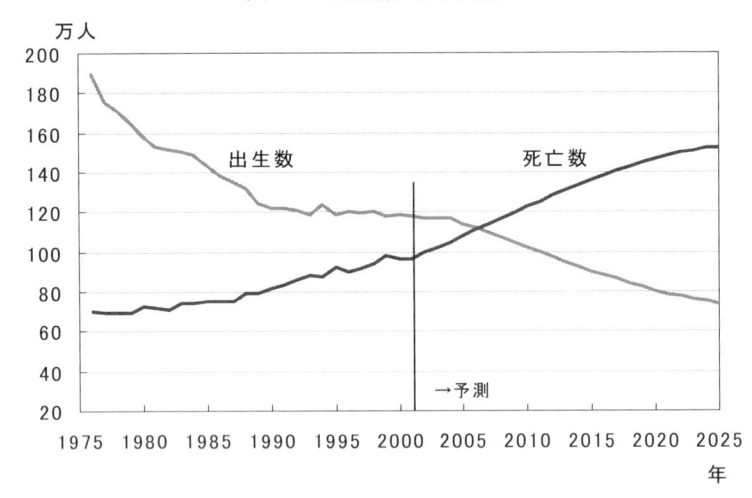

図7-2 出生数と死亡数

万人
出生数
死亡数
→予測

（注）厚生労働省『人口動態統計』ベース。

は110万人水準を維持するが、それ以降は毎年およそ2万人ずつ出生数が減少していく。

一方、健康増進、医療水準の向上などによる生残率の上昇が、死亡数の減少要因となるが、65歳以上の高齢者人口が急増するため、死亡数は増加の一途をたどる。死亡数は1975年では年間70万人であったが、2000年では96万人、さらに2025年では153万人にまで増加する。大戦直後に人口が大きく膨らんだ団塊世代（1947〜49年生まれ）が高年齢を迎えるため、2025年頃までは、毎年3万人規模で死亡数が増加していく。

こうした出生数と死亡数の動きを反映して、総人口は2006年に1億2,765万人とピークを打ち、2025年では1億1,869万人にまで減少し、1985年頃の人口水準にまで逆戻りする（図7-3）。社人研の中位推計と比べて2025年では244万人少ない。総人口は現時点ではおよそ25年前の1975年と比べて約1,500万人（年率0.5％）増えたが、今後25年間では約600万人（年率0.3％）減少する。このように日本の総人口は歴史的な転換期を迎えている。

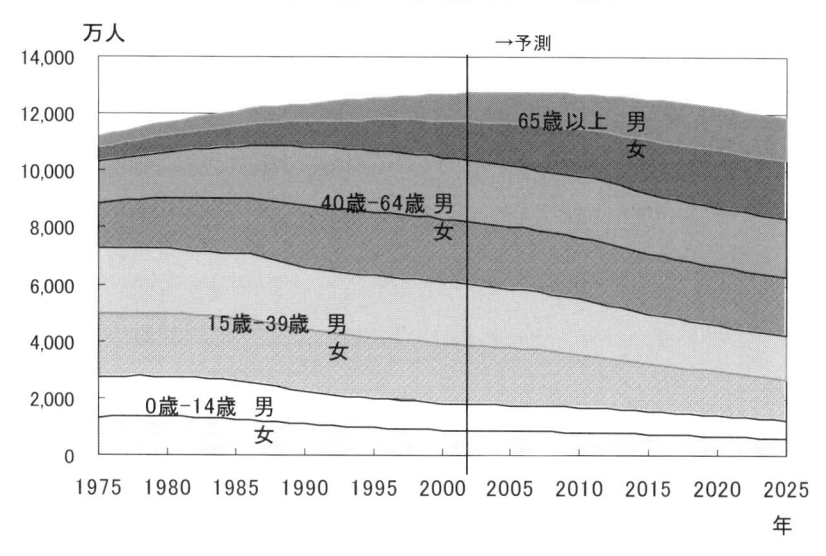

図7-3 男女別4年齢階級別人口の推移

万人軸、1975〜2025年、凡例：65歳以上 男女、40歳-64歳 男女、15歳-39歳 男女、0歳-14歳 男女、2000年以降は予測。

（注）総務省『10月1日現在人口』で補間推計した国勢調査ベース。

● 急激に進む人口構造の高齢化

　人口が減少するだけではない。少子・高齢化の影響で人口構造は大きく変わる。3つの年齢区分でみると、2000〜2025年間では、年少人口（〜14歳）は564万人、生産年齢人口（15〜64歳）は1,547万人減少する一方で、老年人口（65歳〜）は1,266万人増加する。

　2025年では生産年齢人口は7,082万人となり、1970年頃の水準にまで低下する。生産年齢人口は全就業者の9割を占めるから、これが減ると就業者数の減少をもたらし、経済成長の低下要因となる。一方、老年人口は高齢者人口ともいわれ、2000年の2,285万人が2025年では3,551万人に達する。65歳以上人口の割合を示す高齢者人口比率は、2000年の18％が2025年には30％にまで上昇する。2014年頃には4人のうち1人が、さらに2025年頃には10人のうち3人が高齢者となるわけである。わずか25年間で高齢者人口は1.6倍、高齢者人口比率は1.7倍に達する。このように、わが国の高齢化は世界でも類をみないスピードで急激に進む。高齢化は就業者数の減少を引き起こすとと

もに、社会保障の面で財政負担を増やす要因となる。

2　地域別人口の展望：全地域の人口が減少する

● 地域差が大きい出生率と自然増減

　地域別に人口動向を展望する際には、自然増減の動向に加え地域間人口移動をとらえる必要がある。このうち自然増減とは、各地域の出生数と死亡数の差から決まる人口の変動であり、先にみたようにTFRが大きな影響を及ぼす。地域別でみると、TFRは2000年では沖縄（1.82）が最も高く、北海道（1.23）、首都圏（1.18）が低いが、全地域とも現在の人口を維持する水準（2.08）を大きく割り込んでいる（表7-2）。今後の動向をみると、全地域におけるさらなる晩婚化・晩産化で30歳代の出生率が上昇するものの、晩婚化に伴う20歳代の低下の影響が大きく、TFRは緩やかながらも低下し続ける。2025年では、依然として沖縄（1.64）が最も高いが、北海道、首都圏、関西では1.20を下回る。その一方で、高齢者数が増加し死亡者数も増えていくため、沖縄を除く各地域ともに自然要因で人口は減少していく。

● 小規模化する地域間人口移動

　次に、社会増減の動きから地域間人口移動をみると、若年人口の減少、経済の低成長に伴い、人口移動の規模は縮小していくものの、就業機会の地域差を反映して依然として首都圏の転入超過の傾向は続く（表7-2、図7-4）。地域間人口移動は、男女別にみると様相がやや異なる。男性については、男性比率の高い業種（製造業、公務員）や教育機関が数多く立地している首都圏や中部では、相対的に雇用機会が拡大し男性の純流入の傾向が続く。一方、女性については、移動率は男性と比べて小さいものの、サービス化の進展により、サービス業が集積している首都圏への純流入傾向が続く。この結果、2025年では首都圏は年間6万人ほどの転入超過となり、他の地域では平均で数千人程度の転出超過となる。規模からみると、地域間人口移動の各地域の総人口への影響は限定的なものにとどまる。

表7-2 地域別人口等の推移

	北海道	東北	北関東	首都圏	中部	北陸	関西	中国	四国	九州	沖縄	全国
合計特殊出生率	1.23	1.49	1.45	1.18	1.43	1.46	1.32	1.46	1.45	1.47	1.82	1.34
(TFR)	1.14	1.35	1.32	1.12	1.30	1.33	1.18	1.32	1.32	1.33	1.64	1.25
高齢者比率	18.2%	20.5%	17.5%	14.4%	17.0%	19.9%	16.3%	20.6%	21.8%	19.9%	13.8%	17.3%
(65歳以上)	32.6%	31.0%	29.8%	29.3%	29.3%	31.1%	29.2%	31.2%	32.2%	30.4%	24.4%	29.9%
平均年齢	42.0	42.4	41.1	40.2	40.9	42.3	40.8	42.6	43.3	41.9	37.1	41.2
(歳)	51.1	49.1	48.9	50.4	49.0	49.6	49.5	49.5	49.9	48.8	44.5	49.6
自然増減	3	2	13	93	44	4	50	3	-2	12	9	231
(出生－死亡,千人)	-39	-60	-40	-287	-92	-17	-124	-43	-25	-69	3	-791
社会増減	-9	-18	-3	88	-4	-4	-29	-11	-5	-7	2	0
(転入－転出,千人)	-2	-15	-5	56	-4	-1	-15	-4	-3	-5	-2	0
総人口	568	1,229	790	3,342	1,699	313	2,086	773	415	1,345	132	12,714
(万人)	515	1,121	744	3,162	1,611	291	1,951	707	370	1,253	144	11,869

（注）上段2000年、下段2025年。平均年齢は5歳階級別人口から計算した平均値。
合計特殊出生率（TFR）は厚生労働省『人口動態統計』ベース、その他は国勢調査ベースの予測値。

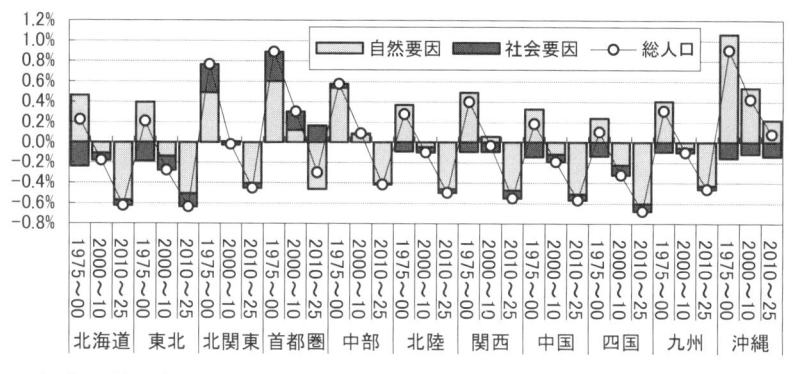

図7-4 地域別人口変化率の要因分解（年平均値）

（注）国勢調査ベースの予測値。自然要因寄与度＝（出生-死亡）/前期人口。
社会要因寄与度＝（転入-転出）/前期人口。

● 2008年までに沖縄を除く全地域の人口が減少する

地域別の人口は自然増減と社会増減で決まる。今後の人口変動の主要因は自然増減の動向である。1970年代後半では、各地域の自然増加率は社会増減率をはるかに上回っていたが、現時点（2000年代前半）では、各地域とも自

然増減がわずかであるため、社会増減の影響が相対的に大きくなっている。

しかし今後は、自然要因による人口減少の影響が相対的に大きくなり、地域の総人口も減少していく。先に述べたとおり、全国総人口は2006年頃から減少していく。そのなかで人口がピークを打つ時期や減少のスピードは、地域別、男女別で大きな差がみられる。地域の人口は、2008年までに沖縄を除くすべての地域で自然減少を主因にピークを打つ。北海道、東北、中国、四国ではすでに2000年時点で減少局面に入っている。北陸、九州では2003年頃までに減少傾向に転じる。次いで、関西、北関東、首都圏、中部では2008年頃までに、順次、減少局面に入る。ただし、現時点では人口の自然増減がわずかなため、短期的な景気変動などに伴う社会増減の振れの影響で、ピーク年は若干変わる可能性もある。

大都市圏では、人口規模が大きいだけに、人口減少数も大きい。2025年でみると、首都圏では年間約30万人、中部、関西では10万人前後、地方圏では2〜7万人の人口が減少する。毎年数個の小都市規模の人口が消滅するわけで、人口減少は大都市圏、地方圏ともに経済社会的に大きなインパクトを与える。

● **人口構造の高齢化は全地域で急激に進む**

人口構造の高齢化を表す高齢者比率（65歳以上）は、2000年時点では全国平均で18％であるが、地域間では大きな差がみられる（前掲表7-2）。地域別では最高と最低の差は8％ポイント、沖縄を除いても7％ポイントもある。高齢者比率は一部地域を除くと、地方圏で高く大都市圏で低い傾向がある。四国（21.8％）、中国（20.6％）、東北（20.5％）などが高い半面、中部（17.0％）、関西（16.3％）、首都圏（14.4％）、沖縄（13.8％）などが低い。

少子・高齢化は全国的な動きであり、全地域とも高齢者比率は急速に上昇していく。全体的にみると、現時点で高齢者比率が高い地域はやはり将来も相対的に高い。しかし、2025年では最高と最低の差は全地域では依然として8％ポイントであるが、沖縄を除くと3％ポイントとなり地域間の差は急速に縮む。これは、出生率の低い大都市圏における高齢化のテンポが相対的に速く、沖縄を除く全地域の高齢者比率が30％前後に達し、地域差が縮小してい

くためである。首都圏の高齢者比率は2025年までに15％ポイントも上昇する。

　2025年の高齢者比率は、北海道（32.6％）、四国（32.2％）、中国（31.2％）などが高く、首都圏（29.3％）、中部（29.3％）、関西（29.2％）、沖縄（24.4％）が低い。一部地域を除くと、やはり地方圏で高く大都市圏で低い傾向があるものの、大都市圏の高齢者比率も30％の大台に近づく。高齢者比率の上昇テンポでみると、北海道、首都圏、北関東、中部、関西が速い。このように、高齢者比率が低い沖縄でも2025年には4人に1人が高齢者となり、他の地域ではいずれも10人のうち3人が高齢者となる。日本の全地域が高齢化するわけだ。

● 高年齢化は首都圏が最も速い

　こうした急激な高齢化を反映して、各地域の平均年齢も急上昇していく。全国の平均年齢は2025年では49.6歳に達し、2000年よりも8.4歳も上昇する（前掲表7-2）。平均年齢もやはり地域差がはっきりしており、最高と最低の差は6.2歳、沖縄を除くと3.1歳である。現在は一部地域を除いて、高齢者比率が高い地域ほど平均年齢も高いため、平均年齢は地方圏で高く大都市圏では低い傾向がみられる。しかし、年齢階級別の人口分布状況に地域間で大差があるため、2025年になると両者の相関は低くなる。例えば、首都圏は高齢者比率では8番目の順位であるが、平均年齢では北海道に次いで2番目の高さになる。平均年齢は2025年では北海道（51.1歳）、首都圏（50.4歳）などが高く、九州（48.8歳）、沖縄（44.5歳）が低い。平均年齢の最高と最低の差は6.6歳であり、地域間の差は2000年時点と同程度であるものの、その順位は大きく変わる。

　平均年齢の上昇テンポをみると、首都圏が早く、東北、中国、四国、九州が遅い。こうした地域差は年齢階級別の人口分布の変化が影響している。ここで、首都圏と東北を代表例として年齢階級別人口の動きをみてみよう（図7-5）。首都圏については、2000年では団塊世代と団塊ジュニア世代の2つの山があり2コブ型に近いが、2025年になると、団塊世代の山が小さくなり、その頃50歳代を迎える団塊ジュニア世代をピークとする1コブ型に近づく。

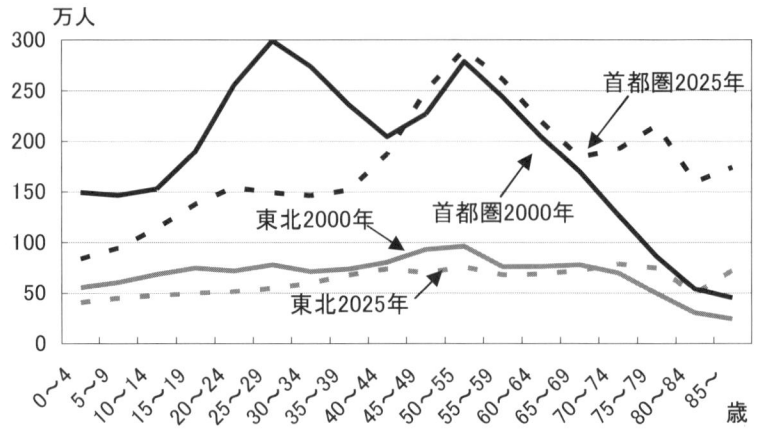

図7-5 年齢階級別人口分布（首都圏、東北）

（注）国勢調査ベースの予測値。

　その一方で、首都圏は他の地域と比べても出生率が低く、そのため40歳未満の人口は大きく減っていく。このように首都圏では、高齢者人口が激増する一方で若年人口が激減するため、平均年齢は2000～2025年間で10.2歳も上昇する。高年齢化のスピードは首都圏が最も速い。

　一方、東北については、団塊ジュニア世代の一部が就学や就職を契機に首都圏など大都市圏に移動したため、2000年の年齢分布は団塊ジュニア世代の山が小さく、団塊世代をピークとする1コブ型に近い。2025年になると、団塊世代の山が小さくなり、30歳代後半から70歳代まで年齢別人口の分布は、ほぼ均等化する。また、比較的出生率も高いため、40歳未満の人口の減少率は首都圏よりは小幅である。このため、東北の平均年齢は2000～2025年間で6.7歳の上昇にとどまり、平均年齢でみた高年齢化は首都圏よりスピードがかなり遅い。

　このように、人口構造の高齢化は全国的に進むものの、そのスピードには地域差があり、大都市圏での高齢化のテンポが相対的に速く、結果として、現時点での地域差は縮小する傾向にある。大都市圏はこれまでは労働力として、主に地方圏から団塊世代や団塊ジュニアなどを取り込んで経済拡大を続けてきた。しかし今後、大都市圏では経済社会的な面でさまざまな高齢化問

題が深刻化するであろう。

3 まとめ

　以上みたように、明治以来増え続けてきた日本の人口は、あと数年でピークを打った後、減少傾向に転じ、本格的な人口減少時代を迎える。本書の展望では、出生率は2025年には1.25にまで低下し、回復は見込まれない。今後25年間で人口は約600万人減り、1985年頃の水準にまで逆戻りする。若年人口、生産年齢人口がともに大きく減る一方で、65歳以上の高齢者は約1,300万人も増える。このため高齢者の割合は急上昇し、2025年では10人に3人が高齢者となり、その頃、日本は世界で一番の高齢大国となる。

　地域別では、低成長が当たり前の時代になるため、地域間の人口移動は規模が縮小していく。純流入がプラスなのは首都圏だけであるが規模は大きくない。各地域内では死亡数が出生数を上回り、この自然減により人口は減少していく。人口動向には地域差がはっきりとみられる。人口がピークを打つ年は、地方と比べて関東など大都市圏の方が遅いが、2008年までにはすべての地域が人口減少時代を迎える。首都圏では出生率が低く、高齢化のスピードは全地域のなかで最も速い。平均年齢は現在より9歳も上昇し、2025年では50歳の大台に達する。このため大都市圏の方が、高齢化問題が深刻化する恐れが強い。

　急激に進む少子・高齢化は、将来、労働力不足を招き、経済成長の抑制、社会保障の増大、高齢化型産業の拡大、地域間の経済格差など、経済社会構造にさまざまな影響を及ぼす（第2章参照）。人口減少は経済成長にはマイナス要因となる。高齢化は、シルバービジネスの拡大などのプラスの面もあるが、労働力の減少などから経済成長や社会保障の面ではマイナス影響が大きい。持続的な経済成長を達成するためには、一定の労働力を確保する必要がある。現状の受け入れ制度のもとでは、海外からの移民者に労働力を頼ることは難しく、将来の労働力の確保のためには、人口を増やすか労働力率を高めるほかない。

　もちろん人口増加は強制すべきものではない。経済社会的な環境条件が厳しく、産みたくても産めない状況が問題なのだ。いくつかのアンケート調査

結果にもあるように、持ちたい子供の数は平均で2.5人であるのだが、実際に産むのは1.4人を割っている。だからこそ、出産・育児を支援する本格的な対策が必要であるわけだ。

　政府の少子化対策には、新エンゼルプラン、その具体策としての緊急保育対策等5カ年事業などがある。その基本方針は、出産・子育てを支援する環境を整備することであるが、項目別では、固定的な性別役割分担の是正、仕事と子育ての両立、家庭や地域の環境づくり、保育サービスの整備、子育てを支援するための住宅など生活環境の整備などがある。さらには、職住近接による子育て支援、在宅勤務制度、短時間就業など勤務制度の多様化、不妊治療への補助金なども少子化対策として有効であろう。ただ、こうした政策が掛け声だけに終わっている面もあり、具体化がなかなか進まないのが現状だ。

　少子化対策とともに、労働市場への参加を促す政策も必要だ。今でこそ労働力は過剰であり、失業対策が重要な課題となっている。しかし、団塊の世代が定年を迎える2010年代に入ると労働力供給が急速に細っていくため、労働力不足の問題が顕在化してこよう。労働参加を高めるためには、特に出産後の女性、高齢者の労働市場への参加を高めることが課題となる。

　ワークシェアリングなどを積極的に導入する対策をとったとしても、高齢者の雇用者増には限界があり、やはり年齢階級別にみて有業率の低い30歳代の女性、地域別では大都市圏の女性の有業率を高めることが有効である。例えば、全国の女性有業率を2002年の北陸や東北地域（特に日本海側）と同水準に高めることができれば、2025年では340万人強の労働供給を増やすことができ、2000年代初頭の労働力率（50％）をほぼ維持することが可能となる。30歳代以上の女性の労働参加を促すためには、保育サービスの充実などが不可欠であり、少子化対策と労働政策とは総合的に実施していかなければならない。

第 8 章

マクロ経済はどうなる

日本経済を展望するにしても、そのシナリオは1つではなく多様である。第5章では、現状並みの政策が続くならば、将来、財政破綻の恐れがあること、景気と財政再建の両立を図り持続可能な成長を達成するシナリオがあることを述べた。本章では、この持続的成長シナリオのもとでのマクロ経済動向（経済成長率、物価・賃金、為替レート等）をより詳しく展望する。

1　日本経済の現状と潮流変化

● 低迷する日本経済

　現在、日本経済は長期不況からいまだに脱し切れないでいる。1990年代に入りバブルが崩壊した後、ほぼゼロ成長が続いた。さらに90年代後半には物価が下落し続けるデフレ局面に入り、経済の低迷が長引き、今や失業者は300万人を越えている。経済低迷の要因はいくつかあり、複合的な不況ともいわれる（第1章参照）。そのうち最大の要因は、バブルの発生・崩壊の影響が大きかったことだ。90年代には地価・株価の暴落で消費や設備投資が停滞し、金融機関は膨大な不良債権を抱え込み、金融システム不安も発生した。さらに、90年代半ば以降の政府の経済政策が一貫していなかったことも景気低迷の大きな要因だった。大型の景気対策を実施し景気が良くなりかけると、一転して財政を急激に引き締めている。ストップ・アンド・ゴーの政策運営では、景気はよくならない。

　こうした景気循環的な要因だけでなく、時代的な潮流や構造的な変化も経済低迷に大きな影響を及ぼしている。まず、「少子・高齢化」の影響が出始めたことがある。戦後の少子化で若年人口の伸びが弱まり、ついに96年には働くことが可能な生産年齢人口（15〜64歳人口）が減少傾向に入った（第2章）。人口減少は就業者数を減らすため、明らかに経済成長率の引き下げ要因だ。一方で、高齢化は社会保障給付に伴う財政負担の増大を引き起こす。

　次に財政面では、小泉構造改革に伴う財政引き締めの景気へのマイナス影響が出ている。財政は危機的な状況にあり、財政赤字が引き続き「財政破綻」

さえ懸念される状況にまで追い込まれている。このため、景気対策として財政支出を拡大する余地が乏しくなっている。

さらには「デフレ長期化」の影響がある。バブル崩壊という資産デフレに加えて、1998年頃から始まった一般物価デフレは、実質金利の高止まりや賃金の下落、不安心理の高まりを招き、設備投資や消費の低迷要因になっている。

このように1990年代以降の経済低迷には、いくつかの要因が複雑に絡み合っているわけだ。

● 史上まれにみる不均衡の拡大

こうした景気低迷のもとで、日本経済の不均衡が拡大している。不均衡とはバランスが崩れることで、この状態に入ると経済成長が難しくなる。飛行機でも、左右のバランスが悪ければうまく飛べない。翼やエンジンの装備など、機体には均衡が必要だ。日本経済が持続可能な成長を遂げるためには、不均衡の解消が重要な政策課題だ。マクロ経済の面では、史上まれにみる四大不均衡がある。

第一に、財・サービス市場での需給の不均衡をあらわす「需給ギャップ」は、10数％と戦後最高の水準だ。需給ギャップの適正水準は5％程度であるから、供給力に比べて需要が大幅に不足している。需給ギャップが高いと、企業が設備投資を手控えるため、経済成長の足かせとなる。

第二に、労働力市場での不均衡を表す「失業率」も、5％台半ばに達している。労働力の供給に対して、需要が不足している。失業率が2〜3％の状態を完全雇用の状態という。失業率が高まると、家計は生活防衛に走り消費や住宅投資を控えるため、失業者の増加は成長率の押し下げ要因となる。

第三に、膨大な財政赤字という財政部門の不均衡がある。財政収支は、税収や社会保障負担などの政府の収入から、政府消費、社会保障給付、さらには公共投資などの支出を差し引いたものである。現在、毎年30〜40兆円もの膨大な「財政赤字」が引き続いており、国の借金の累積額である国債残高は480兆円にも達し、国債残高の対名目GDP比は100％を超えている。今や、国家財政は実質破綻局面にある（第4章参照）。もはや財政出動で景気を下支

えする余力はない。

　第四に、対外収支バランスを示す「経常収支」の不均衡がある。経常収支は毎年10兆円以上もの黒字が続き、この黒字額の対名目GDP比は3％の高水準が続いている。経常収支の黒字は、それに見合った国内の貯蓄を意味するから、将来の経済成長を支える源泉になり好材料である。しかし、経常収支の黒字が拡大すると円高を招き、輸出産業に打撃が及ぶことになる。経常収支の黒字が引き続くなかでは、80年代前半までのような輸出主導で経済拡大を図ることはできない。

● 展望の視点

　21世紀初頭の日本経済をめぐる三大潮流として「グローバル化・世界大競争」「少子・高齢化」「高度情報化」があり、経済成長を抑制するものとして「人口減少」「デフレ進行」「財政破綻」といった三大リスク要因がある。（第1章参照）。これらの潮流やリスクの影響をどう評価するかが、マクロ経済展望のポイントだ。

　本書の展望では、これらの影響を全体的に把握しつつも、特に、少子・高齢化とデフレ長期化の影響、財政破綻リスクと絡んだ財政政策の影響の3点について注視した。

　本章では、持続的成長シナリオのもとでのマクロ経済展望結果を紹介する。展望の視点や主な項目は以下のとおりである。①持続的成長を達成するための政策は何か、②デフレからいつ脱却できるのか、③少子・高齢化、情報化、財政再建はどのような影響を及ぼすのか、④三大リスクに取り囲まれた厳しい制約のなかで、日本経済はどの程度の成長力があるのか、⑤最終需要（民間消費、民間設備投資、公的需要等）のうち何が伸びるのか、⑥為替レートはどうなるのか、⑦四大不均衡（高い需給ギャップ、高失業率、財政赤字、経常収支黒字）の改善はいつ頃どのように可能になるのか、⑧家計部門の消費・貯蓄、金融資産はどうなるのか、⑨消費構造はどう変わるのか、などである。

2 少子・高齢化、デフレ、財政破綻のリスク

　少子・高齢化、デフレ、財政破綻の3つのリスク要因は、日本経済の成長にとって足かせとなる。このリスクをどう解消するかによって、成長経路は異なってくる。

● 少子化で減少する労働力人口

　少子・高齢化のリスクについては、少子化に伴う人口減少のマイナス影響が大きい（第2章参照）。今後とも少子化の傾向が続き、本格的な人口減少時代が到来する。総人口は2006年頃から減少していく。2025年では1億1,801万人にまで減少する（鳴鹿・星野（2002）参照。推計方法の違いにより第7章の数値と厳密には一致しない）。高齢者比率（65歳以上の人口割合）は、2000年の17.4％が2025年では29.2％にまで上昇する。特に、今後10年ほどの間は、史上まれにみるスピードで高齢化が進む。2025年頃には、日本は世界で一番の高齢大国となる。

　人口のうちどれだけの割合の人が労働力市場へ参加するかを示すのが労働力率である。労働力率は、経済成長率、経済のサービス化、女性・高齢者の労働参加、定年延長などの経済社会的影響を大きく受ける。展望結果によれば、労働力人口は、1998年にピークを打ったあと減少していく。2025年では6,205万人にまで減少する（2000年より561万人減少）。

　総人口に対する労働力率は52.6％となり、現在より1％ポイントほど低下する。女性および高齢者の労働力率はいずれも上昇するものの、労働力率の高い20～60歳未満の人口が減少するため、総人口に対する労働力率は低下することになる。

　労働力人口も、少子・高齢化の影響が大きく出る。年齢階級別にみると、労働力人口は35歳未満の若年層が大幅に減少する。このため、労働力人口は全体で2000～2025年間に644万人減少し、2025年には1,625万人となる（図8-1）。35歳未満の労働力人口の減少は、同年齢層の人口が1,328万人（年率1.6％）も減るためである。35～64歳の中堅・高年齢層の労働力人口は、人口の動きを反映して166万人（同0.2％）減少するものの、若年層と比べて小

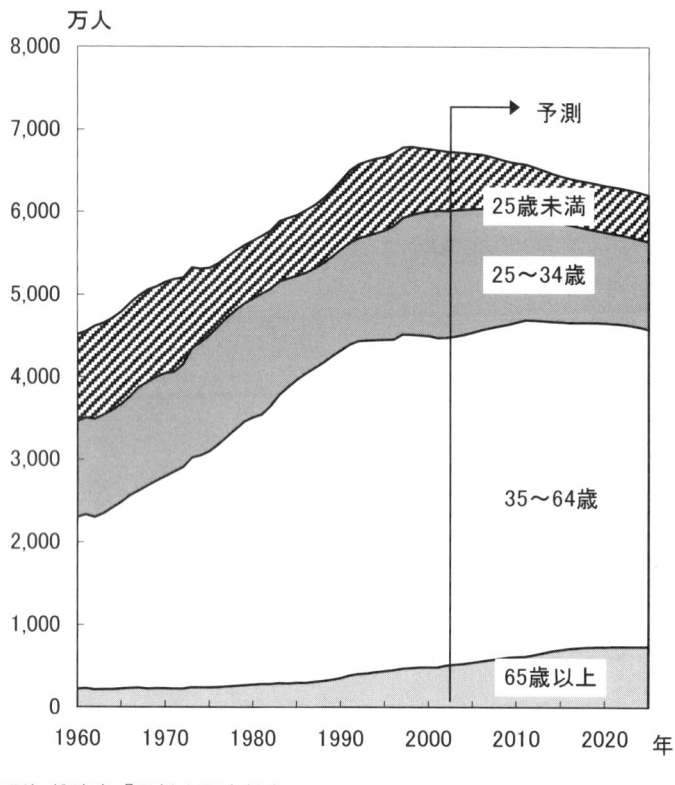

図8-1 労働力人口の展望

(出所) 総務省『労働力調査報告』。

幅な減少にとどまる。一方、65歳以上の高齢者の労働力人口は249万人(同1.7%)増加する。高齢者では人口の増加に加えて労働力率も上昇するが、もともと労働力率のレベルが低いため、高齢者の労働力人口の増加は限定的なものにとどまる。このように、女性・高齢者の労働力率の上昇を見込んでも、労働力人口は減少傾向をたどると予想される。

外国人労働者は現在75万人で、労働力人口の1%程度とわずかであり、そのうち約2割が不法労働者だ。政府は、外国人労働者の活用に対して慎重な姿勢を崩していない。専門的・技術的分野の受け入れは拡大するものの、単純労働者の受け入れには消極的だ。賃金制度や社会保障制度、治安、文化な

どの問題があるためだ。このため、外国人労働者の大幅な増加は見込めない。

人口減少時代に入り労働力人口が減ると、就業者数も減る。このため所得や消費の伸びが弱まり、経済成長のテンポが鈍る。一方、高齢者の急増は社会保障給付の増大から財政赤字を拡大し、財政支出拡大の余地を奪う。

● デフレ長期化が財政余力を奪う

次に、デフレの影響をみてみよう（第3章参照）。デフレとは、物価の継続的な下落を指す。消費者物価でみると、日本経済は1998年以降デフレ局面にある。戦後では、今回の日本のデフレが世界でも初めてのことだ。物価下落は家計や企業の実質所得の上昇をもたらす。しかし、物価下落が長期化しデフレ経済に入ると、実質金利の上昇、賃金の下落、財政赤字などから需要が減少するため、経済成長率が低下し景気は悪化する。

膨大な債務を抱える政府部門にとって、デフレの影響は極めて深刻だ。第3章で述べたように、デフレは税収を減少させ、財政赤字を拡大し政府債務の負担を一気に増やした。2003年でみると、デフレの影響で名目GDPは95兆円（17％）、税収は17兆円（16％）減少し、国債残高対名目GDP比は21％ポイント上昇したと推計された。デフレ長期化は財政の余力を奪い、景気拡大策をとる余地を狭める。そうなれば、経済成長を押し上げることは難しくなる。日本経済が持続的成長を遂げるためには、デフレ対策が必要だ。

● 最大のリスクは財政破綻

日本経済の成長を妨げる三大リスク要因のうち、最も大きなものは財政破綻リスクである。これと絡んで、今後の財政政策の動向が日本経済の進路を大きく左右する。財政破綻リスクに注目して、日本経済の将来には2つの進路があることは第5章で述べた。現在、国家財政は実質的な破綻局面にあり、よほど抜本的な政策を展開しなければ、将来、債務返済が困難になる真性の破綻局面を迎える恐れがある。このまま財政赤字を放置すれば、日本経済の将来は危うい。将来の財政破綻を回避し、持続的成長を達成するために必要となる最も基本的な条件は、「財政再建」と「内需振興」の両立を図ることだ（第5章参照）。

3 持続的成長のための条件

　以上の3つのリスクを回避し、持続的成長を達成するためには、デフレ対策、財政・社会保障改革、内需振興策、雇用対策の少なくとも4つの政策を総合的に実施する必要がある（図8-2）。

● 早急に必要なデフレ対策

　第一に、早急に政策総動員によって足元のデフレ進行を食い止めなければならない。デフレは複合要因によるものだが、特に、需要低迷と先行き不安の影響が大きい。1999年から2000年にかけて財政出動で景気は回復に向かったのだが、2001年以降は一転して、小泉構造改革の旗印のもとで厳しい緊縮財政が続けられている。これが景気の低迷に拍車をかけている。現在の景気低迷は、企業における生産性の低下といった供給側の要因よりも大幅な需要不足によるところが大きい（第5章参照）。この3～4年間、公共投資は大幅に削減され続けてきたため、一定の伸びを確保する余地が出てきた。これまでの緊縮財政の成果ともいえるわけだ。

　需要不足がデフレの大きな要因であるから、デフレ終息には財政を緩めて需要を押し上げる必要がある。公共投資を今後、平均で年率1～2％増やしても、これまでの厳しい引き締めの効果により、公共投資の対名目GDP比を2025年までに3％程度のレベルにまで引き下げることは可能だ。また、物価へのマネタリーな要因を重視すれば、デフレが終息するまで金融の大幅緩和を続ける必要がある（金融政策の有効性については、岩田（2003）、原田（2003）、現代経済研究グループ（2003）を参照）。

　現在、金利はほぼゼロに近く、金利引き下げの効果はこれ以上期待できない。しかし、政府がデフレ阻止に向けた強い意思を示し、日銀が大規模な資金供給オペを実施して、現在の超金融緩和を維持することがデフレ終息に不可欠だ。2003年春に福井日銀総裁に代わってから、思い切った量的緩和策がとられており、その効果が出始めている。

　デフレ脱却には、財政緩和と金融緩和の2つの政策を一体的に実施しなければ効果は薄い。2004年現在、設備投資の自律反転で景気が回復しつつある

図8-2 持続的成長のための政策パッケージ

デフレ対策

- 政策総動員で数年以内にデフレ脱却を
  - 超金融緩和（日銀による大規模資金供給オペ：国債買い切りオペ等）。財政引き締めの緩和。円安誘導。インフレ目標の設定。

財政・社会保障改革

- 公共投資依存体質からの脱却
  - 2025年までに対名目GDP比5％→3％へ。
- 消費税率引き上げ
  - 2006年から2015年にかけて15％へ。
- 社会保障改革
  - 社会保障給付の抑制（厚生年金保険料率の上限設定、受給率の引き下げ等）。
- 財政資金等の重点配分

内需振興策

- 新成長産業の育成・拡大
  - IT、高齢化、環境、エネルギー関連分野の新ビジネスの育成・拡大。財政資金・公共投資の重点配分。
- 投資減税等による設備投資等の促進
- 産学官連携による研究開発の促進
- 経済特区制度の活用

雇用対策

- 失業対策（短中期的）
- 労働力不足対策（中長期的）
  - 女性・高齢者・若年労働力の活用。雇用の流動化。IT・省力化投資の拡大。生産性の引き上げ。

今こそ、財政を緩めて持続的成長への足掛かりをつかむ絶好のチャンスだ。しかし、これまでのように大盤振舞いの財政出動を行う必要もない。公共投資を年率1〜2％で伸ばし、景気中立的な財政政策に戻せばよいだろう。為替レートは、長期的には無理だが短期的には政府がある程度は誘導できるため、当面は円安誘導が望まれる。さらに一歩進んで、政府、日銀が連携してインフレ目標を設定することも効果があるだろう。

● 痛みを伴う財政改革

　第二に、抜本的な財政改革により財政再建を図る必要がある。生産効率を重視した構造改革に偏った現状並みの政策だけでは、成長を押し上げて税収の増加を図ることは難しい（第5章参照）。財政再建の基本は、政府の歳出を抑え、歳入を増やすことだ。政策メニューは多様であるが、本書の展望では、財政改革の代表的なパッケージとして、公共投資の抑制、消費税増税、社会保障改革を織り込んだ。その詳細は後述する。具体的には、一般政府公的固定資本形成の対名目GDP比を2025年までに3％に削減すること、2006年から2015年にかけて消費税率を15％に引き上げることなどである（消費税増税を前提とした展望には、宮川・日経センター編（2002）、日本経団連編著（2003）などがある）。

　しかし、こうした緊縮財政は国民にとって相当な痛みを伴うため、後述するように、財政部門の効率化を図り財源を確保し、経済成長を促進するための財政改革も必要だ。

● 成長産業を創出する内需振興策

　第三に、新しい需要の拡大をもたらす内需振興策が必要だ。成熟化し低成長を余儀なくされる産業や企業群がある半面、ネットワーク社会、高齢社会、循環型社会といった21世紀の社会に向けて飛翔する、新しい産業や企業群がある。経済低迷の時代には、限られた資金や人材を成長する新分野に効率よく投入し、需要を掘り起こすほかない。新商品、新サービスを生み出すには、IT（情報技術）投資など新しい設備投資が必要だ。

　内需振興策の柱は、21世紀を担う新成長分野に財政資金を重点投入することだ。補助金や低金利融資などにより、公的資金を新成長分野に重点配分する。日本経済が戦後の荒廃から見事に立ち直ったのは、政府が傾斜生産方式を取り入れ、石炭、鉄鋼など基幹産業に公的資金を集中的に投入したことが功を奏したのは周知の事実だ。また公共投資も、新産業の育成に役立つ分野へ重点的に配分すべきだ。こうした財政資金の重点配分に加えて、新成長分野を中心とした投資減税や研究開発減税、法人税減税といった租税政策も効果が大きい。これらの政策は財政改革の柱でもある。新ビジネスの立ち上げ

には初期開発コストやリスクが大きいために、政府の支援が不可欠だ。

　また、産学官連携による研究開発の促進も、大きな効果が期待できる。国立大学が独立行政法人化され自由裁量の余地が大きくなったため、大学・研究機関間の競争が激しくなる。こうした情勢変化を背景に産学官連携が進み、これが新技術・新製品の開発を促進するだろう。

　さらに経済特区の活用も効果的だ。地域経済の活性化には地域の特性を活かすことがカギとなる。経済特区制度は地域の自立意識を高め、特定分野の規制緩和をテコに、各地域における新ビジネスの創出を促進するだろう。

　しかし、最も効率的なものは、財政資金を新成長分野に重点配分し、新産業を育成・拡大することだ。国内需要を創出することによって、2025年までにGDPを70～100兆ほど拡大しなければ、持続的成長を達成することは難しい（第5章参照）。

● 将来の労働力不足への対応

　第四に、低成長の長期化により、2010年頃までは多くの失業者が出ると予想されるため、雇用対策を拡充し国民の痛みを緩和することが必要だ。雇用対策は失業給付金の増額ではなく、補助金など税制面で優遇して企業が雇い易くするような政策が望まれる。失業は労働力という貴重な資源が失われることだから、働いてもらって公的資金を使うほうがよい。

　しかし長期的には、将来の労働力不足への対策が必要だ。2015年頃になると労働力不足経済に移行するため、女性や高齢者、若年者の労働参加を容易にするための政策（雇用形態の多様化、在宅勤務制度、育児施設の充実、雇用の流動化など）、また、IT投資、省力化投資（高機能・人間型ロボットなど）、新技術などによる生産性の引き上げが重要な課題となる。さらには、外国人労働者の活用も必要だ。そのためには、外国人には不利益となる社会保障制度、人種的差別意識など多くの問題を解決しなければならない。

4　低成長が当たり前の時代に

　以上の、少なくとも4つの基本的な政策を強力に実施するならば、日本経済は財政破綻からかろうじて免れ、持続的成長を達成できるだろう。もちろ

表8-1 主な前提条件

	2000年(実績)	2025年	1990～2000(年率)	2000～2025(年率)
実質世界輸入(90年価格、兆ドル)	6.47	18.56	7.2%	4.3%
原油輸入価格指数(ドル/バレル)	28.4	41.2	2.7%	1.5%
総人口(万人)	12,693	11,801	0.3%	-0.3%
労働力人口(万人)	6,766	6,205	0.6%	-0.3%
総実労働時間指数(全産業)	98.2	89.7	-0.9%	-0.4%
名目政府最終消費支出(兆円)	49.6	83.3	2.5%	2.1%
名目公的固定資本形成(兆円)	35.2	39.3	2.3%	0.4%
消費税率(%)	5.0	15.0	5.2%	4.5%

（注）2001年以降は予測。
（出所）服部ほか（2003）、内閣府『国民経済計算年報』、厚生労働省『毎月勤労統計』、総務省『労働力調査報告』、総務省『人口推計月報』、財務省『外国貿易概況』、IMF "IFS"。

ん財政改革一つをとっても、その中身はさまざまであり、多様な成長シナリオが描ける。ここでは一つの代表的なシナリオを提示するに過ぎないことを断っておく。

● 主な前提条件

いかなる展望も条件付きのものである。本章で示す持続的成長ケースにおける主な前提条件は以下のとおりである（表8-1）。

◆ 国際経済環境

・原油輸入価格は国際原油価格をベースに想定した（第6章参照）。2000～2025年間では年率1.5％の上昇、2025年には1バレル当たり41.2ドルにまで上昇すると見込んだ。原油価格の大幅な上昇はなく、世界の物価上昇は緩やかなものにとどまると想定した。

・世界の実質GDPは2％台半ばの持続的成長を想定した（第6章参照）。これに対応して、実質世界輸入は、2000～2025年間では4.3％の増加と拡大基調を見込んだ。輸出環境は海外からの実需面では比較的良好さを維持すると想定した。

◆ 人口

・経済成長を支える人口は、2006年頃をピークとして減少傾向に転じ、

2025年には1億1,801万人となる。2000～2025年間では892万人、年率0.3％の減少、後半の2010年以降では減少テンポの加速で、年率0.5％の減少を見込んだ。少子・高齢化、人口減少は、消費や財政面に大きな影響を与える（第2章参照）。

・労働力人口も2025年には2000年より561万人、年率0.3％減少し、6,205万人となる。労働時間も引き続き短縮する。このため将来、労働力不足が経済成長の足かせとなる。

◆ 財政政策

・財政再建のため、厳しい緊縮財政を想定した（第9章参照）。消費税増税と歳出抑制、社会保障改革を織り込んだ。名目公的需要は2.7％増（名目政府最終消費支出2.1％増、名目固定資本形成0.4％増）と低い伸びを見込んだ。

ただし、毎年大幅に削減されてきた公共投資は、先述したように、デフレ対策も考慮し、2005年頃から増加すると想定した。それでも、公共投資の対名目GDP比は2025年には3％を下回ることになる。

・消費税率は2006年から2015年まで毎年1％ずつ引き上げられ15％まで上昇すると想定した。また、社会保障改革により、公的年金の保険料率上限制度の導入（厚生年金保険料率20％まで引き上げ等）と年金給付の抑制がなされると想定し、社会保障負担はいずれもこれまでより低い伸びを見込んだ。こうした、厳しい引き締めを伴う財政改革が経済成長を抑える。

現在のところ、財政改革がどのような形で実施されるかは全く不透明である。増税の手段も、消費税増税ではなく所得税増税もありうる。本書の展望では、将来、実現性の高い代表例として取り上げたものであり、増税策として消費税増税が望ましいということではない。

なお実際には、消費税率は段階的に引き上げられるだろう。しかし、消費税率が2015年までに、例えば2007年に10％へ、2012年に15％へと2段階で引き上げられる場合でも、本書の展望結果と大きく変わらないであろう。

● 低成長だが財政破綻は避けられ、持続的成長が可能に
◆ 実質経済成長率は平均1％程度

こうした前提条件のもとでの展望結果は、以下のとおりである（表8-2）。

表8-2 マクロ経済の展望:GDPと最終需要項目、国債残高

	2000年(実績)	2010年	2025年	1990~2000(年率)	2000~2025(年率)
名目GDP(兆円)	490.6	552.9	895.1	1.3%	2.4%
実質GDP(兆円)	487.4	525.7	623.3	1.3%	1.0%
実質民間最終消費	288.1	304.9	349.2	1.5%	0.8%
実質政府最終消費支出	46.4	50.7	45.2	1.8%	-0.1%
実質民間住宅投資	19.0	19.7	19.3	-2.9%	0.1%
実質民間設備投資	82.2	90.3	138.4	-0.1%	2.1%
実質公的固定資本形成	36.7	35.6	36.9	2.7%	0.0%
実質財貨・サービスの輸出	74.7	90.9	122.6	5.0%	2.0%
実質財貨・サービスの輸入	60.3	67.1	89.2	3.4%	1.6%
実質民間需要	389.9	415.6	507.9	0.8%	1.1%
実質公的需要	83.1	86.3	82.1	2.2%	0.0%
実質財貨・サービスの純輸出	14.4	23.8	33.3	16.8%	3.4%
人口1人当たり実質GDP(万円)	384.0	414.3	528.2	1.0%	1.3%
国債残高(兆円)*	374.1	707.6	890.2	8.3%	3.5%
国債残高対名目GDP比(%)*	76.5%	128.3%	99.7%	7.1%	1.1%

(注)国民経済計算データは68SNAベースで、実質値は1990年価格である。暦年ベース。ただし、*印のものは年度ベース。2001年以降は予測。
(出所)服部ほか(2003)、内閣府『国民経済計算年報』、金融経済統計月報『金融経済月報』、総務省『労働力調査報告』。

　まず、経済成長の進路をみてみよう。一国の経済規模を表すのがGDP(国内総生産)であり、GDP成長率は経済成長率とも呼ばれる。GDPを支出面からみた内訳が、民間消費などの最終需要である。2004年現在、景気は回復傾向をたどっているものの力強さに欠けている。いまだにデフレが進行しており、弱気心理も広まっている。デフレを終息させるためには、金融の量的緩和を続けるとともに、厳しい引き締めが続いている財政を緩める必要がある。大幅にカットされ続けている公共投資は、デフレ対策として2005年頃までには緩やかながらも増加傾向に転じるだろう。超金融緩和と公共投資の拡大に加えて、設備投資の自律反転の効果で、景気は緩やかながらも回復傾向をたどり、2006年頃にデフレは終息に向かうと予想される。

　しかし景気が回復軌道に乗ると、財政破綻を回避するための財政再建が最も重要な政策課題となるに違いない。2006年から2015年にかけて大幅増税、社会保障費など歳出の抑制を柱とする本格的な緊縮財政が実施されるだろ

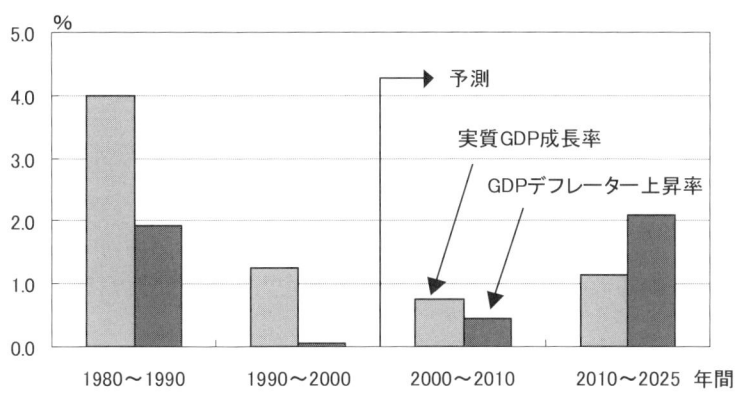

図8-3 実質成長率と物価上昇率

（出所）表8-2に同じ。

う。そうなれば、再び景気は低迷する。

　財政再建に向けて消費税率が2006年から2015年にかけて毎年1％ずつ引き上げられることや、1人当たり社会保障負担が増加することなどを前提とすれば、新成長産業の拡大や新商品の開発などによる需要創出効果を見込んでも、家計部門の民間消費と民間住宅投資は低調とならざるを得ない。

　また、財政再建下では、政府消費、公的固定資本形成という政府部門の需要は増加が見込まれるものの伸びは弱く、実質ベースではほぼ横ばいだろう。高齢社会、IT社会に対応した新成長産業などによる民間投資の拡大は期待できるが、これら国内需要の低迷の影響で民間設備投資の伸びも限定的なものとなる。純輸出（輸出－輸入）は黒字で景気を下支えするものの、緩やかながらも円高が進展するため、大きな効果は期待できそうもない。

　2015年以降では、増税のマイナス影響が一巡し、情報関連、高齢化対応の新商品・新サービスを中心に消費の伸びが高まることや、IT投資に加えて労働力不足対応の省力化投資が高まり民間設備投資が拡大することから、民間設備投資がリード役となって、実質GDP成長率（経済成長率）は高まる。しかし、本格的な人口減少時代に入り、就業者数の減少テンポが速くなり、これが消費の伸びを抑える。また、労働力不足に伴う賃金・物価上昇により、実質公的需要の伸びが全体でマイナスとなる。純輸出は内需の高まりで輸入

が増え、成長を支える力は弱まる（輸出入の詳細は第10章参照）。実質GDP成長率は、増税の影響が一巡する後半（2010～2025年間）の方が高くなるものの、小幅な上昇にとどまる（図8-3）。

　以上の結果、2000～2025年間の実質GDP成長率は、平均では1.0％と低い水準にとどまり、低成長が当たり前の時代となる。全体的に、企業経営も量的拡大よりも経営効率化にウエイトが置かれるようになるだろう。もちろん成長テンポは産業によって大きく異なる（第11章参照）。IT関連産業は3％以上の伸びとなるのに対して、繊維や食品などは人口減少などの影響でマイナス成長となる。

◆ **財政赤字は改善へ、1人当たりGDPは緩やかに増加**

　このように、新成長産業の育成・拡大の効果を見込んでも、財政再建や人口減少などの制約から、日本経済の成長力に大きな期待はもてそうにない。しかし、財政再建と同時に新成長産業を拡大していけば、国家財政のプライマリー・バランス（基礎的収支）は徐々に改善していき、2012年頃から国債残高の伸びが名目GDP成長率より低くなり、将来、国家財政が破綻し日本経済が破局に向かう恐れはなくなる（第5章、第9章参照）。

　また、1人当たり実質GDP成長率でみると、後半になると労働力不足対策で設備投資が増え生産性が上昇するため、1.6％の伸びにまで高まり、全期間平均でも1.3％の伸びとなる。1人当たりGDP成長率でみれば、将来は必ずしも悲観的なものではない。低成長が長期化し厳しい時代を迎えるが、日本経済はこれを乗り越えていくだろう。しかし、このような持続的成長を達成するためには、新成長産業の創出など本格的な内需振興策が不可欠だ。

● **最終需要（1）：設備投資がリード役に**

　最終需要項目（国内総支出）のうち、国内需要の動きをみてみよう（前掲表8-2、図8-4）。人口減少、消費税率引き上げ、消費市場の成熟化などの影響で、民間消費は全期間平均では0.8％増と伸び悩む。消費税率は2015年まで引き上げられ、それ以降は一定とする前提条件のもとでは、民間消費の伸びは後半（2010～2025年間）の方が高まる。しかし、後半では人口減少の本格化に伴い就業者数の減少テンポが大きくなるため、民間消費は1％程度

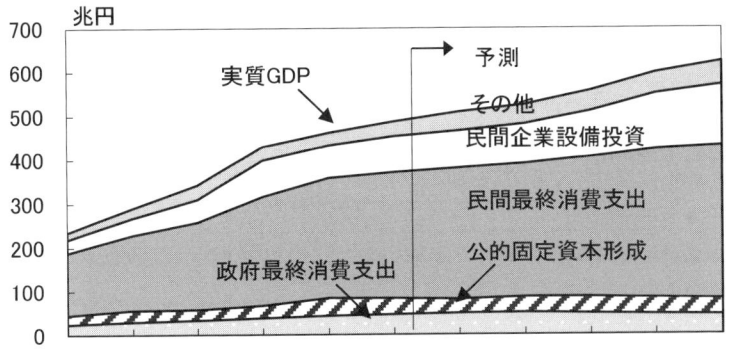

図8-4 最終需要項目の動き

(注) その他は、民間住宅投資、在庫投資、財貨サービスの純輸出である。
　　　2001年以降は予測。
(出所) 表8-2に同じ。

の伸びにとどまる。消費構造は後述するが、情報化、高齢化関連の消費が増加する半面、食料品など人口に関連した費目が減少し二極化する。

　国内需要のなかでは、民間設備投資が力強くはないがリード役となる。前半（2000〜2010年間）ではデフレや増税による消費低迷の影響で低調だが、後半ではIT投資に加えて労働力不足対応の省力化投資が伸び、全期間平均では2％程度の増加となる。産業構造もIT関連産業が伸びる（第11章参照）。設備投資の増加が生産性を上昇させ、労働力不足への対応が可能となる。

　公的需要（財政支出）は、抜本的な財政改革のもとで緊縮財政がとられるため、全期間平均では横ばいとなる。内訳では、政府消費は0.1％減、公的固定資本形成は0.0％である。公的需要の対GDP比は、実質ベースで2000年の17.0％が2025年の13.2％へと約2割低下する（名目ベースも約2割低下）。このうち、公的固定資本形成は2000年の7.5％から2025年では5.9％へと同じく約2割低下する（名目ベースで約4割低下）。先に述べたように、一般政府の公共投資の対名目GDP比は2025年には3％を下回る。

　なお、租税総額は3.7％増で、租税の対名目GDP弾性値は1.5（＝3.7/2.4）である。このように、前提条件とした財政政策は、財政支出の抑制と増税を

表8-3　マクロ経済の展望：その他経済指標

	2000年(実績)	2010年	2025年	1990～2000(年率)	2000～2025(年率)
就業者数(万人)	6444.4	6323.2	6021.1	0.3%	-0.3%
完全失業率(%)	4.8	4.1	3.0	-	-
賃金指数(95年=100)	101.5	114.3	188.7	1.1%	2.5%
GDPデフレーター(95年=100)	100.7	105.2	143.6	0.1%	1.4%
国債応募者利回り(10年物、%)	1.7	1.7	1.5	-12.7%	-0.5%
経常収支対名目GDP比(%)	2.8	4.2	4.3	7.4%	1.7%
為替レート(円/ドル)	107.6	88.0	98.1	-2.9%	-0.4%

(出所) 服部ほか（2003）、内閣府『国民経済計算年報』、財務省『国債統計年報』、厚生労働省『毎月勤労統計』、総務省『労働力調査報告』。

同時に見込んだ極めて厳しい緊縮型財政である。

● 最終需要（2）：輸出入はともに減速

輸出は世界経済の堅調な伸びを背景に増加するが、日本企業のグローバル化で海外進出が引き続き、海外生産が輸出を代替することや、緩やかな円高の影響により、全期間平均では2.0％増とこれまでより伸びが弱まる（90年代は5％増）。製造業の海外生産比率は、2025年には23％と現在の欧米並みの水準にまで高まる（第10章参照）。一方の輸入は、国内需要を上回る伸びとなるものの、国内需要が低調なため、1.6％増にとどまる。輸出も輸入もこれまでより伸びが低下する。純輸出（輸出－輸入）は、輸出が輸入よりやや高い伸びとなるため、引き続き黒字を計上し、成長を下支えする。しかし、輸出が減速するため、純輸出が経済成長を押し上げる力は大きくない。地域別ではアジア貿易が拡大し、日本にとって中国が最大の貿易相手国となる。

以上のとおり、全期間を通してみれば、企業部門の設備投資と輸出の増加がある程度まで期待できるものの、家計部門と財政部門の需要が低迷するため、実質GDP成長率は抑えられる。

● 2015年頃から労働力不足へ

次に、そのほかの主な経済指標の動きをみてみよう（表8-3）。まず、失業率は、低成長の長期化で現在の5％の高水準が続くが、労働力人口が減少す

るため2010年には4％程度にまで低下する。それ以降、本格的な人口減少時代に入り、労働力人口の減少幅が大きくなる一方で、緩やかながらも持続的な経済成長により労働需要が見込まれるため、2015年頃には労働力不足時代を迎える。失業率はおよそ下限の3％にまで低下し、完全雇用状態に入る。100〜200万人の労働力が潜在的に不足するため、省力化投資、生産効率の改善などの対策が必要だ。これらの対策が実施されなければ、労働力不足に対応できず、1％の経済成長の達成は困難となる。

● 2006年までにデフレ脱却、為替レートは緩やかな円高

　現時点ではデフレが進行し、物価・賃金は下落し続けている。先に述べたように、デフレ脱却には政策総動員が必要だ。政府と日銀が連携して、デフレ対策に本腰を入れることが重要だ。超金融緩和を続けるとともに財政を緩めれば、設備投資の自律反転の動きと重なって、景気は回復基調を維持し、2006年頃までにはデフレは終息するであろう。その後、2010年頃までは低成長のため物価上昇のテンポは弱い。GDPデフレーターは、2000〜2010年間では0.4％の上昇にとどまる。2010年以降では、労働力不足から賃金が上昇するため、物価上昇率は高まり、2010〜2025年では2％程度の上昇となる。

　消費税率の引き上げは、物価上昇を引き起こすといわれる。しかし、実体は違う。シミュレーション結果によれば、消費税率引き上げは、当初は物価を上昇させるが、景気の悪化をもたらすため、最終的には、物価にほぼ中立的もしくは下落させる方向に作用するのだ。消費税率の物価への影響をきちんと把握しなければ、税収見積もりを見誤ることにもなる（第5章参照）。

　為替レートは、当面は1ドル＝110円前後だが、緊縮財政などにより国内需要が低迷し経常収支（海外経常余剰）が膨らむため、やがて円高に向かい2010年では90円程度になる。その後も為替レートは、経常収支が国内需要の低迷による輸入の鈍化で高止まるため、1ドル＝90〜100円程度の円高で推移しよう（図8-5）。経常収支の対名目GDP比は、輸入の伸びが弱いため4％程度の高い水準が続く。為替レートは、さまざまな要因に左右されるものの、基本的には経常収支と内外金利差に依存して決まる。経常収支が膨らむと円高となる。経済成長率が低下すると、国内需要が低調となり輸入が減るため、経

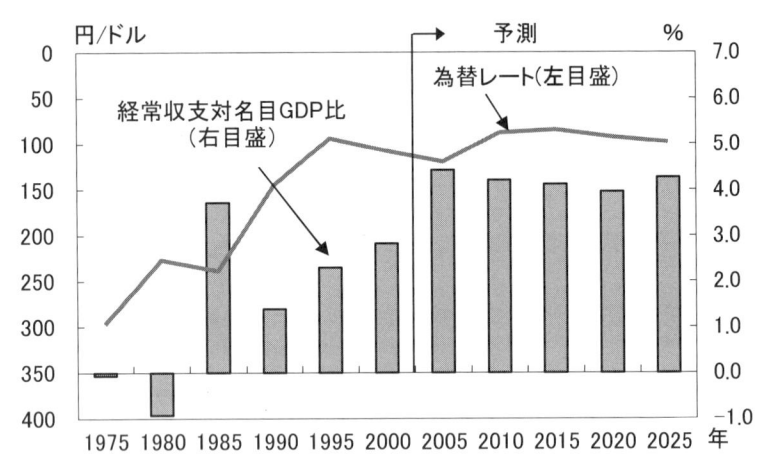

図8-5 為替レートと経常収支

(出所)服部ほか(2003)、内閣府『国民経済計算年報』、金融経済統計月報『金融経済月報』。

常収支の黒字が増えて円高となるわけだ。

● なぜ低成長となるのか

　低成長の主な要因は、デフレ進行、人口減少、財政再建、国内市場の成熟化である。

　第一に、デフレの進行が消費や設備投資を抑える(第3章参照)。デフレは消費者の買い控え行動を引き起こし、また将来不安を高め、消費意欲を落とす。その一方で、デフレは売上高の低迷や実質金利の高止まりから、設備投資の意欲をそぐ。さらに、デフレは財政赤字を増やし財政の余力を奪う。物価上昇率が1～2％程度にまで高まらなければ、企業が積極的な経営を展開することは難しい。2006年頃までにデフレ脱却が可能になるとしても、デフレ長期化による消費や設備投資の低迷の余波は2010年頃まで残るだろう。

　第二に、少子化に伴う人口減少が経済成長に歯止めをかける。特に、生産年齢人口(15～64歳)の減少は、労働力人口と就業者数の減少を引き起こし、所得や消費の伸びを抑える(就業者数は2000～2025年間で423万人減少)。

消費面では、食料品や衣服などの人口に関連の深い費目へのマイナス影響が大きい。また、高齢化は社会保障給付の増加から財政収支の悪化を招く（第9章参照）。財政に余力があった時代には、社会保障給付の増大は、家計所得を増加させ消費を増やす効果があった。しかし、膨大な政府債務があり財政再建が必要な時代には、社会保障給付の増大は、必ず租税や社会保障負担の増大となって家計所得に跳ね返ってくる。ただし、高齢化は高齢化対応型産業を拡大するというプラス面もあり、産業構造には大きな影響を及ぼす（第11章参照）。高齢化のプラス面だけに注目すれば、将来の日本経済を楽観的に描くことも可能だが、少子・高齢化の経済成長への影響は、全体的にみるとマイナス面が大きい。

　第三に、今後予想される緊縮型の財政再建が経済成長の足かせとなる。90年代以降、財政は歳出超過に陥り大幅な赤字を続けている。財政赤字は財政部門から民間部門へ資金が流れることを意味するから、これまでは財政が経済成長を下支えしてきたわけだ。しかし、デフレ進行の影響もあって、財政赤字が膨らみ過ぎ、もはや財政にゆとりはなくなった（第5章参照）。財政支出拡大で不況を乗り切るという「ケインズ政策」を使い果たしたとの見方もある。何らの費用もなく無限にお金を出し続けるという「打ち出の小槌」は、現実には存在しないのだ。過去20年以上にわたり財政部門の歳出超過が経済成長を下支えしてきた。しかし今後は逆に、歳入超過で財政収支を改善していかなければならない時代に入るわけだ。

　第四に、国内市場の成熟化が消費や住宅投資の伸び悩みをもたらす。日本経済は戦後60年近くの間に奇跡的な成長を遂げ、総じて成熟化の段階を迎えている。国民の生活水準は格段に向上した。消費の面では、家電製品や自動車などの耐久財の普及率は高水準に達しており、また、住宅戸数は世帯数を大幅に上回っている。普及が一巡した商品・サービス、住宅投資は伸び悩んでいる。もちろん、消費者ニーズに合った新製品や新サービスは消費を高める。今後、プラズマテレビ、DVDレコーダー、電池自動車など、新製品が消費市場をリードしていくことは間違いない。また、高齢者向けのバリアフリー住宅も伸びるだろう。しかしその一方で、多くの商品・サービス市場は成熟化の段階に入っていることにも留意しなければならない。

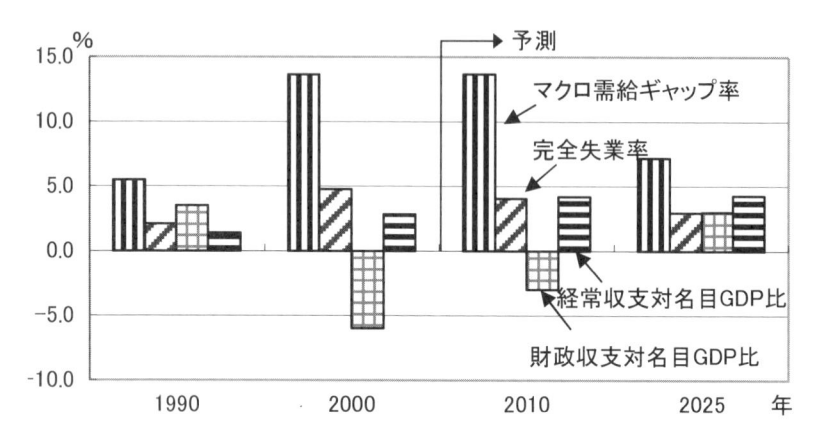

図8-6 四大均衡の行方

(出所) 服部ほか (2003)、内閣府『国民経済計算年報』、総務省『労働力調査報告』。

5 不均衡の解消はスローテンポ

　四大不均衡は経常収支を除き解消していくが、そのテンポは遅い (図8-6)。長期的には財政赤字が改善に向かうため、持続的成長の達成は可能だ。

◆ マクロ需給ギャップ

　マクロ需給ギャップは、供給力 (最大可能なGDP) に対してどれだけの割合の需要が不足しているかを表す指標である。需給ギャップは長期的には解消に向かうものの、経済低迷が長引くため、その改善のテンポは鈍く、2010年頃までは10数％の高水準が続く。需給ギャップの解消には、設備投資の更新 (スクラップ・アンド・ビルド) を促進する税制などが必要だ。

◆ 失業率 (労働力需給)

　失業率は2010年頃まで高水準が続く。その後、本格的な人口減少時代に入り労働力人口が減り続けるため、労働力不足が顕在化する。省力化投資や情報化投資などで生産性が高まると予想され、2015年頃に失業率は3％と完全雇用状態に入る。短中期的には失業対策が必要だが、長期的には労働力不足対策が重要な課題だ。

◆ 経常収支

　経常収支は貿易・サービス収支と所得収支から決まる。輸出の伸びが弱まるため、貿易・サービス収支は黒字幅が縮小する。しかし、黒字の累積効果で対外債権が増えるため、海外からの投資収益が膨らむ。このため経常収支は年間20〜40兆円の黒字が続き、対名目GDP比も4％程度の高水準が続く。経常収支の黒字が続くため、急激な円高が発生する恐れもある。これを避けるためには、内需促進策が不可欠だ。

◆ 財政赤字

　内需振興策と財政・社会保障改革を実施していけば、財政赤字は徐々に縮小していく。しかし、経済成長力が弱いため、一般政府の財政収支の黒字化は2015年頃まで待たねばなるまい。財政収支対名目GDP比は、現在のマイナス6％（赤字）が2025年にはプラス3％（黒字）になる。国の借金である国債残高は現在の480兆円が2025年では1.9倍の890兆円に膨らむ。しかし、2012年以降では、国債残高の伸びが名目GDPを下回るため、国債残高対名目GDP比は129％に達したあと、2025年には現状並みの100％程度にまで低下する。このため財政破綻の恐れはなくなり、持続的成長の達成は可能となる。

6　家計の貯蓄は財政赤字に食われるのか

　緊縮財政と内需振興策を前提とするシナリオは、家計部門に厳しい調整を迫る。急激な高齢化で社会保障給付が増加し、これが家計の可処分所得（租税や社会保障純負担を控除した手取り所得）を押し上げる。一見すると、高齢化は経済成長を高めるようだが、これは半面をみているに過ぎない。その一方で、消費税増税や社会保障負担の増大を柱とする緊縮財政は経済成長率を低下させ、可処分所得の伸びを弱める。家計の可処分所得は、2000〜2025年間では2.2％の伸びにとどまる（表8-4）。その上、消費税増税が家計を直撃する。先に述べたように、消費税増税で物価が上昇するわけではないが、価格や料金に占める消費税の割合が増えるため、その分、家計の実質的な所得や消費が減るわけだ。

　結局のところ、財政再建策は家計部門から財政部門へ資金を移転する効果があり、これが財政赤字を改善するわけだ。家計全体では社会保障の純給付

表8-4 マクロ経済の展望：家計部門の経済指標

	2000年 (実績)	2010年	2025年	1990～2000 (年率)	2000～2025 (年率)
家計可処分所得(兆円)	349.0	378.5	600.2	2.2%	2.2%
家計貯蓄(兆円)	43.8	30.1	17.9	2.6%	-3.5%
家計貯蓄率(%)	12.6	7.9	3.0	0.3%	-5.6%
家計金融資産残高(兆円)	1289.6	1457.5	1543.3	3.1%	0.7%

(出所) 表8-2に同じ。

（給付―負担）が増えるものの、消費税増税が家計の実質的な所得を減らす。また、高齢化の進展により世代間の不公平性が著しく高まるという問題も発生する。現役世代の人たちが働いたお金が、社会保障によって引退世代の人たちに支給されるため、現役世代の負担が重くなる。国民負担率（租税・社会保障負担総額の国民所得に占める割合）は、2000年度の39％が2025年度には50％を越える（第9章参照）。高齢者を抱える世帯にとっては一定の収入が確保でき安心して生活できるが、その半面、現役の人たちの負担は重くなる。

　一方、消費をみると、現役時代に働いて引退後に貯蓄を取り崩して生活するというライフサイクル仮説によれば、高齢化は所得に比べて消費を相対的に増やす効果があり、消費性向（可処分所得に占める消費の割合）を高める。こうした所得と消費の関係だけをみれば、高齢化は経済成長を高める要因だ。しかし、高齢化で財政負担が大きくなり増税が必要になると、経済成長は抑えられる。高齢化の経済への影響は複雑だ。高齢化で相対的に消費が増え貯蓄が減るため、家計の貯蓄率（可処分所得に占める貯蓄の割合）は低下する。

　また、新成長産業の育成などの内需振興によって、情報家電や介護サービスなどの新商品・新サービスが増え、これが消費を促進する。これら新たな消費が、緊縮財政による経済成長の低下を補うわけだ。しかし、消費は伸びるが、その半面で家計の貯蓄が伸び悩む。

　全体として消費は低迷するものの、消費の伸びは可処分所得よりは高く、家計の貯蓄は減少していく。このため家計の貯蓄率は、2000年の12.6％から2025年には3.0％にまで低下する。もちろん、家計の貯蓄がマイナスになることはなく、2005～2025年間では毎年平均26兆円程度の貯蓄が期待できる

図8-7 伸びる消費と伸びない消費

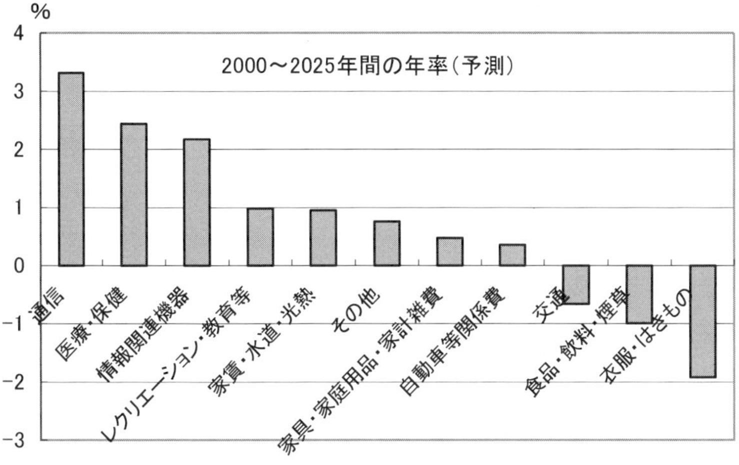

(出所) 表8-2に同じ。

(前掲表8-4)。

　家計の貯蓄が減少するため、金融資産の増加のテンポは緩やかなものとなる。家計の金融資産は2000年の1,290兆円が2025年では1,543兆円へと約250兆円の増加にとどまる（旧SNAベース）。25年間の伸び率は年率0.7％増と、名目GDP成長率（2.4％）を大幅に下回る。

7　情報化・高齢化が消費構造を変える

　消費税増税や社会保障給付の抑制、消費市場の成熟化などから、民間消費は2000～2025年間では実質ベースで年率0.8％の伸びにとどまる。
　消費が低迷するなかで消費構造は大きく変わる（図8-7）。伸びる消費と伸びない消費が際立つようになる。人口減少時代、高齢社会、高度情報社会の到来という潮流に加えて、消費税増税や所得の伸び悩みなどを背景に、消費者が選別を強めることが、消費構造に大きく影響するわけだ。
　IT革命による本格的なネットワーク社会、ユビキタス文明は間近に迫っている。さまざまな情報家電が開発され浸透するため、通信が最も高い伸びとなるほか、情報関連機器も堅調に推移する。特に、通信は年率3.3％増と最も

高い伸びとなる。情報関連機器も2.2％増と堅調な伸びが見込まれる。

　高齢化に伴い医療・保健が2.4％増と堅調に推移する。2000年度に導入された介護保険制度によって、2025年では10兆円以上の新たな消費需要が見込まれるが、その多くはホームヘルパーなどの介護サービスである。また女性の社会進出も、家事の外部化を促し家事サービスを押し上げる。

　家賃・水道・光熱は消費平均をわずかに上回る伸びとなる。またレクリエーションも、労働時間短縮や高齢者の旅行志向などが増加要因となるものの、低成長のなかでは大きく伸びることは難しく、消費平均をやや上回る程度の伸びとなる。

　家具・家庭用品・家計雑費、自動車等関係費は、人口減少とそれに伴う住宅ストックの伸びの鈍化などから、0.4～0.5％増と消費平均より低い伸びにとどまる。

　交通、食品・飲料、衣服・はきものは、いずれも減少する。画期的な新商品、新サービスが大量に出現することは難しい分野であり、人口減少の影響が大きい上に、低成長のもとで消費者が選別を強め節約の対象になりやすい費目であるためだ。これらの費目では、0.7～1.9％のマイナス成長となるだろう。

8　まとめ

　21世紀の初め5年ほどの間で、日本経済が持続的成長への足掛かりをつかむことが望まれたが、現実にはデフレの長期化や引き締め政策などから逆の方向に動いてしまった。成長の柱と期待されたIT産業も世界的な規模で低迷している。経済低迷やデフレ進行で税収が大幅に落ち込み、財政赤字が膨らみ国債が累増し、もはや大幅増税なしには財政再建を図ることは難しい状況にまで追い込まれてしまった。

　日本経済が短期的な景気上昇局面を迎えることはあるにせよ、経済低迷からの本格的な脱出は容易なことではない。短中期的には、デフレからの脱出が喫緊の課題である。より長期的な視点からは、いかにして財政破綻を避けるのか、どのようにして財政再建を図り持続可能な成長を達成するかが、何よりも重要な課題となる。本書の展望ではその1つのシナリオを提供した。

デフレ脱却のためには、超金融緩和を維持し財政を緩める必要がある。金融政策と財政政策は一体的に実施しなければ効果は薄い。金融緩和による円安誘導策がデフレ阻止に効果があるものの、経常収支の黒字が続く限り限界がある。為替レートは政策的に自由に操作できるものではなく、基本的には経常収支に大きく依存して決まるためである。雇用不安が高まっており、失業対策も重要だ。失業給付金だけでなく、公的機関や企業を対象にした雇用助成策や、新技術習得のための社会人学習を促す政策なども効果的だ。

　長期的な視野でみると、本格的に人口が減少するなかで、膨大な財政赤字をいかにして解消していくのかが、日本経済にとって最大の課題なのだ。新成長産業の育成・拡大を図るとともに、緊縮型の財政再建を実施することで、将来予想される財政破綻といった事態は避けられるであろう。しかし、それには経済低迷という代価が必要となる。消費税増税は家計部門を直撃し、企業にも影響が及ぶ。緊縮型の財政再建は国民にとって大きな痛みを伴う。この痛みを和らげるためにも、経済成長が必要だ。富を生み出すのは民間部門であり、民間部門の活性化こそが最も重要な課題だ。財政再建だけでは持続的成長を達成することは難しい。

　日本経済の再生にとって最も基本的なことは、高齢化、情報化、環境、新エネルギーなどに対応した、21世紀型の新産業を早急に育成し、新技術、新サービスを開発していくこと、そのための政策を力強く実施していくことだ。日本経済全体として成長が見込めない分野から、成長が期待できる分野へ、ヒト、モノ、カネを投入すること、財政資金の投入や投資減税などにより、スクラップ・アンド・ビルドを積極的に推進し、民間設備投資を成長の柱に据えることが日本経済の活性化に必要だ。「新しい商品は新しい設備から」しか生まれないからである。

第 9 章

財政は
どうなる

わが国の財政はさながら「火の車」である。現状では、将来どのような財政改革が実施されるかは政治的な問題とも絡み不透明である。本章では、第8章で検討した持続可能な成長を達成するシナリオにそった財政展望の結果を紹介する。

1 展望の視点

わが国の財政をとりまく環境は非常に厳しい状況にある（図9-1）。長引く経済の低迷、デフレの長期化などから、税収が大幅に落ち込み、社会保障負担も伸び悩んでいる。一方で、人口の高齢化による年金・医療などの社会保障給付が増加し続けており、年金・医療財政が悪化しつつある。こうした税収の低迷や社会保障給付の増大などが政府の財政赤字を拡大しており、国債や地方債残高の累増を招いている。

国債、地方債残高は2003年末には合計でおよそ650兆円と名目GDPをやや上回る水準に達した模様で、国、地方政府、社会保障基金の財政はかつてない危機に直面している。財政の悪化が、国民の将来に対する不安を増幅させ、それがさらに景気回復を遅らせるという不安の連鎖が懸念される。また、社会保障基金の財政の悪化は、将来世代の負担増につながることから、若年世代を中心に年金制度への不信が拡がり、年金への未加入者が増加し、それがさらに年金財政を悪化させるという、不信の連鎖も懸念される。

財政悪化に伴う不安や不信の連鎖が強まると、日本経済の将来は悲観的なものとなる。こうした悪循環を断ち切り、日本経済を持続可能な成長軌道に乗せるためには、内需振興を図るとともに、歳出見直しや増税を柱とする大胆な財政改革や社会保障制度改革が不可欠である（第8章参照）。

本章では、持続的成長を達成するために必要な財政・社会保障改革の方向性を示し、そのシナリオのもとでの財政構造を展望する。これによって、中央政府、地方政府、社会保障基金の財政収支を見通し、将来の増税の規模や国債残高、社会保障負担や給付などを明らかにする。

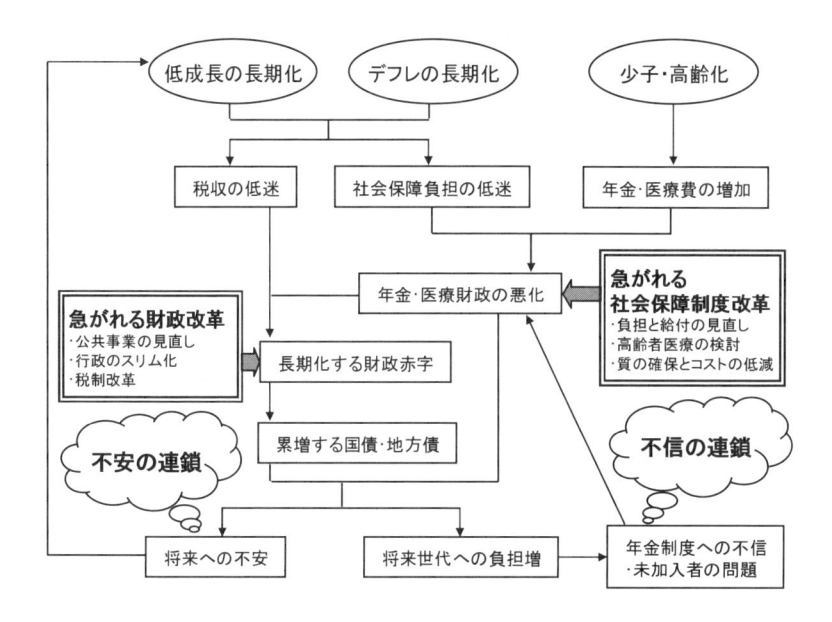

図9-1　わが国の財政をとりまく環境の変化

2　展望の前提条件

財政展望で想定した2025年度までの経済動向や財政・社会保障制度改革の内容は、以下のとおりである（表9-1）。

● 経済成長率は実質1.0％、名目2.4％

財政動向に大きく影響する経済成長率は2000～2025年度間では、実質平均で1.0％、名目2.4％と低成長を見込んでいる（第8章参照）。また、総人口は2006年にピークを迎えたあと減少していく（第7章参照）。2000年に17.4％であった65歳以上高齢者比率は2025年には29.2％にまで上昇し、急速に高齢化が進む。労働力人口は期間平均で年率0.3％減少するため、後半になると労働力需給は引き締まり、賃金が上昇傾向に転じる。このため省力化投資が進み、労働生産性が上昇する。賃金は年率2.5％と緩やかに上昇する。

表9-1　主な前提条件

2000〜2025年間年率(%)

総人口	-0.3	中央・地方政府最終消費支出	2.1
65歳以上人口	1.8	地方政府最終消費支出	2.3
従属人口比率(20歳未満+65歳以上)	0.6	一般政府総固定資本形成	-0.1
就業者数	-0.3	消費税率(2025年、%)	15.0
名目国内総生産	2.4	国民年金保険料	2.9
男子平均賃金	2.7	厚生年金保険料率	1.6

(出所) 服部ほか (2003)。

● 歳出抑制が続く

　近年の厳しい財政情勢のなかで、政府は公共投資の選別化・抑制を強化しており、2000年度以降の公共投資については毎年5〜10%もの大幅な削減措置を続けている。本格的な財政再建を前提として、今後、公共投資の伸びは低めに抑制されると想定した。公的固定資本形成の対名目GDP比は現在およそ5%であるが、2025年度頃までに3%程度にまで圧縮されると見込んだ（図9-2）。この比率からみると、公共投資は名目ベースで2025年度までに約4割圧縮されることになる。

　ただし、後述する消費税率の引き上げと同時に公共投資を削減すれば、デフレが加速化し、持続的成長の達成が危うくなる。デフレからの脱却には政策総動員が必要であり、現在の超金融緩和を維持するとともに、公共投資を緩やかながらも拡大することが必要となる（第8章参照）。そこで、ここ数年にわたって大幅に削減されてきている公共投資は、政策の見直しで、2004年度頃には緩やかながらも増加傾向に転じると想定した。しかし、長期的には公共投資の伸びは低く抑えられる。この結果、一般政府の名目公的固定資本形成は2000年度の26.5兆円が2025年度では25.6兆円となり、2000〜2025年度では年率0.1%の微減となる（2010年度までの前半1.8%減、後半1.0%増）。

　「聖域なき歳出削減」を掲げる小泉内閣の財政再建の目玉として、公共投資削減のほかに、公務員定数の削減、特殊法人改革などがある。こうした財政再建を目標に政府最終消費支出も抑制されると想定した。名目政府最終消費支出は、公務員数の削減などを織り込み、1990年代の年率3%超の伸びから

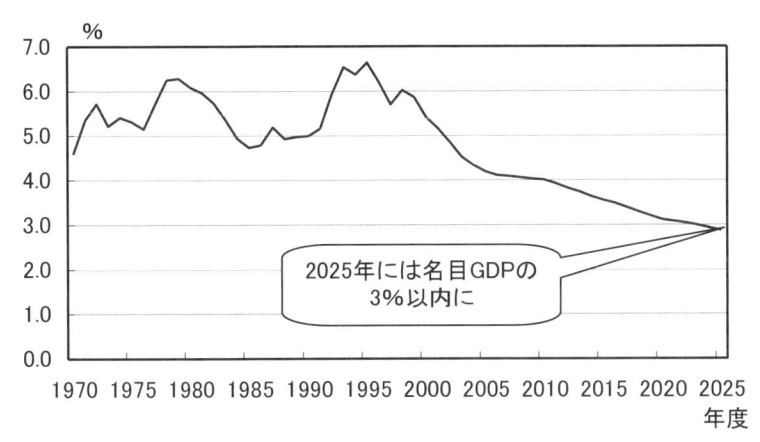

図9-2 公的固定資本形成の対名目GDP比

(出所) 服部ほか (2003)、内閣府『国民経済計算年報』。

2.1％の伸びにまで抑制されると見込んでいる。

年金医療といった社会保障給付は、人口高齢化により、今後急増することは必至で、持続可能な社会保障制度の再構築が急がれている。後述するとおり、厚生労働省案を参考に予想される社会保障改革を織り込み、厚生年金の給付率の引き下げと負担率の上限設定を行った。また、医療費については、患者負担比率の緩やかな上昇を見込んでいる。

さらに中央政府と地方政府との財源配分の見直しを織り込み、中央から地方への移転は、毎年１兆円ずつ減額されると想定した。これは、高齢化による社会保障給付の増大から国家財政の改善が大幅に遅れるため、中央と地方との財源配分の見直しは必至で、これを先取りして織り込むためである。

● 増税は不可避

以上の歳出削減策だけでは財政危機からの脱出は難しい。歳出削減だけなら財政収支は赤字が続き、国債残高の対名目GDP比は2025年度まで上昇し続ける。このように公共投資の削減だけでは財政再建の切り札とはならない。むしろ公共投資については、限られた財源のなかで新成長産業の育成・拡大を促進するため、成長分野に優先的に配分していくことが、持続的成長への

必要な条件となる。

　財政再建のためには、歳出削減だけでなく大幅な増税が必要になるため、消費税率の引き上げを盛り込んだ。具体的には、消費税率を2006年度から毎年1％ずつ2015年度まで引き上げ、15％（実効税率では12％）で一定とすると想定した。

　なお、消費税率の引き上げ方式については、2015年度まで毎年1％ずつ引き上げるのではなく、例えば2007年度頃に10％へ、さらに2012年度頃に15％へと2段階で引き上げるケースが考えられるが、本書の展望結果とは、基本的な点では大きな差はないと考えられる。

3　財政展望：財政破綻は辛うじて回避へ

● 財政収支は10年以上かけて均衡へ

　以上のような経済成長率や財政社会保障改革を前提条件とする展望結果は、以下のとおりである。まず、一般政府全体の財政収支は、現在約30兆円の赤字が徐々に縮小し、2015年度頃までに均衡した後、2025年度では28兆円の黒字を計上する（表9-2）。財政収支の改善は、消費税増税などを柱とする財政改革、新成長産業の育成・拡大などによる内需拡大の総合的な効果によるものである。消費税率を15％まで引き上げたとしても、内需拡大を伴わない財政改革のみでは財政収支の改善は困難である。

　国債残高は2003年3月末現在で500兆円であるが、2025年度には890兆円に達する。財政が破綻するかどうかを判断するには、国債残高の対名目GDP比が低下傾向にあるか、それとも上昇傾向にあるかが重要な指標となる（第4章参照）。国債残高の伸びは2000～2010年度間では年率6.6％と名目成長率1.2％を大きく上回るが、展望期間の後半の2010～2025年度間は1.5％となり、名目GDP成長率3.3％（同期間の国債利回りは平均で2.0％）を下回る。

　このため国債残高の対名目GDP比は2011年度に129％とピークを打ち、2025年度には100％にまで低下する（図9-3）。したがって、増税を含む厳しい財政再建、新成長産業の育成などの政策を強力に推し進めることによって、国の財政破綻はかろうじて免れると予想される。ただし、強調すべきは内需振興策と財政社会保障改革は両輪の如しで、2つを同時に実施していかなけ

表9-2 財政展望（財政収支と国債残高）

(兆円)

	1990	2000	2010	2025
財政収支				
中央政府	-1.0	-31.9	-25.7	4.1
中央・地方政府	0.0	-33.8	-25.7	18.3
一般政府	15.0	-29.3	-16.6	28.2
プライマリー・バランス　中央政府	8.0	-24.6	-14.1	15.6
地方政府	8.0	6.9	7.6	19.5
国債残高	169.0	374.1	707.6	890.2
国債残高対名目GDP比(%)	39.0%	76.5%	128.3%	99.7%

（出所）服部ほか（2003）、内閣府『国民経済計算年報』、財務省『国債統計年報』。

図9-3 国債残高とその対名目GDP比

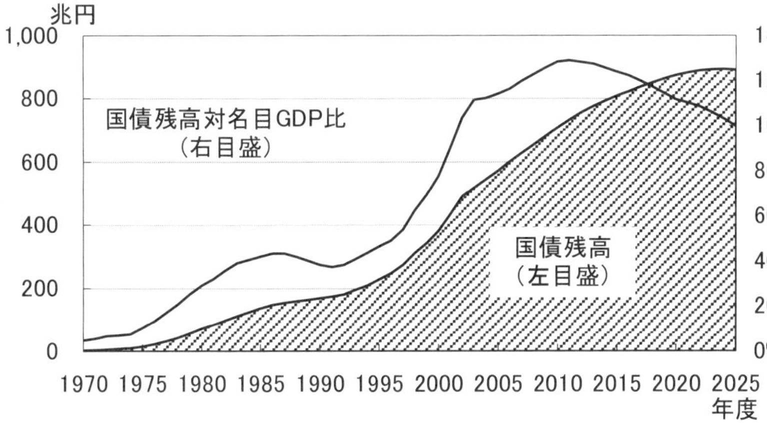

（出所）表9-2に同じ。

れば財政収支の改善は難しいということである（第5章参照）。

● 国と地方で異なる財政収支改善のテンポ

　財政収支の動きは一般政府部門内で状況が異なる。中央、地方政府の財政収支の対名目GDP比をみると、地方財政は支出に占める公共投資の比率が高いため、公共投資の伸びを抑えることにより比較的早い段階から好転する。これに対して中央政府の財政赤字の解消には時間がかかる。消費税増税などによる抜本的な財政改革を行っても、低成長が続いて税収が伸び悩むため、

財政改善のテンポは極めて遅い。中央のプライマリー・バランス（国債収支と利払い費を除く基礎的財政収支）はようやく2017年度頃に黒字化するが、国債費の負担が重いため、中央の財政収支が黒字化するのは2020年度以降になる。

このため前提条件の一つとして、中央政府から地方政府への移転支出を2006年度以降、毎年1兆円ずつ減額すると想定した。地方分権化、中央から地方への財源移譲が論議されるなかで、このような想定は現実的ではないかもしれない。しかし、この条件設定がなければ、中央政府の財政収支の改善は地方政府に比べて大幅に遅れ、中央政府の財政収支改善のためには15％を大幅に上回る消費税率の引き上げが必要となる。中央政府と地方政府との役割分担については、このような実態を踏まえた上で議論すべきであろう。

● 増税と社会保障負担増で国民負担率は50％台へ

現在の日本の税制に関しては、所得の捕捉に関する不公平感の是正、所得税の課税最低限の引き下げや法人税率の引き下げのほか、消費税の益税解消問題、さらに将来では温暖化対策としての環境税の導入など、さまざまな検討課題がある。展望ではこうした税制問題を検討するのが目的ではなく、将来の財政破綻の可能性を見極め、経済破綻から脱出して持続的成長を達成するための条件や必要な政策、増税の規模などを明らかにすることに重点を置いている。諸外国と比較しても日本は消費税率引き上げの余地が高いと考えられることから、増税策の一つの手段として消費税率の引き上げを想定したに過ぎない。どのような税制が望ましいかは別途分析の必要がある。

2006年度以降毎年1％ずつ2015年度まで段階的に消費税率の引き上げを織り込んだ結果、2025年度での消費税収は75兆円にものぼり、年金負担にほぼ匹敵する規模となる。消費税率の毎年の引き上げによって、税収総額の伸びは3.6％と、名目GDPの伸び（2.4％）を上回り、税収の対名目GDP弾性値は1.5となる。これは、名目GDPが1％増加すると税収総額は1.5％伸びるということを示している。この弾性値の内訳をみると、直接税が1.1、間接税が1.8である。

一方、税収とならんで政府の主要な受取項目である社会保障負担は、後述

表9-3 財政展望（一般政府の経常受取）
－租税・社会保障負担－

(兆円)

	2000年度 (実績)	2010年度	2025年度	2000～10 (年率)	2010～25 (年率)	2000～25 (年率)
国民所得	377.4	407.0	653.9	0.8%	3.2%	2.2%
経常受取	211.0	279.0	490.0	2.8%	3.8%	3.4%
租税計	93.3	123.0	224.0	2.8%	4.1%	3.6%
直接税	46.4	55.7	89.4	1.9%	3.2%	2.7%
間接税	46.9	66.9	134.7	3.6%	4.8%	4.3%
社会保障負担	54.8	79.6	140.6	3.8%	3.9%	3.8%
年金	33.3	42.9	78.0	2.5%	4.1%	3.5%
医療	17.7	28.2	46.8	4.8%	3.4%	4.0%
介護	0.2	3.8	8.0	34.7%	5.0%	16.0%
国民負担率	39.2%	49.7%	55.8%	2.4%	0.8%	1.4%
潜在的国民負担率	47.0%	53.8%	51.5%	1.4%	-0.3%	0.4%

(注1) 国民負担率＝(租税＋社会保障負担)／国民所得。
(注2) 潜在的国民負担率＝(租税＋社会保障負担－一般政府貯蓄投資差額)／国民所得。
(出所) 表9-2に同じ。

する年金保険料率の上限制を織り込んでも、現在の55兆円が2025年度には141兆円に達し、税収に匹敵する規模にまで脹らむ。これは高齢化が急激に進むためで、年率3.8％と租税収入よりやや高い伸びで増加する。

　国民負担率(租税と社会保障負担の合計の国民所得に占める割合)は、2000年度の39％が2025年度には56％にまで上昇する(表9-3、図9-4)。国民負担率は50％を上限とする見方が支配的であるが、展望結果ではこれを越えてしまう。経年的にみると、2015年度頃までは急テンポで上昇するが、それ以降は55～56％でほぼ横ばいとなる。これは、消費税率が2015年度以降は横ばいで推移するため税収の伸びが緩やかになること、また社会保障負担も2015年度ごろから厚生年金保険料率が上限に達して伸びが鈍化することによるものである。

　財政赤字は将来の増税に結びつくため、租税と社会保障負担に財政赤字を合算した潜在的な国民負担率の動きも重要である。この潜在的な国民負担率は、財政赤字が続く2015年度頃までは、通常の国民負担率より高く、2000年度の47％が2015年度頃に55％とピークに達する。それ以降では財政収支の黒字化によって低下し、2025年度に51％となる。いずれの指標をとるにせよ、国民負担率は50％の大台を超える高い水準に達し、2010年度以降には所

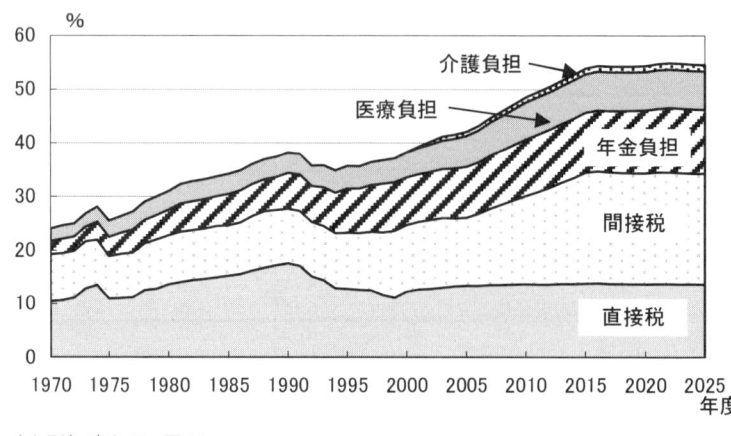

図9-4 国民負担率の内訳

(出所) 表9-2に同じ。

得の半分以上が税金と社会保障負担となるわけである。

4 社会保障展望:待ったなしの社会保障改革

　少子・高齢化と低成長の時代を迎えて、人口増加と経済成長を前提として設計された日本の社会保障制度はこのままでは崩壊する。特に年金財政の窮迫は将来世代に大きな負担をかけることになり、制度改革は待ったなしの状況である。

● 楽観的過ぎた年金財政見通し

　日本の年金制度は、基本的には現役世代から徴収した保険料を引退世代に支給する修正賦課方式をとっているため、人口構造の変化は将来の年金財政に大きな影響を及ぼす。このため政府は、5年に一度の国勢調査の結果にあわせて年金の再計算を行い、同時に制度の改正を行ってきた。予想以上の出生率の低下で、年金再計算の元となる厚生労働省(国立社会保障・人口問題研究所)の将来人口推計は、改定のたびに大幅な下方修正を繰り返している。こうした過去の楽観的な人口推計が、将来の経済成長を過大に見積もることにもなり、年金財政の見通しを甘いものにしてきた。

現在の出生率の動向が年金財政に影響を及ぼすようになるのは、生まれた子供が大きくなって保険料を負担するようになる20年後のことである。これに対して、経済情勢の変化は長期のみならず短期的にも年金財政に大きく影響する。ここ数年の年金財政の悪化は、少子・高齢化というよりも経済低迷による年金保険料収入の減少の影響が大きい。年金再計算で基礎となる将来推計人口だけでなく、経済成長率の過大予測が年金財政の楽観的な予測を生み、これが現実に適した制度改革を遅らせてきたことは否定できない。

● 瀬戸際の年金改革

こうした年金制度をめぐる厳しい情勢変化に対して、2002年12月、厚生労働省は2004年度の年金制度改革のための検討材料となる試案を公表した。将来、基本的にはこの方式が導入される公算が大きいと考えられるため、この試案を参考に以下のような想定を行った。もちろん、前提条件となる経済成長率見通し、将来人口など経済社会環境の想定値や計算方法が厚生労働省の試算とは大きく異なるため、ここで設定した条件や展望結果は同じものではない。

まず年金の負担面については、ボーナスを含む年収ベースでの厚生年金保険料率を毎年引き上げ、20％に達した段階で固定する。また、国民年金保険料は、2005年度より毎年実質値で600円引き上げる。一方、給付面については、厚生年金の1人当たり受給額を、現行の標準世帯での所得代替率59％が2025年度には56％となるように引き下げる。同時に国民年金受給額も、1人当たり厚生年金受給額の伸びにあわせて抑制する。

また、現行の年金制度では、国民がすべて共通の基礎年金に入り、この基礎年金に対して各年金基金（国民年金、厚生年金、共済組合）から、加入者数（国民年金基金については未納者が多いために納入者数）の比率に応じて年金が拠出されている。基礎年金額の3分の1は国庫から支出されているが、この国庫負担比率を2004年度から2分の1に引き上げる。

なお、展望作業終了後の2003年12月に2004年度からの年金制度改革の政府与党案が固まった。それによれば、基礎年金部分の国庫負担比率の引き上げは5年程度遅れる見込みであるが、展望では当初案通り、2004年度から織

表9-4 財政展望（社会保障）

(兆円)

	2000年度 (実績)	2010年度	2025年度	2000〜10 (年率)	2010〜25 (年率)	2000〜25 (年率)
社会保障負担	54.8	79.6	140.6	3.8%	3.9%	3.8%
年金	33.3	42.9	78.0	2.7%	4.0%	3.5%
医療	17.7	28.2	46.8	4.5%	3.5%	3.9%
介護	0.2	3.8	8.0	−	−	−
社会保障給付	73.5	99.7	181.6	3.2%	4.1%	3.7%
年金	38.7	55.9	100.7	3.7%	4.0%	3.9%
医療	27.8	31.5	57.3	2.3%	3.3%	2.9%
介護	3.3	7.7	15.9	10.3%	4.7%	6.9%
公的年金被保険者(万人)	7,034	6,696	5,812	−0.5%	−0.9%	−0.8%
公的年金受給者(万人)	4,120	5,726	6,999	3.3%	1.3%	2.1%
国民年金保険料(千円／月)	13.3	18.1	27.2	3.1%	2.8%	2.9%
厚生年金保険料率(%)	17.4	20.4	25.7	1.6%	1.6%	1.6%
患者負担比率(%)	14.5	18.0	18.0	2.2%	0.0%	0.9%

現行の月収(標準報酬月額)
ベースで表示

(出所) 服部ほか (2003)、内閣府『国民経済計算年報』、厚生労働省『社会保障統計年報』、厚生統計協会『保険と年金の動向』。

り込んでいる。また与党案では、厚生年金の保険料負担の上限は18.3％とし、給付（標準世帯）は現役世代の50％以上を確保するとしている。負担、給付ともに私たちの想定より若干ずつ引き下げられることから、財政収支に与える影響は中立的であり、本書の展望結果から大きく変わらないと考えられる。

● 受給者1人を0.8人で支える時代に

　以上のような年金制度改革を前提とした場合、社会保障部門の動きはどうなるであろうか（表9-4）。
　まず、保険料を負担する側をみると、公的年金被保険者数は2025年度では5,812万人となり、25年間で実に1,222万人（年率0.8％）減少する。これは引き続く少子化で、被保険者の母体となる生産年齢人口（15〜64歳）が同期間で1,555万人（同0.8％）減少するためである。
　次に保険料を受取る側をみると、公的年金（老齢・障害・遺族年金）の受給者数は2025年度では6,999万人に達する。被保険者数が大幅に減少するのとは逆に、25年間で実に2,879万人（年率2.1％）増加する。これは高齢化が

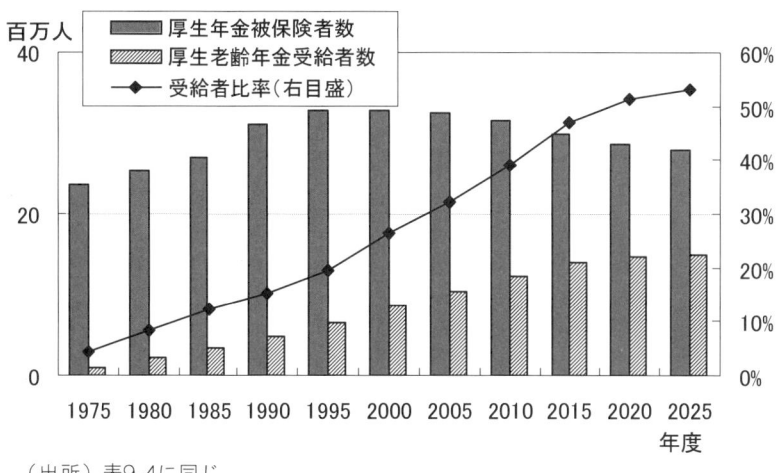

図9-5 厚生老齢年金の受給者比率

（出所）表9-4に同じ。

急激に進み、高齢者人口（65歳以上）がこの間急増するためである。

したがって、2000年度には公的年金の受給者1人を1.7人の被保険者で支えていたが、2025年度になると0.8人で支えることになる。およそ25年前の1975年度では4.9人だったから、年金制度を支える人の数が年金を受給する人の数と比べて相対的にどんどん減ってきており、これからもさらに減少していくわけである。少子・高齢化が現行の年金制度を根本的に揺るがす最大の要因であることは明らかである。公的年金のうち、厚生老齢年金受給者数の厚生年金被保険者数に対する比率をみると、1975年度では4.5％と小さかったのだが、2000年度では26.3％まで高まり、さらに上昇を続け、2025年度には53.2％に達する（図9-5）。

年金の純給付額（給付－負担）をみると、2000年度の5.4兆円が2025年には22.7兆円に達する（年率5.9％増）。年金の純給付額の大幅な伸びは、家計所得の増加要因となり消費を下支えする役割を果たすものの、一方で、世代間の大規模な所得移転をもたらし、世代間の不公平性という大きな問題を引き起こす。

厚生労働省の試算でみると、年金給付額の負担額に対する比率は、1935年生まれの夫婦では8.4倍であるのに対して、1965年生まれでは2.8倍、1985

年生まれでは2.3倍となっている。1980年代生まれの夫婦は支払った額に対して約2倍しかもらえず、若い世代ほど負担と比べて受け取る年金は小さくなる。年金負担は労使折半になっているから、使用者側の負担も合算すれば、1980年代生まれ夫婦の給付額は負担額とほとんど変わらないことになる。いずれにしても、現在の年金制度は高齢者ほど負担に対する給付の割合が高く、若い人ほどその割合は低くなるという構図になっている。これが若者の不公平感を招き、公的年金への未加入を引き起こしている一因でもある。

● 急増する高齢者医療

　人口の少子・高齢化は年金財政とならんで医療財政も直撃する。小泉内閣は「三方一両損」というキャッチフレーズのもと患者、保険者、医療機関の3者が負担を分かち合うという形で医療制度改革を進めようとしている。2003年3月に閣議決定された「医療保険制度体系及び診療報酬体系に関する基本方針」では、高齢者医療についても改革案を提示している。改革案は、65歳以上の高齢者を75歳未満の「前期高齢者」と、75歳以上の「後期高齢者」に分け、新たに「後期高齢者」を被保険者とする保険制度を創設し、75歳以上の被保険者からも保険料を徴収することを提案している。医療改革について現役世代からの理解を得やすくするのが狙いである。

　いまだ改革の全体像が具体化するまでには至っていないことから、この改革案をそのまま織り込んではいないが、患者負担比率や健康保険料率については、高齢化が急激に進む2010年度にかけて緩やかな上昇を見込んでいる。

　医療費に関しては、名目GDPや賃金の伸びによって決まる人口1人当たり医療費と人口を年齢別に分けて試算した。また、2000年度から導入された介護保険については、65歳以上一般診療費の伸び4.8％よりやや高い年率5.0％で伸びるとして試算した。

　患者負担費用も含む一般診療費は2000年度の22.2兆円が2025年度では50.1兆円に達し、名目GDP成長率を上回る3.3％で増加する。年齢階級別には、65歳以上の一般診療費が4.8％増と、15〜44歳の一般診療費がほぼ横ばいとなるのに対して際立って高い伸びとなる（図9-6）。65歳以上の一般診療費の大幅な伸びは、高齢者人口の急増だけでなく、高度医療技術の多用など

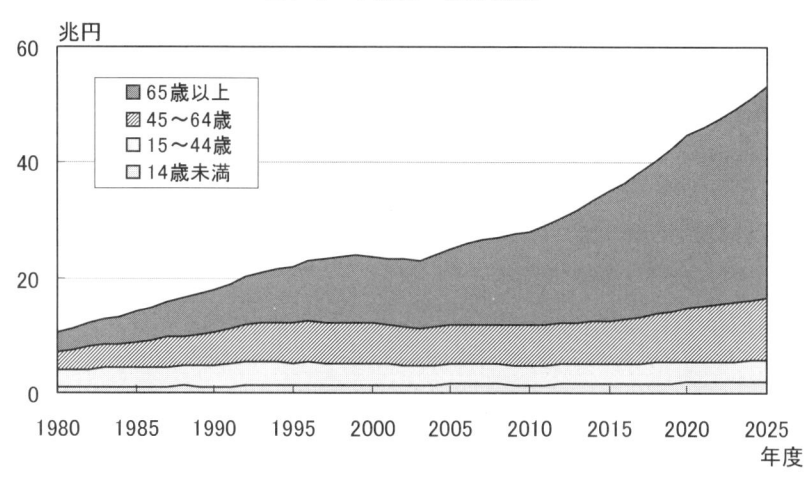

図9-6. 年齢別一般診療費

（出所）服部ほか（2003）、厚生労働省『社会保障統計年報』。

に伴うものである。

　介護保険制度は2000年度の導入からすでに4年近くが経過した。導入当初は介護現場の実態に合わず利用しにくいという声も多数聞かれたが、今後、制度の充実やサービス体制の拡充に伴って、利用者は着実に増加すると予想される。このため、介護給付費は65歳以上一般診療費よりやや高い伸びが見込まれる。なお、介護保険の導入により、初年度の2000年度には医療費の約6％程度が介護保険給付費に振り替えられたと推計される。介護保険給付費は2000年度の3.3兆円が2025年度では15.9兆円に達する（年率6.9％増）。一方の介護保険負担は、現行制度では給付費の半分を家計が負担することになっており、2025年度では8.0兆円に達する。

　年金、医療、介護給付の各シェアの推移をみると、年金給付水準の抑制と医療・介護給付の増大を反映して、展望の後半期間では、年金給付のシェアがわずかながら縮小し、介護、医療給付のシェアが徐々に拡大する傾向が読み取れる（図9-7）。

　以上の結果、年金、医療・介護を主体とする社会保障全体の給付は、2000年度の73.5兆円が2025年度では181.6兆円に達する（年率3.7％増）。一方の

図9-7 年金・医療・介護の構成比の推移

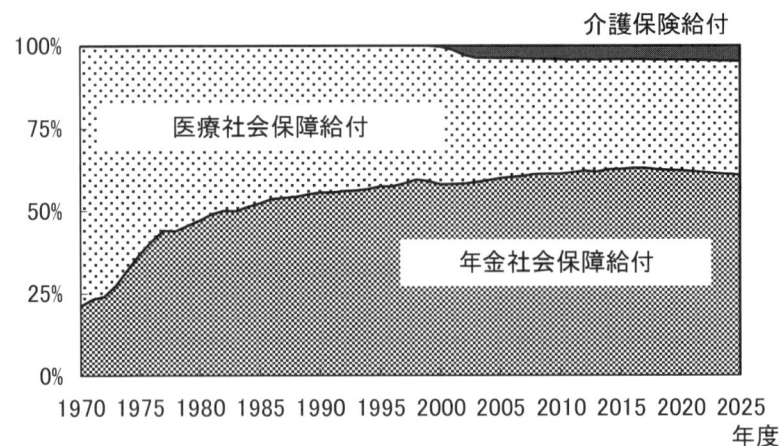

(出所)表9-2と同じ。

図9-8 社会保障負担と給付の差額

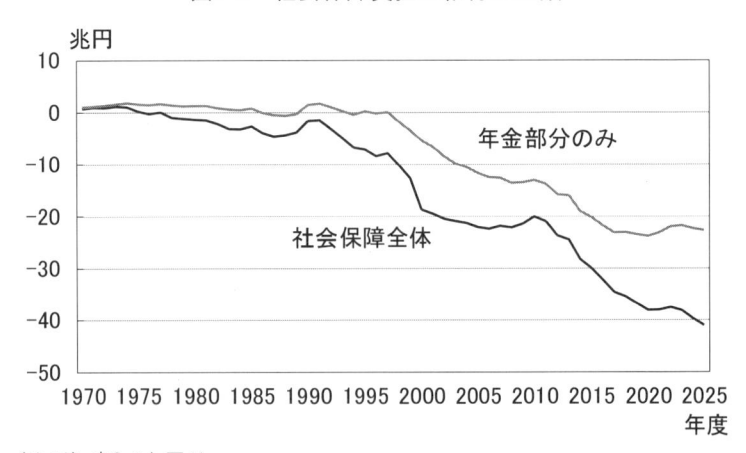

(出所)表9-2と同じ。

負担は2000年度の54.8兆円が2025年度では140.6兆円に達する(同3.8％増)。このため、家計の社会保障負担から給付を差し引いた、社会保障の純負担は、2000年度の18.7兆円の赤字が2025年度には41.0兆円まで膨らむ。このように、年金制度の改革を織り込んでも、高齢化の急速な進展で社会保障

給付の増大は避けられず、これが将来にわたって財政を圧迫していくことは確実である（図9-8）。社会保障制度の健全な維持、発展のためには、さらに一段の改革が必要となる。

5 まとめ

以上みてきたように、今後、人口減少などにより低成長の時代を迎えても、大規模な内需振興策と抜本的な財政社会保障改革を総合的に推し進めることにより、財政再建を図り持続的な成長を達成することは可能である。しかし依然として、デフレの長期化、長期金利の上昇というリスクが存在し、これらのリスクが財政再建を阻む恐れもある。デフレが長期化した場合には、名目ベースでの経済成長が低迷するため、税収不足から国債のさらなる増発は避けられない。仮に2025年度までの名目経済成長率が基準ケースよりも、1％ポイント低い場合には、2025年度時点での国債残高の対名目GDP比は132％にまで上昇する。また、長期金利の上昇は、利払い費の増加から国債の増発を招き、それが再び国債費を増やすという形で、財政が悪循環に陥る危険性をはらんでいる。仮に2006年度以降、国債利回りが基準ケースより1％ポイント高い場合には、利払い費の増加から2025年度時点の国債残高の対名目GDP比は120％に達する。このように、予想以上にデフレが長期化するか、あるいは国債金利が上昇すれば、財政が実質破綻する恐れもある。

90年代後半以降のデフレの長期化、経済の低迷により税収が大幅に落ち込んでおり、公共投資など政府支出が大幅に削減されても、財政収支は毎年30～40兆円もの膨大な赤字を続けている。現在のところ、財政赤字は民間部門の黒字をもたらし、景気を下支えするという大きな役割を果たしているが、このまま低成長が長期化すれば、将来、国の財政は破綻する可能性が極めて大きい。財政破綻を避けるためには、近い将来、おそらく5年以内には、政府は大幅な増税に踏み切らざるを得なくなるであろう。しかし、増税のみでは経済に負担がかかり過ぎる。新成長産業を創出し経済を活性化するための減税や補助金、公的資金の投入、中央政府と地方政府の財政面での役割分担、社会保障制度の改革など、総合的な視野に立った抜本的な財政改革が必要である。

財政再建といえば、しばしば公共投資が標的になる。しかし、社会保障費は現在84兆円にも上り、公共投資25兆円の3倍以上の規模に達しているため、社会保障制度の行方が経済成長率などマクロ経済動向に多大な影響を及ぼすことは確実である。年金財政の窮状が伝えられており、若い世代を中心に国民年金の未納問題が深刻化し、社会保障制度への不信感が高まりつつある。また、将来の社会保障制度や税制などが不透明であるため、生活不安が高まり、消費を控えて貯蓄を増やす動きもみられる。こうした不信や不安の連鎖による悪循環を断ち切り、持続可能な財政・社会保障制度を、将来、どのように確立していくのか、公共投資や社会保障の規模をどの程度にし、その財源をどうするのか、など社会保障制度を含めた財政改革の総合ビジョン作りが喫緊の課題である。

第 10 章

海外生産、貿易はどうなる

日本企業のグローバル化や国際貿易の動向は、将来の日本の産業構造に大きな影響を与える。本章では、急速に成長を続ける中国経済の影響や日本企業の活発な海外進出の長期的な影響なども見極めながら、2025年までの日本の海外直接投資および貿易構造を展望する。

1　引き続く海外生産の拡大

● 着実に増加する海外直接投資残高

1985年のプラザ合意以降の急激な円高で輸出競争力が低下し、多くの日本企業は生産コストの安いアジアなどに続々と生産を移転した。この第三次海外進出ブームの後、90年代半ばには円高やアジアの高成長などを背景に第四次海外進出ブームを迎えた。その後、国内不況の長期化などから海外直接投資の勢いはやや弱まっているものの、依然日本企業はグローバルな活動を展開している。

日本企業の海外進出によって海外直接投資残高は着実に増加し続け、1990年代には、食品、電気機械、輸送機械、化学、その他製造業、一般機械など多くの業種で、実質ベース年率10％を超える驚異的な伸びを記録した（財務省『対外直接投資届出統計』より推計）。近年の動きを地域別にみると、中国のWTO加盟による市場の拡大を受け、中国向け直接投資の増加が際立っている。

今後を見通すと、日本の実質海外直接投資残高は、緩やかな円高やアジアの経済拡大などを背景に、いくぶん増勢は緩むものの、2000～2025年間の製造業全体の年平均成長率は4.7％と着実に増加を続けるであろう（表10-1）。中国をはじめとする東アジア地域での日本企業の海外生産は、今後、最終製品の組立にとどまらず、資本財や中間財部門にも徐々に広まっていくとみられる。

業種別では、電気機械は産業平均の伸びとなり3割弱の高いシェアを維持する一方で、金属、一般機械、その他製造業などでは5％台半ばのやや高い

表10-1　海外直接投資残高の展望

(%)

		年率 1990〜00	年率 2000〜25	構成比 2000年	構成比 2025年
海外直接投資残高	食品	21.6	3.0	10.6	7.0
	繊維	9.6	5.0	4.0	4.2
	化学	11.7	4.8	12.5	12.7
	紙・パルプ	7.9	3.0	2.7	1.8
	金属	7.7	5.5	9.5	11.2
	一般機械	10.4	5.4	8.1	9.5
	電気機械	15.4	4.7	27.8	27.5
	輸送機械	12.1	4.4	13.3	12.4
	その他製造業	11.3	5.4	11.6	13.5
海外直接投資残高	ASEAN	13.6	5.0	11.7	12.5
	中国	43.3	9.9	4.0	13.4
	NIES	10.0	3.9	6.8	5.5
	その他世界	12.1	4.2	77.5	68.6
海外直接投資残高	対世界計	12.5	4.7	0.0	0.0

(注) 財務省『対外直接投資届出統計』より実質値を推計。2001年以降は予測値。
(出所) 服部ほか (2003)。

伸びが予想される。

　地域別では、中国への直接投資残高は年率10％で90年代の40％台という驚異的な伸びには及ばないが、今後とも世界のなかでは最も高い伸びが続くと予想される。このため、日本の対中国直接投資残高の対世界計に占めるシェアは、2000年の4.0％から2025年には13.4％へと著しく上昇する。こうした日本企業の対中国投資の拡大は、中国の安価な労働力を確保するための進出とともに、経済の高成長によって巨大な市場として魅力を増す中国での事業拡大を目的とする進出が増えるためである。

● 製造業の海外生産比率は現在の欧米なみに

　海外直接投資残高の増加とともに日本企業の海外生産が拡大している。製造業の海外生産比率（国内売上高と海外現地法人売上高の合計に占める海外現地法人売上高の割合）は1985年度には3％だったものが、2000年度には11％にまで上昇した。

　今後は、日本企業の着実な海外進出を背景に海外生産比率はほぼすべての業種で上昇し、製造業全体では2000年の12％が2025年には現在の欧米並みの水準である23％に達すると予想される。業種別では、化学、一般機械の海

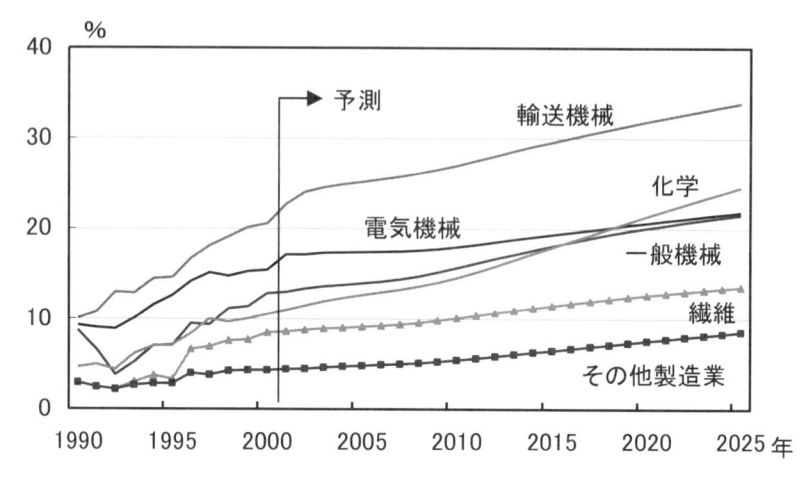

図10-1 海外生産比率の展望

(出所)服部ほか(2003)、経済産業省『海外事業活動基本調査』。

外生産比率はアジアでの中間財、資本財の現地生産拡大によって高い伸びとなる。また、北米を中心に早くから海外生産の進んでいた輸送機械は、2025年に34％と、3割強を海外で生産することになろう(図10-1)。今後中国の経済成長に伴って乗用車の需要急増が予想される。中国の自動車市場については、今のところ日本の自動車会社は欧米勢にやや遅れをとった感がある。しかし、ホンダが広州でアコードの生産を開始するなど、今後自動車メーカーの中国進出の動きは一層加速すると予想される。その一方で、電気機械の海外生産比率は、海外進出が緩やかになるため伸びが鈍化するとみられる。

こうした海外生産の拡大は、日本国内製造業の空洞化、雇用縮小や賃金低下に対する懸念を生んでいる。製造業が国内外で抱える雇用数全体に対する海外現地法人での雇用数の比率は緩やかに上昇し、2000年の6.5％が2025年では10.2％に達する。製造業の雇用の約1割が海外現地法人での雇用となると予想される。1980年代の米国でも産業空洞化が懸念された。米国は1994年に発効した北米自由貿易協定(NAFTA)の締結など、周辺国との貿易投資の自由化を進めながら、IT革命の波にのって情報関連産業を軸とした新たな成長を遂げた。今後日本でも、空洞化を回避するためにも新たな雇用の受

2 海外生産の拡大が貿易構造を変える

● 現地法人との貿易取引の変化

　日本企業の海外生産は輸出入の動向に大きな影響を及ぼす。その代表的なものとして4つの効果がある。第一に、海外生産が輸出にとってかわるため輸出が減る（輸出代替）効果。第二に、海外進出先で部品や資材の調達が困難な場合、海外現地法人への日本からの中間財や資本財の輸出が増える（輸出促進）効果。第三に、現地法人が生産した製品を日本へ輸出するため輸入が増える（逆輸入）効果。第四に、海外生産に伴う国内生産の縮小によって原材料輸入が減る（輸入転換）効果である。これら4つのうち、輸出促進効果と逆輸入効果は、現地法人が行っている日本との貿易取引からその動向を直接とらえることができる。

　現地法人の日本からの調達比率の上昇は海外生産拡大に伴う日本の輸出の増加を意味する。対日調達比率の過去20年ほどの動きは、全業種を通じてほぼ横ばいか低下の傾向がみられる（表10-2）。これは海外進出先の各国・地域が海外からの直接投資の拡大などにより経済力を高め、部品や資材の現地調達が容易になってきたことを意味する。

　将来も、こうした傾向が続き、現地法人の対日調達比率は、繊維や化学などでは横ばいだが、一般機械、電気機械では緩やかに下落、輸送機械では大きく低下すると予想される。輸送機械の大幅な下落は、技術移転によってアジアや東欧諸国といった進出先の技術力が向上することや、自動車関連部品製造企業も親会社とともに進出し、現地での資本財や部品の調達が拡大することが見込まれるためである。

　一方、現地法人の日本への輸出比率からは現地法人からの逆輸入をとらえることができる。この比率の上昇は日本の輸入の増加を意味する。過去20年ほどの動きには、全業種で上昇傾向がみられるが、90年代後半からは繊維などで高水準に達し、その上昇傾向が緩やかになってきている。

　今後、現地法人の対日輸出比率は、繊維、一般機械では横ばい、電気機械、輸送機械では引き続き上昇すると予想される。従来は技術の成熟した製品の

表10-2 現地法人の日本からの調達比率、日本への輸出比率

(1)現地法人の日本からの調達比率(日本の輸出) (%)

	1980	1990	2000	2025
繊維	22.8	16.2	18.3	18.3
化学	22.5	32.5	22.7	22.7
金属	42.3	27.3	47.1	47.1
一般機械	48.2	51.3	45.9	47.1
電気機械	58.8	49.3	45.2	42.8
輸送機械	66.9	49.0	40.8	23.3

(2)現地法人の日本への輸出比率(日本の輸入) (%)

	1980	1990	2000	2025
繊維	3.5	8.9	18.2	18.2
一般機械	2.4	1.2	10.1	10.1
電気機械	6.6	7.0	16.1	18.5
輸送機械	0.7	1.7	3.3	8.0

（注）日系製造業現地法人の日本との取引額の対売上高比率の実績および予測値である。
（出所）図10-1に同じ。

図10-2 現地法人との貿易取引比率が変わらなかった場合との比較

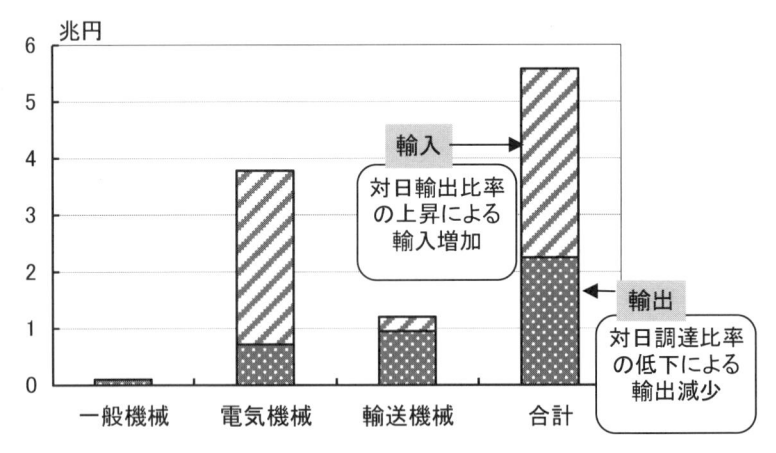

（出所）服部ほか（2003）、内閣府『国民経済計算年報』。

生産を海外移転することが主であった。しかし、1990年代以降、電気機械では、製品サイクルの短期化に伴って最先端の分野も開発から1〜2年で海外に生産移転し、日本へ製品を逆輸入する傾向を強めている。

● 海外生産の貿易への影響

このように、海外進出企業の現地法人は、中間財や資本財などの多くを日本からの輸入に頼っているだけでなく、製品の販売も一定の割合を日本向け輸出が占めている。そして、この現地法人と日本との貿易取引は、日本全体の貿易動向にも影響を及ぼしている。

そこで、先に述べたような日系現地法人との貿易比率の変化を想定した展望結果を、仮にこれらが変化せず、現状で一定だった場合と比較してみよう（図10-2）。

まず輸出については、展望期間中に対日調達比率が徐々に低下すること、すなわち、輸出促進効果が将来的に低下していくことを想定している。この結果、2025年時点の実質輸出（1990年価格）は、輸出額全体で2兆2,000億円、機械製品では、一般機械で1,000億円、電気機械で7,100億円、輸送機械で9,500億円の輸出が対日調達比率の低下によって追加的に減少する。これは、2025年時点での実質輸出の1.8％に相当する。

一方、輸入については、展望期間中に対日輸出比率が徐々に上昇すること、すなわち、逆輸入効果が将来的に増加することを想定している。この結果、2025年時点の実質輸入（1990年価格）は、輸入額全体で3兆3,000億円、機械製品では、電気機械で3兆700億円、輸送機械で2,600億円が対日輸出比率の上昇によって追加的に増加する。これは、2025年時点での実質輸入の3.5％に相当する。したがって純輸出は、2025年の実質輸出の4.6％に相当する5兆6,000億円が減少することになる。

3　貿易構造の変化：主役の交代

● シェアが高まる電気機械貿易

日本企業のグローバル化やアジア経済の成長などを背景に、日本の貿易構造は大きく変貌を遂げるだろう（表10-3）。

まず、輸出についてみると、製造業では化学、一般機械、電気機械が2％台と比較的高い伸びとなりシェアを拡大するが、一次金属、輸送機械は伸びが低くシェアを縮小する。特に輸送機械は、2000年時点の輸出シェアが第2位であったが、2025年時点では一般機械に次ぐ第3位に後退する。同じ機械

表10-3 実質商品別輸出入の展望

(%)

	輸出 年率 90〜00	輸出 年率 00〜25	輸出 構成比 2000年	輸出 構成比 2025年	輸入 年率 90〜00	輸入 年率 00〜25	輸入 構成比 2000年	輸入 構成比 2025年
農林水産業	0.2	0.7	0.1	0.0	-0.2	0.4	4.6	3.4
鉱業	-0.6	1.3	0.0	0.0	2.1	-0.4	16.4	10.0
食品	0.4	0.2	0.3	0.2	2.7	1.4	8.9	8.5
繊維	0.8	0.7	1.0	0.7	4.5	0.8	2.8	2.3
紙・パルプ	1.8	2.2	0.4	0.5	1.1	0.5	0.9	0.6
化学	8.4	2.4	7.6	8.2	2.4	1.2	4.5	4.0
石油・石炭製品	1.3	2.0	0.4	0.4	-2.5	1.8	2.5	2.6
窯業・土石	3.6	1.6	0.9	0.8	1.3	1.4	0.6	0.6
一次金属	5.4	-1.1	5.0	2.2	-0.4	-0.3	4.9	3.0
金属製品	-0.7	1.7	0.7	0.7	2.2	1.2	0.5	0.5
一般機械	2.5	2.5	11.2	12.6	1.9	-0.9	2.3	1.2
電気機械	9.7	2.3	39.0	40.8	19.7	3.6	24.4	36.6
輸送機械	0.1	1.2	13.9	11.4	-2.1	0.9	2.3	1.9
精密機械	1.9	2.3	2.2	2.4	9.7	-1.4	2.3	1.1
その他製造業	3.6	2.1	3.0	3.1	4.7	1.4	10.6	9.8
卸・小売り	-18.4	1.9	3.6	3.5	1.5	0.7	0.6	0.5
金融・保険	-3.6	2.9	1.1	1.4	6.3	3.1	2.2	3.1
運輸・通信	7.1	2.0	5.0	5.2	-1.3	1.3	3.1	2.9
サービス	-0.8	2.2	4.4	5.9	-0.6	2.9	5.6	7.5
計	5.0	2.0	0.0	0.0	3.4	1.6	0.0	0.0

(注) 2001年以降は予測値。
(出所) 図10-2に同じ。

のなかでも、一般機械や電気機械は、アジア地域での需要増から輸出が伸びるが、海外生産比率が最も高い輸送機械は、海外での需要増に現地生産の一段の拡大で対応していくため、輸出は低い伸びにとどまる。

一方、輸入については、電気機械が3％台と大きく伸び、シェアは2000年の24％から2025年には37％にまで拡大する。このため輸入全体に占める機械類輸入のシェアは2000年の31％から2025年には41％へと上昇する。このように、電気機械は輸出も輸入も同時に増えるが、特に輸入の伸びが顕著である。

日本企業の輸出競争力をみるためには、輸出、輸入双方の動きを比較する必要があり、輸出入金額合計に占める純輸出額（輸出額－輸入額）の比率が重要である。この比率が1に近いほど輸出に特化した貿易が、ゼロに近いほど産業内での水平貿易が、マイナス1に近いほど輸入に特化した貿易が行われていると考えられる。世界経済がグローバル化し、国際貿易が拡大するにつれて、同じ産業のなかで輸出も輸入も増える水平分業が盛んになる傾向がみられる。

図10-3 主要品目ごとの純輸出比率（純輸出／輸出入合計）の推移

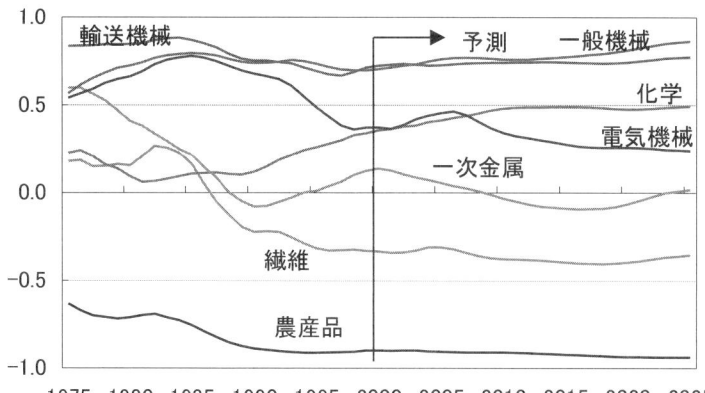

(出所) 図10-2に同じ。

　この純輸出比率の動きからみると、同じ機械類のなかでも一般機械、輸送機械は輸出競争力が依然として高く輸出に特化した貿易であるが、電気機械は輸入が増加し徐々に水平貿易の度合いが高まる。また、化学は輸出が堅調で純輸出比率は上昇する。これに対して、一次金属は輸出も輸入も減るという形での水平分業となる。農産品は輸出がほとんどなく輸入特化型の貿易が続く（図10-3）。

　通関統計から、電気機械貿易の2002年での品目別の内訳をみると、輸出入ともに半導体等電子部品のシェアが最も高く、電気機械輸出金額の32％、同輸入金額の36％を占めている。半導体等電子部品は小型軽量で輸送コストが安く、製造工程間分業も比較的容易であるため、国際間分業による水平貿易が広く行われていることが大きな特徴である。80年代後半以降、東アジア地域の追い上げが目覚しく、かつて日本が世界一を誇ったDRAMシェアは韓国、台湾にとって代わられた。しかし、微細加工の必要なIC部分品の純輸出比率は一貫して高い競争力を保っており、今後は日本の強みを生かしたより専門性の高いLSIなどの分野での巻き返しが期待される。

4 拡大するアジアとの貿易

● 中国の経済成長で日本の輸出市場は拡大する

最近の輸出入金額の推移を地域別にみると、特に対中国貿易の伸びが顕著である。中国向け輸出は1999～2002年の3年間平均で年率23％と著しく高い伸びとなり、中国は米国に次ぐ日本の主要な輸出相手国となった（中国向け輸出シェアは2002年10％）。一方、輸入は、対米輸入が同期間で平均2％減少したのに対し、対中国輸入は17％増加し、米国を抜いて中国は日本にとって最大の輸入相手国となった（同輸入シェア18％）。

今後、日本の貿易に占める対アジア貿易の比重は益々大きくなる。実質輸出入の貿易相手地域別シェアは、2000年から2025年にかけて、中国、NIES（韓国、台湾、シンガポール、香港）、ASEAN（タイ、マレーシア、インドネシア、フィリピン）のアジア9地域合計では、輸出が40％から64％へ、輸入が40％から54％へと上昇する。この結果、対アジア貿易は2025年になると日本の貿易額の約6割を占めるまでに拡大する。特に対中国貿易は伸びが著しく、輸出は6％から23％、輸入は14％から27％と、日本の貿易額の約4分の1を対中国貿易が占めるようになる。こうした対アジア貿易の急拡大は、アジア経済が引き続き堅調な成長を続けることや、日本企業のアジア進出に伴う現地法人との取引が活発化することなどによるものである。日本経済が持続的成長を遂げるためにも、今後、アジアとの貿易・資本交流が一段と重要性を増すことは確実である（図10-4）。

次に、輸出入の商品別地域構成について2000年と2025年を比較してみよう。まず輸出についてみると、輸送機械では地域別構成比にはほとんど変化がない。北米向けが依然として4割以上のシェアを維持する一方で、アジア向けは1割にも達しない。好調な対アジア輸出のなかで輸送機械が伸びないのは、中国などアジア向けの自動車は対米輸出品に比べ低価格帯が中心であり、生産コストの安いアジア、特に中国での現地生産で対応すると予想されるためである。輸送機械以外の対アジア輸出は軒並み好調な伸びとなり、シェアが大きく拡大する。多くの商品のシェアは2000年と比べて10～20％ポイント上昇し、食品、繊維、化学、鉄鋼、電気機械は70％台に達する。対アジ

図10-4　輸出入の地域別構成比

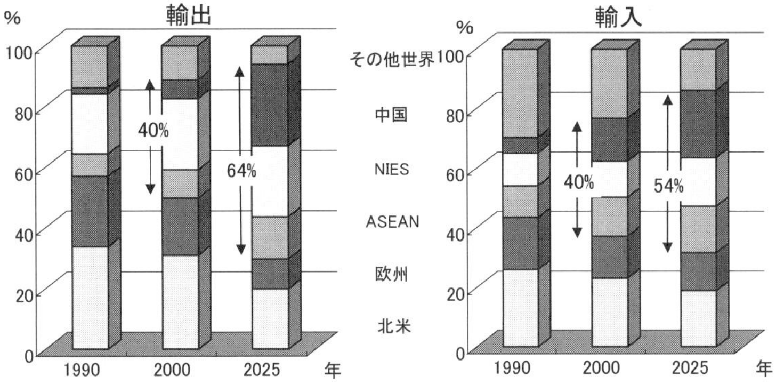

（出所）服部ほか（2003)、OECD "International Trade by Commodity Statistics"。

表10-4　日本の主要商品別輸出入における北米、中国のシェア

（%）

	日本の輸出に占めるシェア				日本の輸入に占めるシェア			
	北米		中国		北米		中国	
	2000年	2025年	2000年	2025年	2000年	2025年	2000年	2025年
食品	20.5	16.0	5.1	12.7	34.9	31.9	11.7	13.4
繊維	8.5	7.1	33.9	42.5	4.7	4.3	61.7	63.9
化学	20.2	11.4	9.8	35.9	28.6	26.8	7.8	9.5
鉄鋼	16.0	11.7	11.6	23.1	9.5	9.4	18.5	18.8
一般機械	33.2	27.4	5.8	15.5	31.0	25.3	8.1	12.9
電気機械	27.8	15.3	6.2	30.7	29.1	13.9	16.8	31.7
輸送機械	45.6	45.3	0.9	1.3	47.8	40.7	3.1	10.7
精密機械	34.7	41.5	4.5	14.9	42.1	38.5	10.8	12.0

（注1）影線は各品目でのシェアが第一位の地域であることを示す。
（出所）図10-4に同じ。

ア輸出のなかで、特に対中国輸出の伸びが大きく、繊維、化学、電気機械ではシェアが30～40％台にまで上昇し、輸出の約3分の1を対中国輸出が占めるようになる。特に、電気機械のシェアは2000年の6％が2025年には31％にまで急激に拡大する（表10-4)。

次に、輸入についてみると、全商品のアジアからの輸入のシェアが拡大する。食品、繊維、化学、鉄鋼、精密機械の商品別地域構成比はそれほど大きく変化しないが、一般機械、電気機械、輸送機械は変化が大きく、アジアからの輸入はそれぞれ10～20％ポイントも拡大する。輸送機械では、北米、欧

州からの輸入合計のシェアは90％から75％へと大きく縮小し、代わってアジアからの輸入が20％台にまで大きく上昇する。日本、欧米各国の自動車関連産業が、中国を中心に続々とアジアに進出し、コストの安い自動車が大量に生産され、その一部が日本に向かい、輸送機械の輸入を押し上げるためである。

電気機械、一般機械も輸送機械と同様に、北米、欧州からの輸入のシェアが10～20％ポイント縮小する半面で、アジアからの輸入が同程度だけ拡大する。しかし、これらの産業では輸入だけではなく輸出についてもアジア向けが増える点が、輸送機械とは異なる。電気機械、一般機械は、輸送機械と比べて輸送コストが安く、アジア向けに部品や資本財の輸出が伸びると予想される。

中国からの輸入では、シェアが大きく拡大するのは電気機械と、輸送機械である。電気機械は、2000年の17％から2025年では30％台へ、輸送機械は、3％から11％へとシェアが拡大する。その他の商品の対中国輸入のシェアには大きな変化はみられない。

次に輸出入金額合計に占める純輸出額（輸出額－輸入額）の比率をみてみよう。原油等輸入が大部分を占める、対その他世界では、一貫して輸入超過が続くが、対中国では徐々に純輸出の比率が高まっていくであろう。中国経済に対する脅威論もあるが、日本にとって中国の成長は長期的には巨大な市場の出現を意味する。

● 中国の経済成長加速で輸出構造はどうなる

そこで、仮に中国経済の成長率が2％ポイント上昇した場合の日本の輸出構造への影響を、影響が一巡する2年目の標準ケース（中国経済の加速がない場合）との乖離率でみてみよう（図10-5）。

これによると、日本の対世界輸出は2年目で標準ケースよりも1.1％増加する。中国の経済成長率の上昇によって、すべての品目で輸出増加がみられ、特に化学、鉄鋼、電気機械、窯業・土石では1％以上増加する。いずれも中国の経済成長に伴う内需の増加に対応したもので、最終財だけではなく、中間財、資本財まで幅広い品目に影響を与える。このように、日本の対中国貿

図10-5 中国の経済成長加速の日本の輸出への影響

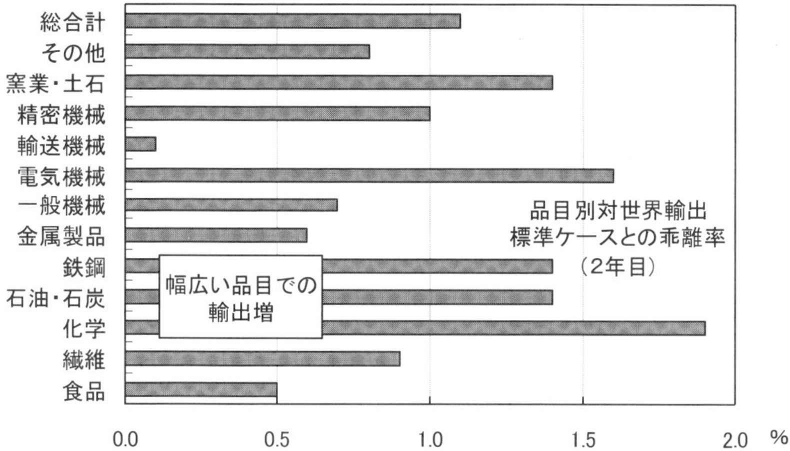

品目別対世界輸出標準ケースとの乖離率（2年目）

幅広い品目での輸出増

（出所）服部ほか（2003）、内閣府『国民経済計算年報』、World Bank "World Development Indicators"。

易の特徴の1つとして、その幅広い品目構成が挙げられる。この背景には、中国が、急速な工業化の一方で、国内産業の裾野が依然として狭く、日本からの多様な品目にわたる資本財、中間財輸入に依存していることがある。中国の経済拡大は日本にとって脅威でもあるが、一方で日本の対中国輸出の拡大が期待できる。

5 まとめ

世界市場経済の拡大とともに、日本企業のグローバル化は今後も着実に進み、2025年時点で、日本の製造業は全体の約2割強を海外で生産することになるだろう。

業種別にみると、依然として堅調なのは電気機械で、2025年でも一定の輸出競争力を維持するであろう。アジアを中心とした国内外の生産ネットワークの発達で、IT関連機器を中心に国内生産の高付加価値化が進むため、輸出入ともに電気機械のシェアが高まる。

地域別にみると、中国やASEANの経済成長によって、日本を含む東アジア地域での生産・流通ネットワークの発展が見込まれ、2025年には、日本の

輸出（実質ベース）の64％、輸入の55％が対東アジア取引で占められるであろう。特に、対中国貿易は、2025年には、輸出の27％、輸入の23％を占める日本の最大の貿易相手国となるであろう。輸出から輸入を差し引いた純輸出をみると、対中国では徐々に黒字化へ向うと考えられる。これは、世界の工場として目覚しい経済成長を続ける中国が、今後は巨大な輸出市場として存在感を高めていくためである。

　海外生産の拡大による、国内の製造業の雇用縮小や賃金低下に対する懸念が広がっている。また、中国の急速な経済成長に対しては、日本が呑み込まれてしまう、といった中国脅威論がしばしば聞かれる。しかし、国際分業の深化のなかでの中国の経済成長は、アジア域内の貿易や投資を活発化させ、アジア全体の持続的な成長をもたらすものであり、肯定的にとらえ、対応することが重要であろう。

第11章

産業構造はどうなる

グローバル化、情報化、少子・高齢化、規制緩和の進展など、産業界をとりまく国内外経済環境は近年著しい変化を遂げ、国内産業は大きな変革期を迎えている。こうした国内産業への影響はすでに顕在化しているが、潮流変化のうねりがますます高まるため21世紀初頭のわが国の産業構造は大きく変貌していく。本章では産業構造と就業構造を展望し、リーディング産業や国際競争力を維持する産業は何か、雇用を拡大する産業は何かなどを明らかにする。

1 国内産業をとりまく環境変化

産業の生産活動は、多くの産業や企業の間で財やサービスの取引を通じて複雑な形で依存しあっている。例えば、自動車の生産には、金属製品、ガラス、タイヤなどの各種部材や、電力などエネルギーが投入され、生産された自動車は流通部門を経て消費者に渡る。さらに自動車部品を生産するためには別の部材が必要となる。このため自動車の販売は原材料取引を通じて多くの産業に波及していく。産業構造とはこうした財やサービスなどの産業間での取引関係を総称したものであり、これを数量的にとらえて1つの表として集計したものが産業連関表である。

産業連関表では需要は最終需要と中間需要に区別されている。最終需要は家計や企業などが消費や設備投資などの形で購入する財やサービスで、中間需要は原材料として投入される財やサービスである。最終需要は消費や設備投資などの国内最終需要と輸出の海外需要とに区別されている。

消費・投資関連産業への生産波及が大きい国内最終需要の構造は、情報化、高齢化、国内市場の成熟化などの環境変化を受けて大きく変貌するだろう(図11-1)。家計消費では、人口減少などから食料品や衣服の支出比率が低下する一方で、情報化、高齢化を背景に通信費、医療費、情報関連費支出の伸びが顕著になる。高齢化は医療及び関連サービス、医薬品などへの需要を増すほか、高齢者の在宅介護サービスへの需要も大きく伸ばすことになるだろう。

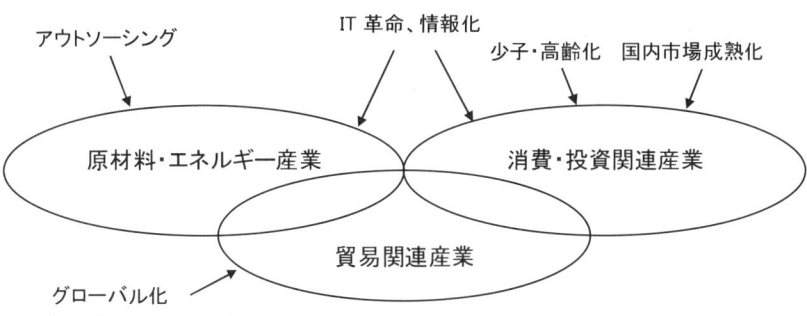

図11-1 国内産業をとりまく環境変化

アウトソーシング　　　IT革命、情報化
　　　　　　　　　　　　　　　少子・高齢化　国内市場成熟化

原材料・エネルギー産業　　　消費・投資関連産業

貿易関連産業

グローバル化

（出所）服部ほか（2000）。

　また、投資財では公共投資・民間投資ともに、従来比率の高かった建築・土木の割合が低下し、代わって情報化投資を主軸とする電気機械や一般機械などの比率が高まるとみられる。また同じ投資でも、公共投資は財政再建の影響で需要牽引力が低下するだろう。

　輸出入への依存度の高い貿易関連産業については、世界経済の地殻変動、グローバル化の進展が生産動向を大きく左右する。為替レートや労働・資本コストを反映した交易条件の変化や海外経済の動向等を反映し、国際分業が一層進展していく。そのなかで、一部の産業では海外生産が加速し国内産業の空洞化を招くが、他方では製品差別化によって国際競争力を維持し国内生産を拡大する産業もあり、産業によって明暗が分かれるだろう。

　原材料・エネルギー産業は主として産業向けの中間財・サービスを生産し、産業用需要への依存度が高いため、各産業が生産活動において投入する中間財構成の変化、すなわち生産技術の代替効果（技術変化に伴う原材料投入の変化）がその製品需要に大きく影響する。

　今後、産業部門の中間財需要が伸びる産業は、通信、電気機械、対事業所サービスなどである。IT（情報技術）革命を背景とした情報化の加速による通信需要の増大、企業のアウトソーシングによる事業所向けサービス需要の増加、製造業製品の高付加価値化による電子部品・半導体等の需要増加は現在でも顕著であるが、今後その傾向が一段と強まるであろう。また環境問題への意識が高まり、製品リサイクルに対する企業の取り組みが本格化し、廃

棄物処理業への需要が伸びると予想される。

逆に、産業用需要が伸び悩むのは卸売・小売、運輸、出版・印刷などの産業である。卸売・小売や運輸は、流通部門の効率化に伴うマージン率の低下を反映して需要が減ると考えられる。出版・印刷では情報化の進展による情報の電子化や広告媒体の変化に伴って多大な影響があるだろう。

2 三大潮流で変わる産業構造

● 製造業が堅調に推移するなか、サービス化は緩やかに進展

国内産業の生産額は、マクロ経済動向を反映し、2000年から2025年にかけて1.0％の緩やかな成長となる。全体としては経済が低迷した90年代より成長が伸び悩む。90年代には情報化が追い風となって、情報関連産業である電子・通信機器、通信・放送サービスや対事業所サービス業が唯一堅調で、国内産業をリードした。これらの産業は、伸び率こそややトーンダウンするものの、今後も産業のリード役を果たす。また、高齢社会によって需要が見込まれる医療産業も引き続き堅調に推移する（表11-1、図11-2）。

2000年と2025年における産業別生産額シェアを付加価値ベースで比較すると、製造業が2.0％ポイント、第三次産業が0.5％ポイント上昇する一方、建設業と農林水産鉱業がそれぞれ1.7％ポイント、0.7％ポイントシェアを落とす。製造業のシェアの低下はみられず、製造業は付加価値額ベースで30％、産出額ベースでは37～38％のシェアを維持する。

製造業のなかでは機械製造業の伸びが高く、5.3％ポイントシェアを伸ばす。一方、素材製造業やその他製造業のシェアは、それぞれ1.0％ポイントと2.4％ポイント低下する。機械製造業のなかでは電気機械および電子・通信機器が引き続き好調を維持し、シェアを拡大する。自動車はわずかに生産が減少し、国内産業に占めるシェアも1.5％を下回る。

90年代に成長率が大きく落ち込んだ建設業では、当面は低迷するものの、2010年頃からは民間設備投資が増加に転じることからマイナス傾向に歯止めがかかる。

第三次産業全体では0.5％のシェア伸長にとどまり、サービス化は緩やかに進展する。家計所得の伸び悩みが財・サービス需要へのマイナス要因として

表11-1 国内産業付加価値生産額の将来予測

	(90年基準、兆円) 2000	2025	年平均成長率(%) 90〜00	00〜25	構成比(%) 2000	2025
農林水産鉱業	8.6	6.5	-2.5	-1.1	1.8	1.1
製造業計	138.7	189.4	1.5	1.3	28.6	30.6
素材製造業	33.6	36.8	1.5	0.4	6.9	5.9
機械製造業	67.9	119.9	3.2	2.3	14.0	19.3
その他製造	37.2	32.8	-0.9	-0.5	7.7	5.3
建設業	33.4	32.3	-2.3	-0.1	6.9	5.2
第三次産業計	304.2	391.8	1.7	1.0	62.7	63.2
国内産業計	485.0	620.0	1.2	1.0	100.0	100.0
電子・通信機器	30.3	67.9	8.8	3.3	6.2	10.9
通信・放送	11.8	28.6	4.2	3.6	2.4	4.6
対事業所サービス	32.8	54.2	5.3	2.0	6.8	8.7
医療・保健衛生	15.2	30.5	2.7	2.8	3.1	4.9
対個人サービス	32.2	40.4	1.5	0.9	6.6	6.5
電力・ガス	11.9	16.1	3.5	1.2	2.5	2.6
その他サービス	200.2	222.0	0.9	0.4	41.3	35.8

(注) 公務・公益は第三次産業に含まれる。2000年以降は予測。
(出所) 服部ほか (2003)、内閣府『SNA産業連関表』。

働くなかで、高齢化や情報化によって医療費・通信費には依然として強い需要が見込まれる。このため、サービス業では、通信・放送、対事業所サービスなどの情報関連産業と医療・保健衛生が堅調で、それぞれ2.2％ポイント、2.0％ポイント、1.8％ポイントシェアを拡大する。このほか、対個人サービスや電力やガスなどのエネルギー産業も安定した成長を遂げる。一方、金融・保険や卸売・小売、運輸はマイナス成長となるほか、教育・研究も後半にはマイナス成長となる。これらをあわせたその他サービス業のシェアは、5.5％ポイント低下する。

● 21世紀初頭のリーディング産業

　産業構造変化の最も大きな特徴はリーディング産業が交代することである。リーディング産業とは成長が著しく他産業への波及が大きく日本経済を牽引するような産業を指すのであるが、その産業は時代とともに変わる（図11-2）。ここでは、国内産業へ及ぼす影響力の指標としての「産業シェア」と「成長率」の2つの指標をとり、これらがともに高い産業をリーディング産業と定義する。

　2000年から2025年にかけての付加価値生産額の平均成長率を縦軸に、

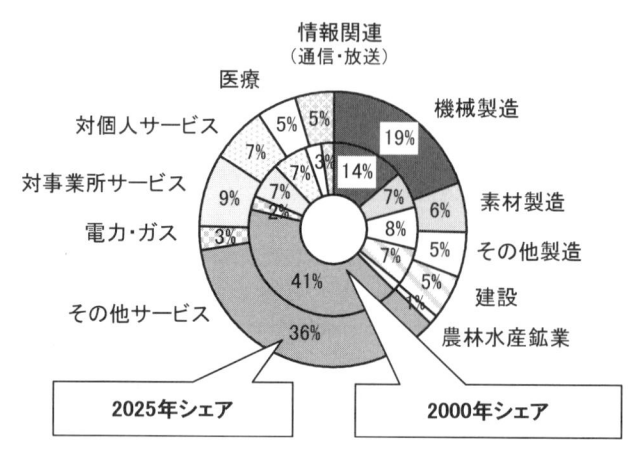

図11-2 産業構造の変化

[円グラフ: 内側が2000年シェア、外側が2025年シェア]

2000年シェア: 機械製造 19%、素材製造 6%、その他製造 5%、建設 5%、農林水産鉱業、その他サービス 36%、電力・ガス、対事業所サービス 7%、対個人サービス 8%、医療 7%、情報関連(通信・放送) 3%

2025年シェア: 情報関連(通信・放送) 5%、医療 5%、対個人サービス 7%、対事業所サービス 9%、電力・ガス 3%、その他サービス 41%、機械製造 14%、素材製造、その他製造、建設、農林水産鉱業、他 7%、2%、7%、3%

（出所）表11-1に同じ。

　2025年時点での生産額シェアを横軸にとった図でみると、右上方に位置する産業が「リーディング産業」である（図11-3）。
　産業のシェアが概ね5％を上回り、2000～2025年間の平均成長率が産業平均値の2倍の2％に達する産業を取り上げると、電子・通信機器、通信・放送、対事業所サービス、医療・保健衛生といった4つの産業が、「リーディング産業」ということになる。このうち、医療・保健衛生は高齢化対応型産業で、これを除く3業種はいわゆるIT関連産業である。
　4業種の中で最も高い伸びとなるのは通信・放送であり、2000～2025年間に3.6％の成長を遂げる。情報化の浸透で産業部門、家計部門ともに通信ニーズが高まり、同産業の急速な成長を促進する。
　通信・放送は高成長を遂げるといっても2025年時点でのシェアが5％未満で、国内産業への影響力はそれほど強くない。その意味では、6％を超えるシェアを持ち、平均3.3％の成長を遂げる電子・通信機器は、今後の国内産業の牽引役を担うといえる。電子・通信機器の強みは、国内市場に強い需要が見込まれることである。ネットワーク社会の到来で携帯電話の普及は一段と進むほか、一般家電製品にも通信機能を搭載した高付加価値製品が汎用化す

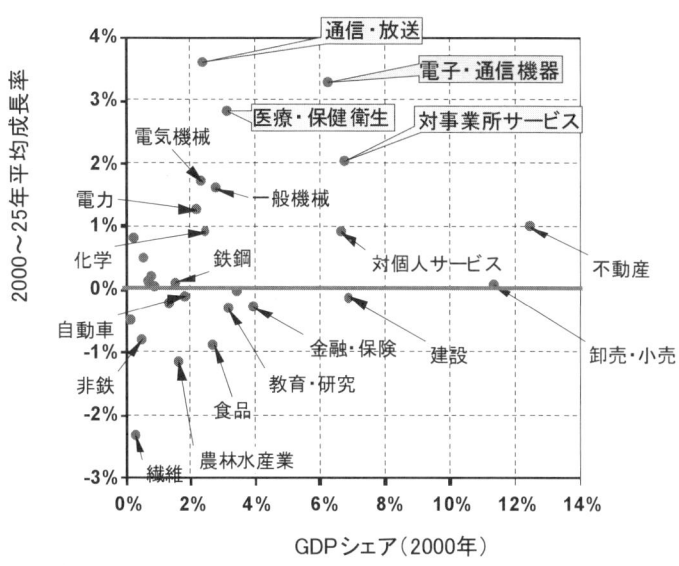

図11-3 リーディング産業

（出所）表11-1に同じ。

るなど、今後も電子部品への強いニーズが予想される。

対事業所サービスでは、高度情報化時代を迎え、情報処理サービスやソフト開発のアウトソーシングが成長を後押しする。このため、産業部門からの中間需要が2％程度同産業の生産拡大に寄与する。

医療・保健衛生の今後の動向は、家計消費に大きく依存する。高齢化の影響で、家計の医療サービスへの需要は今後ますます高まる。消費税増税や社会保障給付抑制の影響で家計の可処分所得が伸び悩み、消費の選別が進むが、医療サービス部門には今後も強い需要の伸びが見込まれる。

3 主要産業の展望

● 情報関連産業

ネットワーク社会に対応した新たな需要の掘り起こしが追い風となり、特にIT関連の情報産業は、低迷が続く国内産業活性化の突破口として期待されている。

図11-4は、情報関連産業の2000～2025年の成長率を需要要因別に分解して示したものである。通信・放送では産業部門と家計の双方における需要拡大が3.6％の高成長を支えている。産業部門ではネットワークを活用した製品の受注、生産、出荷から在庫管理に至るまでのプロセスの効率化は、大企業のみならず中小企業においても、業務効率の改善に不可欠な要素として積極的に取り入れられている。また、近年では情報端末が一般家庭にもかなり浸透し、あらゆる情報機器が広帯域ネットワークで結ばれ、誰もがいつでもどこでも情報のやりとりができる「ユビキタス・ネットワーク社会」の構想が、現実味を帯びたものになりつつある。ADSLやFTTH（Fiber to the Home）、ケーブルテレビなどの常時接続環境の整備も進み、電子商取引の利用額も年々増えている。このような情報化の基盤整備と情報化の浸透にしたがい、家計においても通信費の支出が年々増加し、所得変動に関係なく支出されるようになっている。今後も、サービスの浸透とともに利用者数は増加の一途をたどり、通信ニーズはますます強まるとみられる。

情報化は、サービスを可能にするハードウェア技術と、その上で展開するサービスによる需要開拓というコンテンツの双方が相乗効果として働くことにより進展したが、従来の日本企業はハードウェア技術に対してコンテンツによる需要開拓が弱いといわれてきた。この弱点を克服するため、情報化の進展に伴う国内需要の開拓プロジェクトとして、現在進められているのがTRON（The Real time Operating system Nucleus）である。TRONは1984年に始まった産学協同プロジェクトである。器機組込型OS（ITRON）、PCやPDA、電子ブックなど対話型製品開発（BTRON）、通信制御（CTRON）、電子セキュリティ（eTRON）など、さまざまな分野に分かれて次世代ネットワーク社会の基盤技術をめざして開発が進められている。すでに、国内では携帯電話の組込OSとして35％のシェアを持っており、オープンアーキテクチャーとして次世代OSの一角を狙っている。

TRONプロジェクトは、すべての家電製品を情報端末化し、ネットワークに繋げるユビキタス・ネットワーク社会をめざしている。このためあらゆる製造製品に情報チップを組み込むようになると、製造段階における電子部品産業への需要が大幅に拡大し、同産業の成長を後押しすると考えられる。こ

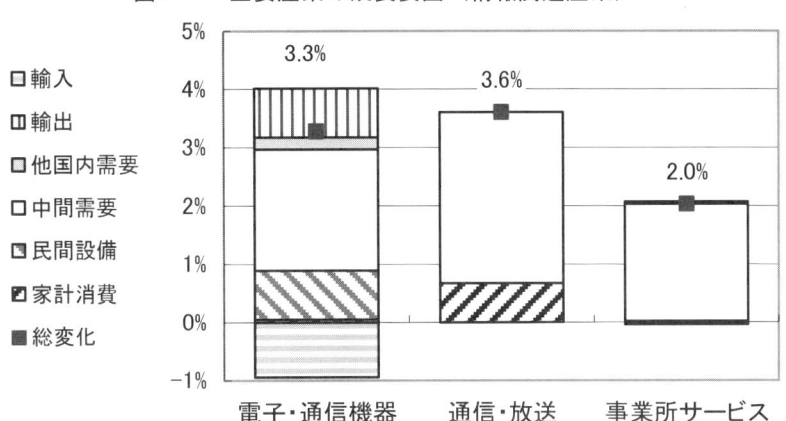

図11-4　主要産業の成長要因（情報関連産業）

□ 輸入
□ 輸出
□ 他国内需要
□ 中間需要
▨ 民間設備
▨ 家計消費
■ 総変化

電子・通信機器　3.3%
通信・放送　3.6%
事業所サービス　2.0%

（注）2000～2025年の平均成長率を需要項目別に寄与度分解。産業連関モデルを使用（競争輸入型モデルで計算）。
（出所）表11-1に同じ。

のような動きを反映して、電子・通信機器に対する産業の中間需要が同産業の成長に大きく貢献している。

　ネットワーク技術の市場化は、今まさに始まったところである。これによって新たな国内需要を開拓し、消費者の買い替えを喚起できれば、生産拡大の機会は飛躍的に拡大する。国内生産は一般家電ではもはや比較優位を持たないが、日本は情報家電分野では先進国で、この分野での日本製品は高い競争力の維持が可能である。日本型ネットワーク社会が世界標準となれば、製造業は国際競争力を確保し、再び海外市場での主導権獲得につながる。このように、先端的な情報技術の開発により、幅広い分野で国内産業活性化の効果が期待される。

● 貿易財産業

　「メイド・イン・ジャパン」といえば高品質・高性能の代名詞として日本製品が国際競争力を得ていた時代は過去のものになりつつある。廉価・大量生産品の製造部門では、国内産業の競争力は乏しく、企業活動のグローバル化に伴って生産拠点の海外移転が一段と進む。なかには、国内での生産活動の

撤退を強いられる厳しい状況も出現している。

　企業の海外進出は、輸出入両面から国内産業に影響を及ぼす。輸出面からの影響としては、進出の初期段階で海外の生産拠点に国内から半製品や部品を供給することから生じる輸出促進効果と、一方で海外生産が本格始動した後では国内製品の輸出が現地生産に取って代わる輸出代替効果とがあり、海外生産が本格化するにつれて現地での部品調達比率が高まることから第一の効果は薄れ、逆に第二の効果が高まって輸出にマイナスに影響すると考えられる。一方、輸入面では、日本企業の海外生産拠点の完成品を国内に輸入する逆輸入効果が知られ、海外移転が進むにつれて逆輸入製品によって国内製品の市場が侵食される。

　図11-5はグローバル化が進む国内製造業について、各産業の海外生産比率を縦軸に、輸入浸透度を横軸にとり、1980年から2000年までの推移と2000年以降2025年までの見通しを5年ごとにプロットしたものである。図中の線は、生産活動のグローバル化が進展すれば上方へ伸び、輸入浸透度が高まると右方へと伸びていく。この図で、グラフの形状が垂直方向に伸びている産業は、生産活動のグローバル化が進展するなかで輸入浸透度を一定範囲に抑え、国内産業の競争力を維持するグループに属する。逆に、グラフの形状が水平方向に伸びている産業は、企業のグローバル活動が弱く海外製品に国内市場を侵食される国際競争力の弱いグループに属する。

　製造業計では、1980年から2000年にかけて海外生産比率は3％から12％へ、輸入浸透度は5％から13％へ、ともに上昇している。今後もこの傾向が続き、2025年の海外生産比率は23％に、輸入浸透度は17％に達する。

　グループ別でみると、国際競争力の強い産業には自動車、一般機械、鉄鋼などが挙げられる。自動車は80年代後半から本格的に生産拠点の海外移転を進め、2000年の海外生産比率は25％に達した。2020年には全体の3割を超える生産を海外に移すが、海外生産拠点は当該地域への輸出の代替が主目的であり、国内市場向けの生産は国内にとどまることから、輸入浸透度は2025年でも5％未満に抑えられる。一般機械は産業用ロボットや工作機械など、高度な技術力を要する分野で国際競争力が確保できるため、輸入浸透度は高まらない。鉄鋼は装置産業であり生産拠点の移転が容易ではないという特性に

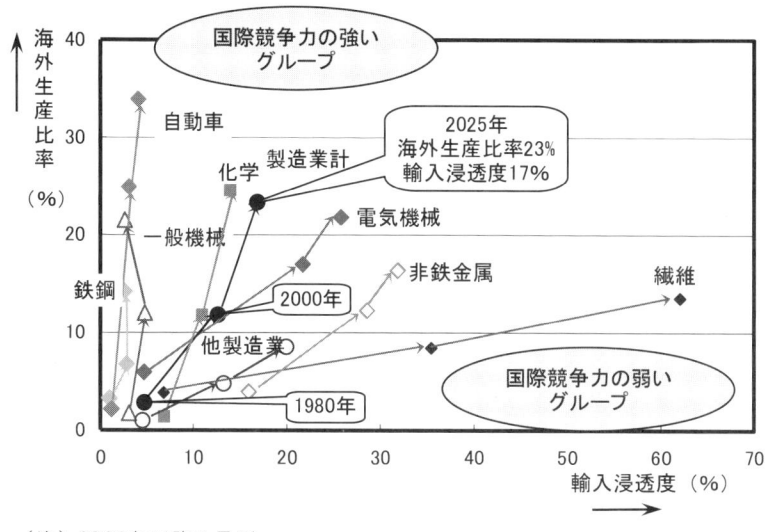

図11-5 グローバル化が進む国内製造業

（注）2000年以降は予測。

加え、ユーザーのニーズに合わせた品質の高い製品供給能力に優れており、輸入品の国内市場への浸透は進まない。

　一方、国際競争力が弱く、海外製品との競争にさらされる産業には繊維、非鉄金属、その他製造業などが挙げられる。なかでも繊維は、中国をはじめとするアジア地域で生産される製品の品質が向上して国内製品との差別化が難しくなるなど、次第に競争条件が厳しくなり、2000年に35％の輸入浸透度は2025年には60％を超えると予想される。

　電気機械は中間的な産業であり、グローバル化の進展とともに国際分業が進む。他地域との分業度合いは製品によってさまざまであり、チップなどの電子部品や家電製品などの汎用品では輸入浸透度が30％近くに高まるのに対し、一部の高付加価値製品は強い競争力を維持することができる。

● 医療関連産業

　少子化の影響により、将来人口は2005年にピークアウトし、65歳以上人口が全人口に占める高齢者比率も2000年時点で17.4％であったものが、2010

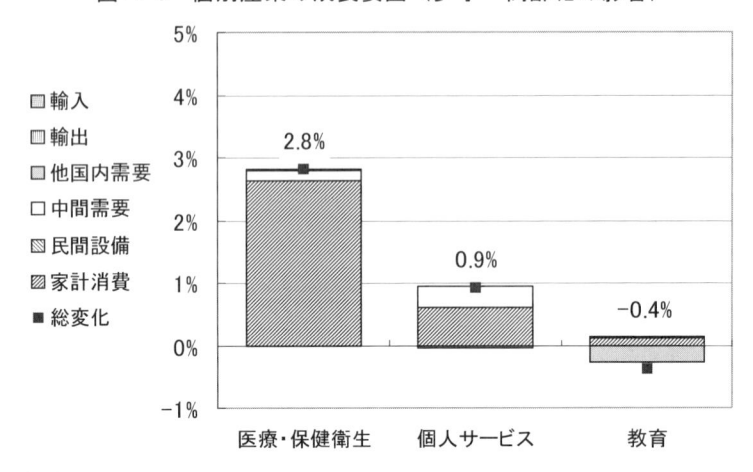

図11-6　個別産業の成長要因（少子・高齢化の影響）

凡例：
□輸入
□輸出
□他国内需要
□中間需要
▨民間設備
▨家計消費
■総変化

医療・保健衛生：2.8%
個人サービス：0.9%
教育：−0.4%

（注）図11-4に同じ。
（出所）表11-1に同じ。

年には22.6％と2割を超え、2025年には29.2％と3割に近い水準にまで上昇する。ほかの先進国で例をみないほど高スピードで進展する高齢化は、家計部門の消費構造にも影響を及ぼす。

　消費を家計のライフサイクルでみると、高齢者世帯がより多く支出する費目には医療や、余暇、交際費などがあるが、これを経年的にみると、近年になるほど医療費が伸びている。つまり、高齢者世帯では医療費が多くなるが、現代の高齢者は20年前の高齢者と比べて医療費への支出が高まっている。

　人口構造の高齢化に伴い、高齢者世帯が家計部門全体の消費動向を左右する度合いが強まる。財政再建の過程で、今後は消費税負担の増加や社会保障給付金の抑制が予想されるが、これらの変化はことに高齢者世帯においては可処分所得の伸び悩み要因となる。高齢者世帯の可処分所得が伸び悩むなか、消費選別が一段と進むと考えられる。

　図11-6は、少子・高齢化の影響が大きいと思われる主要3業種における2000〜2025年の成長率を需要要因別にみたものである。医療・保健衛生では高齢化に伴う家計の医療費支出の増大が、同部門の年平均2.8％の成長を支える主要因として働いていることがわかる。

個人向けサービス業は業態が多様で、成長要因が交錯する。高齢化の影響としては、ホームヘルパーやデイケアサービスなど在宅介護サービスの需要拡大がプラス要因として働く。また、娯楽や旅行・外食産業でも、高齢者の時間的ゆとりの増加や旅行志向の高まりなどから、プラス要因が大きい。一方で人口減少や可処分所得の伸び悩みがマイナス要因として働くため、ネットのプラス効果は成長率0.5％未満の押し上げ効果にとどまる。

一方、少子化の影響は教育産業にマイナス要因として働く。教育産業では、少子化に加えて国立大学の独立法人化など、緊縮財政の影響で政府の国公立学校への支出が大幅にカットされることから国内需要が落ち込み、今後はマイナス成長となる。

4 激変する就業構造

● サービス化が進む就業構造

国内産業の就業者数は、労働力人口の減少を背景に各部門で省力化が一層進展し、2000年からの25年間で432万人減少して2025年には6,021万人になる。産業別内訳をみると、就業者数は農林水産鉱業が182万人、製造業243万人、建設業108万人といずれも減少するのに対して、第三次産業では110万人増加する。2025年には製造業が1,000万人の大台を割り込む一方で、第三次産業は約4,300万人に達する（表11-2、図11-7）。この結果、就業構造の構成比は、製造業では2025年までに約3ポイント低下する半面、第三次産業では約6ポイント上昇し2025年には71％に達する。2025年には10人のうち7人が第三次産業の就業者となるわけである。このように、わが国の就業構造のサービス化は一段と進展すると予想される。

主な個別産業についてみると、就業者数は多くの産業で減少するなかで、電気機械では横ばいだが、一般機械、運輸・通信、サービス業、非営利サービス業では増加する。

電気機械（電子・通信機械を含む）は、情報化の進展などを背景に生産の伸びが高く国内産業の牽引役となるものの、生産性の伸びも高いため雇用の増加は見込まれない。

運輸・通信産業の就業者数は、人口減少や低成長などから運輸業では伸び

表11-2 産業別就業者数の展望

	(万人) 2000	(万人) 2025	増減数(万人) 90〜00	増減数(万人) 00〜25	構成比(%) 2000	構成比(%) 2025
農林水産鉱業	420	238	-137	-182	6.5	4.0
製造業	1,205	962	-294	-243	18.7	16.0
素材産業	180	135	-26	-45	2.8	2.2
機械産業	449	436	-129	-13	7.0	7.2
他製造業	576	391	-138	-185	8.9	6.5
建設業	649	541	46	-108	10.1	9.0
第三次産業	4,170	4,280	580	110	64.7	71.1
産業計	6,444	6,021	194	-423	100.0	100.0
機械産業	449	436	-129	-13	7.0	7.2
運輸・通信	381	401	39	20	5.9	6.7
サービス業	1,851	2,326	546	475	28.7	38.6
非営利サービス	105	112	-44	7	1.6	1.9
その他産業	3,658	2,746	-218	-912	56.8	45.6

(注) 2000年は実績推定値。それ以降は予測。
(出所) 服部ほか (2003)、内閣府『SNA産業連関表』、総務省『労働力調査報告』。

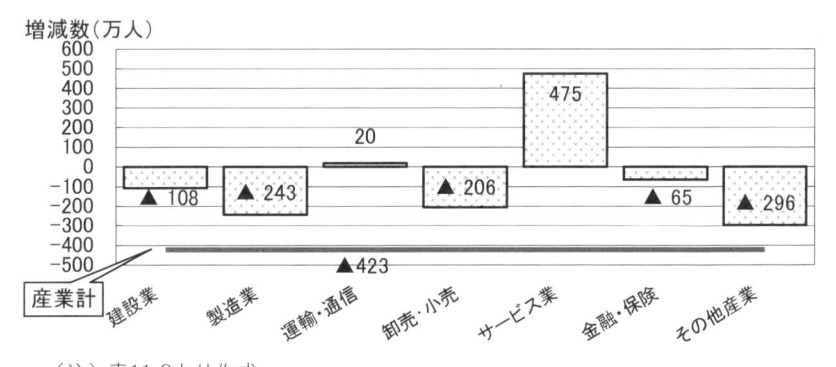

図11-7 産業別就業者の変化 (2000〜2025年)

増減数(万人)

産業	増減数
建設業	▲108
製造業	▲243
運輸・通信	20
卸売・小売	▲206
サービス業	475
金融・保険	▲65
その他産業	▲296
産業計	▲423

(注) 表11-2より作成。

ないが、情報化の進展で通信産業が伸びるため、2025年までに全体で20万人増加する。

　サービス業は就業者数の伸びが最も高く、雇用の受け皿となる。サービス業は教育、研究、医療・保健衛生、放送、その他公共サービス、対事業所サービス、対個人サービスからなる産業であるが、25年間で475万人増加し、2025年では2,326万人に達する。今後の就業者数の増加分の約9割を占め、就業者数構成比も10ポイント上昇し2025年には38.6％にまで高まる。少子・高齢化

社会で介護・医療関連ビジネスが拡大すること、また、企業部門ではアウトソーシングの拡大で派遣社員の活用が増大すること、情報化に伴うソフト開発が成長することなどから、対事業所サービスが拡大する。

　非営利サービス業についても、今後、多様化する社会のなかで、社交、文化、娯楽、スポーツなどのコミュニティ的なクラブや消費者団体、市民運動などの任意の活動や、慈善、救援、援助などを目的としたNGO（非政府組織）の活動へのニーズが高まっていくことから、就業者数は増加していく。

　このように情報化、高齢化、グローバル化といった潮流変化に対応して就業構造は大きく変わる。今後、農林水産鉱業、製造業、建設業などの就業者数が減少する半面、サービス業の就業者数が大幅に増加するため、産業間、企業間での労働移動を促進するように労働市場を改革する必要がある。

● 人口減少時代には労働生産性上昇がカギ

　現時点では不況の長期化で労働力は供給過剰となっており、失業率は戦後最高の水準に達している。労働力過剰の状態はあと7～8年は続くであろう。しかし、少子・高齢化に伴う生産年齢人口の減少から労働力供給はすう勢的に減少していく。そうしたなかで緩やかながらも経済が拡大するため、およそ2010年頃から労働力需給が引き締まる方向に転じ、やがて労働力不足問題が顕在化し、賃金が上昇していくと予想される（第8章参照）。

　企業は不況時には過剰雇用を削減し、労働力不足時代になれば省力化投資などを行い、労働生産性を引き上げて経営の効率化を図る。先にみた就業者数の予測はこうした労働生産性の上昇を織り込んだものである。一般的に製造業部門のように資本集約的な産業では省力化投資などにより生産プロセスを改善できるのに対し、サービス部門のように労働集約的な産業では資本による労働の代替に限界があり、労働生産性の上昇の度合いは産業によって大きく異なる。

　図11-8は、労働生産性が2000年レベルで一定とした場合の2025年での生産活動に必要な就業者数（生産性一定のもとでの労働需要）を横軸に、2025年に予想される就業者数（上記の予測値）を縦軸にとり、各産業の値をプロットしたものである。したがって図の45度線より下方にある産業ほど、2000

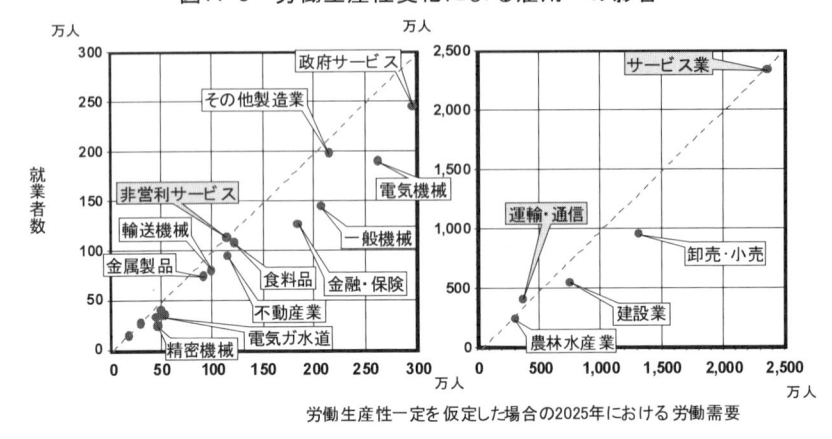

図11-8 労働生産性変化による雇用への影響

労働生産性一定を仮定した場合の2025年における労働需要

～2025年間の労働生産性の上昇が大きいことを意味する。サービス業、運輸・通信、非営利サービスはほぼ45度線上に表れ、労働生産性の変化がほとんどなく、これら3業種は生産の伸びが労働需要の増加をもたらしている。これに対し、卸売・小売、建設、政府サービス、電気機械、一般機械、金融・保険では、足元での雇用削減の影響もあって、労働生産性の上昇が他の産業と比べて大きい。

● 持続的成長には雇用対策が不可欠

以上みたように、産業構造と比べて就業構造は大きく変貌する。就業者数は製造業などで減少する一方で、サービス業を中心に大幅に増加する。持続的な経済成長を達成するためには、就業構造の変化に対応した雇用対策が不可欠である。

これまでは、長期的雇用慣行のもとで入職者の過半数を新規採用者が占め、労働移動の割合は限られていたため、就業構造変化のほとんどは新規採用と定年退職によって吸収されていた。少子化によって新卒労働者が減少していくと、従来の雇用調整では就業構造の大幅な変化に対応できない。このため、今後は中途採用の果たす役割が大きくなり、就業者の他部門への配置や転職がより活発になる。このような雇用調整には、出向や労働者派遣などのソフ

トな調整から、解雇を伴うハードな調整までさまざまな方法が考えられ、今日では企業の経営立て直し方策の一つとして日本でも一般化しつつある。雇用はもはや「聖域」ではなくなり、企業が必要に応じて人件費を見直し雇用調整を行う時代を迎えている。

　雇用の流動化は、企業の柔軟な雇用調整と就業構造のダイナミックな変化を可能にするメリットがある半面、就業者に雇用不安や転職に伴う経済的損失リスクの高まりという負担を強いる。社会的な雇用不安が高まると、家計部門の消費行動に広く波及する可能性がある。雇用流動化の肯定的な面だけに注目してこの流れを容認するのではなく、マイナス影響にも配慮してこれに対処しうる社会システムを整えていく必要がある。

　第一に、転職によって生じる経済的損失への配慮と、それを最小化する社会システムの変更が求められる。就業者が異業種に転職する場合、転業する労働者の労働スキルが、前職の企業あるいは産業に特有で転業先の業種に活用できない場合、経済的損失が発生する。損失を最小限にとどめるためには、企業や産業に依存しない普遍的な労働スキルの蓄積が必要となる。

　第二に、雇用ミスマッチへの配慮が求められる。既存の産業を離れてほかの業種に職を求める雇用者と、労働需給の逼迫により新たな雇用者を求める企業との間に、雇用ミスマッチが発生する可能性は大きい。特に深刻な問題となるのが、50歳を超える中高年層での雇用ミスマッチである。現在、厳しい労働事情のなかで解雇や転職を経験する労働者は少なくなく、失業率も5％を上回る水準で推移している。なかでも中高年層の再就職は特に難しく、深刻な社会問題となっている。就業希望者の再就職支援によって失業の長期化を防ぐ一方で、失業期間中の所得の保障など、失業者の経済損失を最小限にとどめる対策が求められる。

　第三に、転職による生涯賃金へのマイナス影響にも配慮が必要である。現行制度では転職時に退職金が支払われ、企業年金等についても退職時で打ち切られて清算されてしまう。年金や退職金が転職によって影響を受けないようなポータブルな年金・退職金制度の導入なども考えていくべきである。

5 まとめ

　これまで、国内産業の展望と今後の課題についてみてきた。90年代からの長期にわたる経済の停滞を経験したわが国の産業が、新たな発展段階に入るためには、いくつかの課題がある。

　第一に、ネットワーク社会の到来で成長分野として期待される情報関連産業における新規事業の育成支援・需要開拓が求められる。これらを支える基盤整備がブロードバンド等のインフラの整備、放送デジタル化、さらにユビキタスによるサービス供給体制の確立であり、政府がイニシアティブをとり、民間の動きをまとめていく役割が期待される。

　第二に、環境問題への対応である。これには2つの側面から重要性が指摘される。1つは今後導入される環境政策が国内製造業、なかでも貿易産業に不利に働かないよう、国際競争力に対し中立的な政策の舵取りが必要な点である。温暖化問題は地球規模でとらえるべき問題であり、国際社会との協調のなかで望ましい対応策が求められる。もう1つは、環境問題は見方を転じると対策の進んだ企業にとって新たなビジネスチャンスとなりうるという点であり、民間企業の活力を活かすインセンティブを与えるような施策が求められる。

　第三に、雇用政策である。労働環境は、かつて日本型雇用システムと呼ばれた長期雇用・年功序列の賃金体系から、ダイナミックに変化しつつある。雇用形態の多様化・雇用の流動化、生産比例型賃金体系への移行は、労働市場における潮流となっている。このようななかで、雇用ミスマッチによる失業期間の長期化を未然に防ぎ、また失業中の所得保障や雇用不安への対応など適切な措置を講じることが、経済を持続的な成長軌道にのせるために不可欠である。

第12章

地域経済はどうなる

少子・高齢化が進むなかで、各地域の人口は遅くとも2008年までには減少局面に入る。労働力や消費者が減っていく時代に、地域経済は今後も成長を維持することはできるのか。成長維持のために何が必要なのか。本章ではこうした問題意識に立ち、需要と供給の両面から地域経済の将来の姿を探った。

1　地域経済の活力とは

　企業調査のために全国各地を歩くと、いろいろな町に出会う。通常はもっとも繁華な場所であるはずの駅前にヒトも少なく商店にも活気がない町や、反対にヒトで溢れかえり、その活気から圧力を感じる町もある。同じような規模の町でも、夕方8時頃の最も酒場が繁盛しているはずの時間に繁華街が妙に静かで、店に入っても広い店内に客が2組しか入っていない町もあれば、反対に路地に酔客が歩き、店内ではうるさいほどに話し声が充満している町もある。

　活力を失いつつある町や市などの自治体に赴くと必ず目にするのは「産業活性化」や「産業振興」という文字が表題に含まれる調査報告書である。そうした報告書の多くのものは、将来の地域経済の成長をリードすることが望める業種やそのための条件を綿密に調査し、レポートしている。

　そうした報告書が入念に調査しているように、地域経済の活性化にはその地域の歴史、固有の資源、産業構造上の特性など、さまざまな要因が絡み合う。しかし地域経済の活力を一言でいってしまえばヒト、モノ、カネが豊富であることだ。ヒトが集まり、モノを作りサービスを提供する。モノやサービスを売ることでカネ（所得）が生まれる。またカネが生まれるところにモノやサービスが集まり、カネやモノ・サービスが集まるところにヒトが集まる。こうしたリンクを活発にすることが地域経済の活性化の眼目であり、リンクが活性化すればするほど、生産され消費されるモノやサービスの量が増加し、地域はより豊かになっていく。いい換えれば地域経済が成長するというわけである。

ただし、ヒト、モノ、カネのうち、ヒトは今後減少していく。わが国の人口はこれまで増え続けてきたけれども、2005年には減少局面に入る（第7章参照）。全国を北海道から九州・沖縄まで10地域に区分[1]すると、1980年代半ばまではすべての地域で人口が増大していた。しかし四国は1987年から人口が減り始め、1990年からは中国でも減少し始めている。人口が減少局面に入る時期が最も遅れる首都圏でも、2008年にはヒトが減り始めるだろう。

　ヒト、モノ、カネのリンクのなかで、モノやサービスを生産し、それを消費するヒトがすべての地域で減る状況下では、将来の地域経済はみな縮小してしまうのだろうか。反対に成長し、今よりも豊かになることは可能なのだろうか。その時にヒト、モノ、カネが特定の地域に集中してしまうことはないのだろうか。

　本章では、第8章で述べたマクロ経済（日本経済全体）展望を踏まえて、地域計量経済・産業連関モデルを用いて地域展望を行い、こうした疑問に答えたい。また2025年までの地域経済展望を行うなかで、今後の地域経済をさらに活性化するためのキーワードを探したいと思う。

2　低成長下で格差が拡大する地域経済

● 首都圏、中部、関西の成長率は他地域よりも高い

　まず、地域経済の代表的指標として総生産の動きを確認しよう。2000～2025年の地域計（＝全国）の成長率は、年率で0.9％となる。第8章で述べたマクロ経済の成長率は年率で1.0％であるが、展望の基礎となる資料がマクロ経済展望では「国民経済計算」、地域経済展望では「県民経済計算」[2]と異なることや、展望に用いている経済モデルが異なるために、マクロ経済展望と地域経済展望では若干の差が生じる。しかし、各指標の基本的動向については、マクロ経済展望と地域経済展望における地域計の値はほぼ同じである。

　日本経済の成長率が0.9％と低迷するなかで、それぞれの地域経済の動きは異なっている。経済成長に差をもたらす要因については後節で詳しくみることにして、ここでは大まかな背景を指摘するにとどめる。

　小泉構造改革の旗印のもとで2000年から2003年にかけて公共投資は激減した。今後も財政再建のため公共投資は緩やかな伸びしか見込まれない。ま

表12-1 各地域の経済成長率

(兆円、年率%)

	1990 (実績)	2000	2010	2025	1990～2000	2000～2010	2010～2025	2000～2025
北海道	17.3	18.3	18.3	19.0	0.5	0.0	0.3	0.2
東北	36.6	40.9	41.7	45.2	1.1	0.2	0.5	0.4
北関東	26.1	29.5	31.7	36.1	1.2	0.7	0.9	0.8
首都圏	136.5	144.2	167.3	193.7	0.6	1.5	1.0	1.2
中部	65.2	71.9	79.2	93.6	1.0	1.0	1.1	1.1
北陸	11.5	12.4	13.4	15.0	0.7	0.8	0.7	0.8
関西	75.0	81.3	91.2	105.1	0.8	1.2	0.9	1.0
中国	27.1	28.6	30.7	34.9	0.6	0.7	0.9	0.8
四国	12.3	13.6	13.7	14.9	1.0	0.1	0.6	0.4
九州・沖縄	39.1	43.0	44.3	48.8	1.0	0.3	0.7	0.5
地域計	446.8	483.9	531.6	606.4	0.8	0.9	0.9	0.9

(注) 網掛けの数値は、2000～2025年間の成長率が地域計を上回っていることを示す。
(出所) 電力中央研究所地域経済データベース、服部ほか (2003)。

た、三大都市圏と比べて人口減少スピードが速い地方圏では消費へのマイナス影響が大きい。これらを背景に地域内総支出の中で公共投資の割合が相対的に高く人口減少テンポが速い北海道、東北、北陸、中国、四国、九州・沖縄といった地方圏では、経済成長率は低く、2000～2025年間では年率0.2～0.8％にとどまる（表12-1）。一方、首都圏、中部、関西の3地域では総支出に占める公共投資の割合が低いことから、公共投資の減少から受ける影響は小さい。また人口の減少局面に入る時期が他地域に比べて遅いため、相対的に消費需要の高めの伸びが見込まれる。さらには、IT化（情報技術の進展）による民間設備投資の伸びや輸出の増加が期待できる。これらを背景として、三大都市圏では相対的にやや高い成長を遂げ、経済成長率は年率1.0～1.2％となる。

● すべての地域で就業者数は減少する

東北、中国、四国はすでに2000年時点で人口減少局面に入っており、その後2008年にかけて、北海道、北陸、北関東、中部、関西、首都圏と順次ピークアウトを迎える。労働供給の元となる人口の減少と地域経済の低成長による労働需要の低迷を背景として、各地域の就業者数は減少していく。2000年時点では地域計で6,348万人が就業していたのに対して2025年の就業者数は5,960万人となり、388万人の減少となる。

表12-2 各地域の就業者数

(万人、年率%)

	1990(実績)	2000	2010	2025	1990〜2000	2000〜2010	2010〜2025	2000〜2025
北海道	268	273	269	245	0.2	-0.1	-0.6	-0.4
東北	615	620	611	563	0.1	-0.1	-0.5	-0.4
北関東	380	397	392	367	0.4	-0.1	-0.4	-0.3
首都圏	1,629	1,713	1,689	1,630	0.5	-0.1	-0.2	-0.2
中部	861	893	878	848	0.4	-0.2	-0.2	-0.2
北陸	164	168	164	154	0.2	-0.2	-0.4	-0.3
関西	969	994	976	955	0.3	-0.2	-0.1	-0.2
中国	385	390	382	359	0.1	-0.2	-0.4	-0.3
四国	203	201	196	179	-0.1	-0.3	-0.6	-0.5
九州・沖縄	663	700	704	661	0.5	0.1	-0.4	-0.2
地域計	6,136	6,348	6,261	5,960	0.3	-0.1	-0.3	-0.3

(出所) 表12-1に同じ。

同期間中の就業者数の変化を地域別にみると、すべての地域で就業者数は減少しているが、減少数が最大となるのは首都圏で83万人、次いで東北の57万人、中部の45万人、関西の39万人と続き、就業者数の多い首都圏、中部、関西では減少数が大きくなる。

しかし、2000年の就業者数に対して何％減少したかという変化率でみると、最大は四国のマイナス0.5％であり、次いで北海道、東北ではマイナス0.4％、北関東、北陸、中国ではマイナス0.3％、首都圏、中部、関西、九州・沖縄の4地域はマイナス0.2％である。もともと就業者数の大きな首都圏、中部、関西の3地域では減少数は大きいものの、変化率では最も影響が少ないグループに属している（表12-2）。この背景には、首都圏、中部、関西の3地域の経済成長率が他地域と比べて高いこと、また九州・沖縄を含め、労働供給源となる人口の減少テンポが相対的に遅いことがあげられる。

● 労働生産性の地域間格差は広がる

就業者数が各地域で減少するなかで、低成長とはいえ、全地域で経済成長は持続する。そこで、経済成長、就業者数と並んでもうひとつ重要な指標である付加価値労働生産性（以下労働生産性という）を地域別にみてみよう。総生産やその成長率は地域経済全体の規模やその変化スピードを表す指標であり、就業者数はその地域で何人の人が働いているかを示している。それらは各地域の経済規模を表す指標であるが、労働生産性は就業者一人が生み出

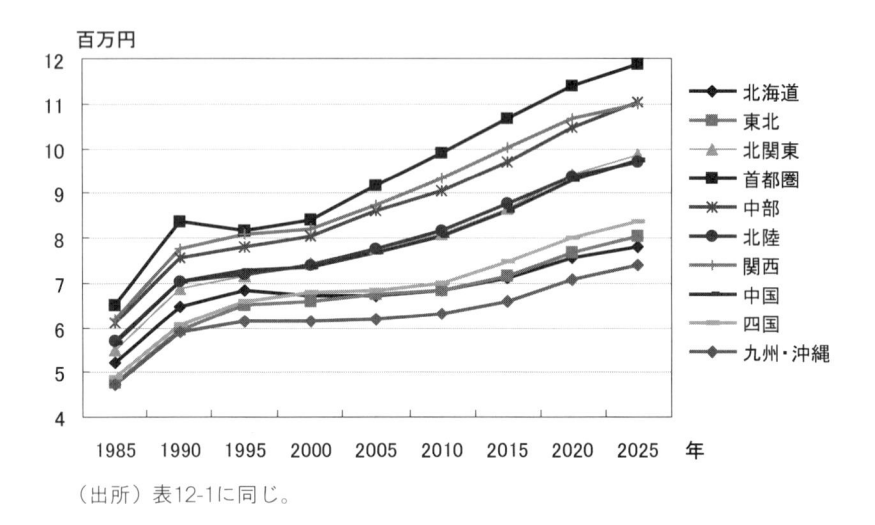

図12-1 各地域の付加価値労働生産性

(出所) 表12-1に同じ。

した付加価値を示す指標であり、どれだけ効率的に付加価値を生み出しているかを計ることができる。当然、生産性の高い地域の方が少ない労力でより多くのものを生み出すことができるわけだから、生産の効率性が高く、また相対的に豊かであるとみることもできる。

地域別の労働生産性を比べると、2000年から2025年にかけて、各地域の労働生産性の順位は大きく変わっていない。2000年で最大の地域は首都圏であり、就業者1人当たり842万円の付加価値を生み出している。反対に最小の地域は九州・沖縄であり、労働生産性は615万円である。最大の首都圏との差は227万円である（図12-1）。

2025年時点でも最大地域は首都圏であり、最小の地域は九州・沖縄であることに変わりなく、さらに首都圏の1,190万円と九州・沖縄の739万円との差は451万円へと拡大していく。ただし、平均的に生産性が上昇しているなかで差が拡大しているといっても平均値に対する割合が変わらなければ、相対的な格差は拡大していないとみることができる。そこで最大と最小との差の地域計での労働生産性（2000年：762万円、2025年：1,019万円）に対する割合をみると、2000年の25％から2025年の44％へと、やはり上昇している。

このように三大都市圏の伸びが相対的に高いため、労働生産性の地域間格差は拡大していく。

3 供給面からみた地域経済

● 就業者1人当たり資本ストックは首都圏、中部で伸びが高い

なぜ労働生産性に格差が生じるのか、この疑問に答えるためのひとつの方法として総要素生産性（Total Factor Productivity：TFP）の計測がある。

例えば、工場に1人の就業者がいるものとしよう。彼は金属塊を仕入れ、ヤスリで削って部品を作り、市場で販売している。彼は全く設備を使用せずヤスリだけを使って切削しているが、もし彼に旋盤という設備が与えられれば、生産量を増加し、生産性を引き上げることができるはずだ。また、彼が旋盤の扱い方に習熟し使い方を工夫すれば、さらに生産性を上昇させることも可能だ。

経済学の言葉を用いると、旋盤は資本ストックと呼ばれる生産要素の1つである。旋盤が設置されて彼の労働生産性が増加した状況は、就業者1人当たり資本ストック（以下資本装備率という）が増加した結果、労働生産性が上昇した、と言い換えることができる。ここで、まず地域別に資本装備率が2000年と2025年でどう変わるのかをみておこう（図12-2）。

2000年時点では、資本装備率がもっとも高い地域は中部で、就業者1人当たり1,855万円の設備を生産に使用している。首都圏も中部とほぼ同じレベルで、1人当たり1,853万円の設備を利用している。一方、最小の地域は北海道で、1人当たり1,338万円の設備を使って生産を行っている。2025年では、資本装備率が最大の地域は首都圏で、1人当たり3,720万円の資本ストックを使用している。次いで、中部は3,576万円となる。一方、最小の地域はやはり北海道で資本装備率は2,128万円にとどまっている。資本装備率の上昇幅は、北関東、首都圏、中部、北陸、関西の5地域が相対的に大きく、特に首都圏、中部の上昇が顕著である。こうした資本装備率の上昇は、設備投資の拡大によって、将来には各地域の生産がより資本集約的に行われるようになることを示している。

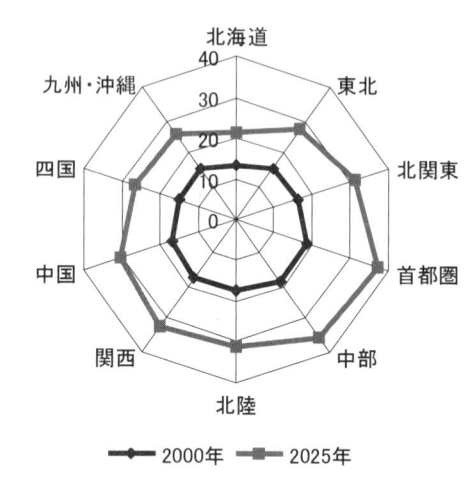

図12-2 地域別資本装備率（就業者1人当たり資本ストック）

（出所）表12-1に同じ。

● 生産性格差拡大の主因は総要素生産性の上昇率格差

　労働生産性を上昇させるもう一つの要因としては、生産工程や設備の使い方の改善、ノウハウの蓄積、生産技術の改善などがある。これらは、ひとまとめに広義の技術進歩ともいわれる。

　しかし、技術水準は計りようがないから技術進歩を直接に計測することはできない。そこで、労働生産性の上昇率から資本装備率上昇による影響分を控除した残りを総要素生産性の上昇率と定義すれば、これを広義の技術進歩とみなすことも可能である。技術進歩があれば総要素生産性とともに労働生産性は上昇する。

　2000～2025年間の各地域の労働生産性上昇率について、資本装備率上昇の寄与と総要素生産性上昇の寄与の2つに分けると、総要素生産性上昇の影響は北海道、東北、四国、九州・沖縄では他の地域と比べてかなり低く、北海道ではマイナスの影響を及ぼしている（図12-3）。労働生産性上昇率が最大であるのは首都圏で、労働生産上昇率34.6％のうち、17.3％が資本装備率上昇によるものであり、残りの17.3％が総要素生産性上昇によるものであ

図12-3 地域別労働生産性変化の要因分解（2000～2025年間）

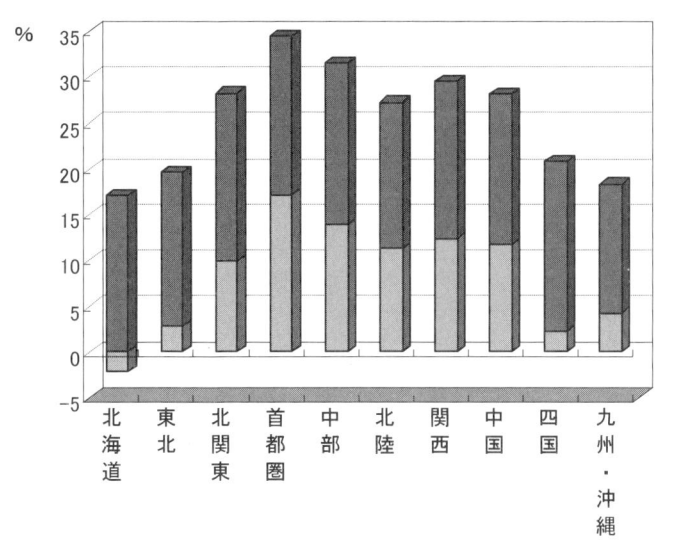

□ 総要素生産性変化による寄与　■ 就業者1人当たり資本増加による寄与

（出所）表12-1に同じ。

総生産をV, 就業者数をL, 資本ストックをKとし、2000年をt0、2025年をt1とするとき、総要素生産性の寄与（TFP）は次式を用いて計算した。

$$TFP = [\log(V/L)_{t1} - \log(V/L)_{t0}] - \beta'[\log(K/L)_{t1} - \log(K/L)_{t0}]$$

ここで就業者1人当たり資本の生産に対する貢献度を示すパラメーター β' は、1980年から1998年までの総生産、就業者数、資本ストックの各実績値をもとに次のダグラス型生産関数を想定して推計した値を用いており、各地域の推定結果は以下のとおりである。

　　北海道：0.37　東北：0.29　北関東：0.29　首都圏：0.25　中部：0.27
　　北陸：0.28　関西：0.29　中国：0.28　四国：0.32　九州・沖縄：0.27

る。反対に北海道では資本装備率による生産性上昇分は17.2％あるものの、総要素生産性の寄与はマイナス2.1％であり、労働生産性の上昇は15.1％にとどまっている。

　労働生産性上昇率のうち総要素生産性の変化に依存する割合を寄与率と定

義すると、最大は首都圏の50％であり、以下、中部の44.4％、関西の42.0％、中国の41.5％、北陸の41.2％、北関東の35.3％、九州・沖縄23.0％、東北の14.3％、四国の10.4％、北海道のマイナス13.9％と続く。これらの順位は労働生産性上昇率の順位とほぼ同じであり、労働生産性の地域間格差が拡大する主因は総要素生産性上昇の地域間格差であることがわかる。北海道でマイナスとなる総要素生産性の上昇は、これまでの考え方に沿ってみれば、技術が退化した結果だと写る。しかし、総要素生産性は労働生産性上昇率から資本装備率の上昇率を差し引いた残差として計算されるものだから、技術進歩だけでなく消費や投資などの需要の影響を受け、好景気の時は総要素生産性が高まる傾向がある。そこで、次節からは供給面を離れ、地域経済を需要面からみていくことにしよう。

4　需要面からみた地域経済

● 伸びが鈍い民間消費

　各地域の需要のうち半分以上は、その地域に住む人々が日常生活のために支出する民間消費である。需要の過半を占める民間消費の2000～2025年の伸び率は地域計では年率0.6％にとどまる（表12-3）。同期間の伸びを地域別にみると、最大は首都圏の0.9％、次いで関西、中部がともに0.7％、北陸が0.6％、中国が0.5％、北関東と九州・沖縄が0.4％、東北0.2％、四国0.1％と続き、北海道はマイナス0.1％となる。各地域の民間消費規模の拡大は、所得水準を除けば人口の伸びに依存する。人口減少率の高い北海道や四国では、消費は伸び悩む。

　しかし、地域の消費総額がゼロ成長としても、すべての地域で人口が減少するため、各地域の人口1人当たり消費は緩やかながらも伸びる。人口1人当たり消費は地域計では2000年の218万円が2025年には278万円にまで増加する。地域別でも、すべての地域で2025年の人口1人当たり消費は2000年水準を上回っており、すべての地域で今以上に豊かな生活を行うことができるようになる（図12-4）。ただし、1人当たり消費の伸びには地域格差がみられ、最大の伸び率となるのは首都圏で1.1％、反対に最小となるのは北海道の0.3％である。

表12-3 各地域の民間消費

(兆円、年率%)

	1990 (実績)	2000	2010	2025	1990〜2000	2000〜2010	2010〜2025	2000〜2025
北海道	11.6	12.5	12.3	12.3	0.7	-0.2	0.0	-0.1
東北	21.8	24.3	24.3	25.5	1.1	0.0	0.3	0.2
北関東	12.8	15.0	15.6	16.7	1.6	0.4	0.5	0.4
首都圏	73.7	83.3	92.7	103.2	1.2	1.1	0.7	0.9
中部	30.4	34.2	36.7	40.9	1.2	0.7	0.7	0.7
北陸	5.9	6.3	6.7	7.3	0.7	0.6	0.6	0.6
関西	41.7	45.8	49.5	54.5	0.9	0.8	0.6	0.7
中国	14.2	15.2	15.8	17.0	0.7	0.4	0.5	0.5
四国	8.1	9.0	8.8	9.1	1.0	-0.1	0.2	0.1
九州・沖縄	26.7	31.8	32.3	35.2	1.8	0.2	0.6	0.4
地域計	246.9	277.3	294.6	321.8	1.2	0.6	0.6	0.6

(出所) 表12-1に同じ。

図12-4 地域別人口1人当たり民間消費の推移

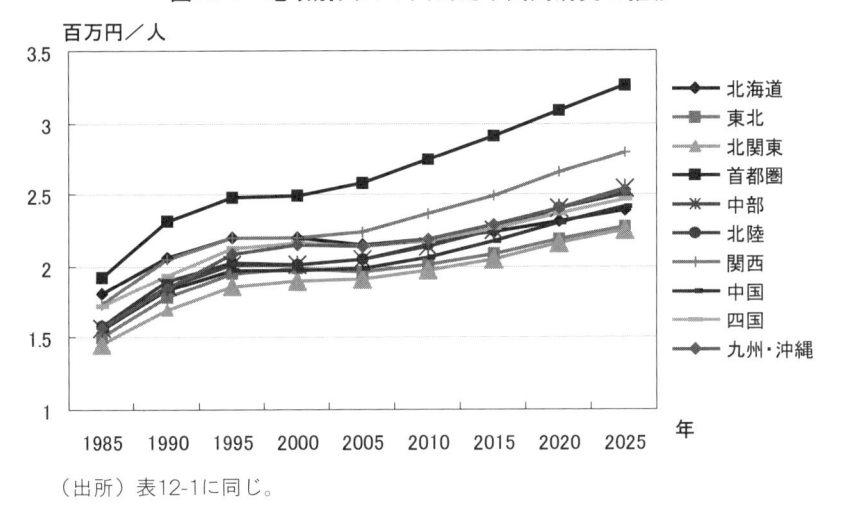

(出所) 表12-1に同じ。

● 高まる民間設備投資

　地域経済展望では、地域計の民間設備投資の伸びはマクロ経済展望から計算される伸び率を用いて将来の値を設定し、その総額を各地域に配分する構造を持つモデルを用いて予測している。そのため、地域計の民間設備投資の伸びはマクロ経済展望結果と同じであり、2000〜2025年間では年率2.1％で

表12-4 各地域の民間設備投資

(兆円、年率%)

	1990 (実績)	2000	2010	2025	1990~2000	2000~2010	2010~2025	2000~2025
北海道	2.3	2.2	2.2	3.1	-0.4	-0.2	2.3	1.3
東北	6.8	6.8	6.8	9.9	0.0	0.1	2.5	1.5
北関東	4.8	4.7	4.9	7.6	-0.1	0.4	2.9	1.9
首都圏	25.7	22.7	26.7	41.4	-1.2	1.6	3.0	2.4
中部	13.3	11.8	13.0	20.8	-1.2	1.0	3.2	2.3
北陸	2.2	2.1	2.3	3.4	-0.6	0.8	2.7	2.0
関西	13.3	11.9	13.3	20.6	-1.1	1.1	2.9	2.2
中国	4.7	4.3	4.6	7.1	-0.9	0.7	2.9	2.0
四国	2.2	2.0	2.0	3.0	-0.8	0.1	2.5	1.5
九州・沖縄	6.8	7.2	7.3	10.7	0.6	0.2	2.6	1.6
地域計	82.1	75.7	83.2	127.5	-0.8	0.9	2.9	2.1

(出所)表12-1に同じ。

ある。

地域別の民間設備投資をみると、最大の伸び率は首都圏の2.4%で、次いで中部の2.3%、関西の2.2%、北陸と中国の2.0%、北関東の1.9%、九州・沖縄の1.6%、東北と四国の1.5%と続き、最小は北海道の1.3%である(表12-4)。

地域別に設備投資の伸びに差があるため、当然、各地域で蓄積される民間資本ストックにも地域格差が生じる。2000年でみると、首都圏が最大規模となっており、次いで中部と関西が中間グループ、以下、九州・沖縄、東北などが下位グループを形成し、このうち最小規模は四国である。この順位は2025年でも変化しないが、首都圏が2000年の317兆円から606兆円へと規模が1.9倍に拡大するのに対して、四国では30兆円から48兆円へと1.6倍、さらには北海道では2000年の37兆円から2025年の52兆円へと1.4倍にとどまる。

● 地方圏で高い公共投資依存度

北海道や沖縄に代表されるように、地方へ行くほど公共投資依存体質だとよくいわれる。総生産(=総支出)に占める公的固定資本形成の割合を公共投資依存度と定義し、それを地域別にみると、1998年時点では、最大は北海道の18%、最小は首都圏の5%であり、10%を超えるのは北海道を始め、東北、北陸、中国、四国、九州・沖縄の6地域である(図12-5)。やはり地方圏ほど公共投資依存度は高い。公共投資依存度の高い地域では、当然、公共

図12-5　地域別公的資本形成への依存度（公的資本形成／粗付加価値）

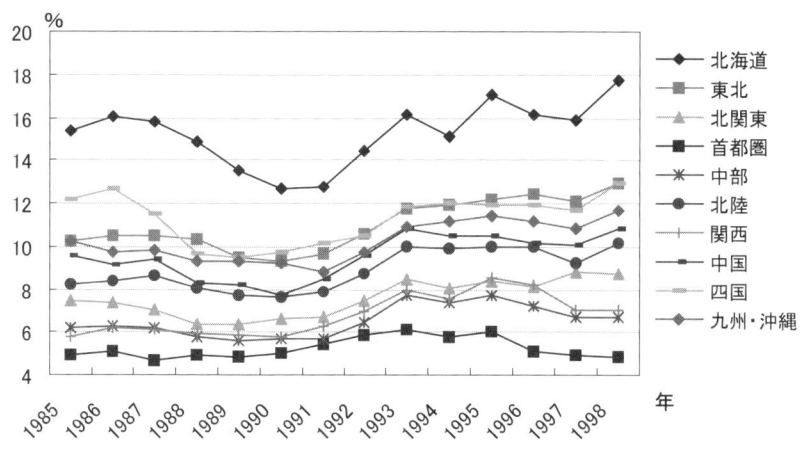

（出所）電力中央研究所地域経済データベース。

投資の減少が生産に与える影響が大きく、今後の財政政策の行方が地域の経済成長を大きく左右することになる。

　将来、公的固定資本形成がどうなるかは、国と各地域の財政政策の動向によって決まる。公的固定資本形成の総額（地域計）はマクロ経済展望の想定値と伸び率は同じであり、マクロ経済展望では、現在までの公的資本形成の大幅削減が2003年まで続いた後は反転し、緩やかに増加すると想定している（第9章参照）。しかし、公的固定資本形成の規模は2025年でも約38兆円にとどまり、最新のピークである1999年の42兆円には及ばない。

　各地域にとっては全国での公的固定資本形成の総額とともに、どれだけ地域に配分されるのかが重要である。先にみたように、公共投資は地方に厚く配分されてきているが、今後この地域配分がどうなるかは政治的な問題とも絡み不透明である。そこで、本書の展望では実績ベースで考えることにし、1990年から1999年までの各地域への配分実績の平均を将来の配分比とした。1990年代を前半と後半に分けると、前半には首都圏、中部、関西への配分比が高いが、後半には景気対策のために東北や九州・沖縄などの地方圏への配分が増加している。したがって、今回の想定値は1999年実績と比べると、

首都圏、中部、関西への配分が若干高まることになるが、大きな変化ではなく、ほぼこれまでの地域配分を踏襲している。最大の配分率となる地域は、当然だが経済規模の大きい首都圏（20.1％）であり、次いで関西（15.1％）、九州・沖縄（12.7％）、中部（12.3％）、東北（12.2％）、北海道（7.3％）、中国（7.3％）、北関東（6.0％）、四国（3.8％）と続き、最小の配分率となるのは北陸（3.2％）である。

● 地域経済成長のカギは需要創出と民間設備投資

これまで需要面の主な項目について各地域の動向をみてきたが、最後に総生産成長に対する項目別の寄与度をみて、各地域の経済成長をリードする需要項目を確認しよう。2000年と2025年の2時点を取り上げ、その間の各地域の総生産の成長率を要因分解すると、一見して各地域ともに民間設備投資の寄与度が大きいことがわかる（図12-6）。

民間設備投資が経済成長の最大のリード役となるのは、首都圏を除くすべての地域に共通してみられる特徴であり、今後の地域経済成長は民間設備投資への依存度を高めていく。首都圏は人口減少のテンポが鈍く消費の伸びが期待できることから、総生産成長率34.6％に対して民間消費の成長寄与度が14.5％と、民間設備投資の寄与度13.6％をやや上回るが、民間設備投資の寄与度自体も高い。北海道では他の需要項目の伸びが期待できない結果、総生産成長率3.5％に対して、民間設備投資は4.7％の寄与度を持ち、最大の経済成長牽引項目となっている。

このように、今後の経済では民間設備投資が牽引役を担うわけだが、これは民間消費や公的固定資本形成などの他の最終需要が伸び悩むことの裏返しでもある。民間消費の低迷や公的固定資本形成のほぼゼロ成長は、引き締め型の財政再建の影響が大きい。消費税率引き上げは民間消費にマイナス影響を及ぼし、一方で歳出抑制は公的固定資本形成の停滞をもたらす。消費の成熟化や消費税増税の影響で消費が低迷するなかで、北海道、東北、四国などでは人口減少のスピードが速く、その影響が加わって、他の地域と比べて消費の伸びはかなり弱いものとなる。

公的固定資本形成は、その地域配分が変わらなければ、引き締め型の財政

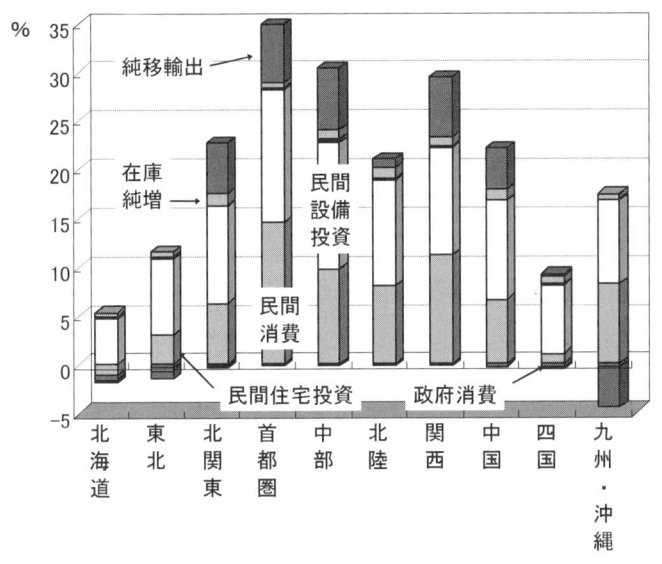

第12章 地域経済はどうなる 227

図12-6 各地域総生産成長率に対する項目別成長寄与度（2000～2025年間）

（出所）表12-1に同じ。

再建策の実施により、2000年と2025年の対比ではすべての地域でほぼゼロ成長となる。その結果、2時点間の比較では、公的固定資本形成の地域の経済成長への寄与はほとんど見込まれない。

また、純移輸出は、首都圏、中部、関西など輸出財を生産する企業の集積が厚い地域では6％を超える成長寄与度となり、日本の純輸出の黒字がこれら地域の生産を押し上げる。その一方で北海道、東北、北陸、四国、九州・沖縄ではその成長寄与度はほぼゼロもしくはマイナスである。

第3節で述べたように、供給面からみると、地域の経済成長は就業者1人当たり資本の増加と総要素生産性の向上によって実現される。供給面からの展望結果では、広義の技術進歩とみなされる総要素生産性は、北海道ではマイナスであった。しかし、需要面からみると、北海道の成長率が他地域と比べて低いのは、民間設備投資がかろうじてリードするものの、民間消費がマイナス成長で、しかも公的固定資本形成がほとんど伸びないためである。このことから、北海道の総要素生産性のマイナス寄与を単純に技術的退化とみ

なすのではなく、緊縮財政や人口減少、消費の成熟化などの影響で需要が伸びなくなる結果だと考えるほうが自然であろう。

このように、地域の経済成長は民間消費や公的固定資本形成が低調となるなかで民間設備投資への依存度を高める。財政が出番を失うなかで、地域の活性化を図るためには、民間設備投資や民間消費を伸ばすことが必要だ。そのためには各地域で設備投資を増加させるとともに、新たな商品、新たなサービスを創出することによって消費を刺激していくことも重要な課題となる。

5 需要面、供給面からみた公共投資の効果

● 需要面からみた建設投資の生産誘発効果

公的固定資本形成の中身をみると、その8割から9割は自地域の建設業に対する需要、すなわち建設投資需要である。例えば北海道で建設需要が増加すれば、北海道の建設業の生産が増加する。建設のためには鉄骨やコンクリート、アスファルトなどの資材、また建設に付帯して警備などのサービスの生産増加が必要となり、さらに鉄骨の生産性増加のためにはコークスや銑鉄などの原材料生産の増加が必要になる。このように、北海道での建設投資の増加は原材料取引の面で北海道だけでなく全国各地域のさまざまな産業の生産を誘発する。さらには、こうした各地域各産業の生産増加によって、設備投資や民間消費が増加し、そうした需要は同時に各地域の各産業に向けられ、同様な誘発を引き起こす。これが特定地域で建設投資が増えたときの地域経済への生産誘発の仕組みである。

今2000年を例にとって、特定地域で100億円の建設投資需要の増加があったとき、その地域の産出をどれだけ増加させるかをみてみよう。前述のように、ある地域で起こった建設投資需要の増加による生産誘発は、全国各地域に及ぶが、ここでは、まず建設投資が増加した地域の産出に与える影響のみを取り出して比較する。

各地域とも投資を行った年の誘発効果が最も大きく、時間経過とともに小さくなっていき、ほぼ10年で消滅する。地域別にみると、最初の年の自地域への誘発効果の大きさに違いがあり、また、2年目以降の誘発効果の持続性も地域によって異なっていることがわかる。

図12-7 各地域の建設投資による自地域内の生産誘発効果

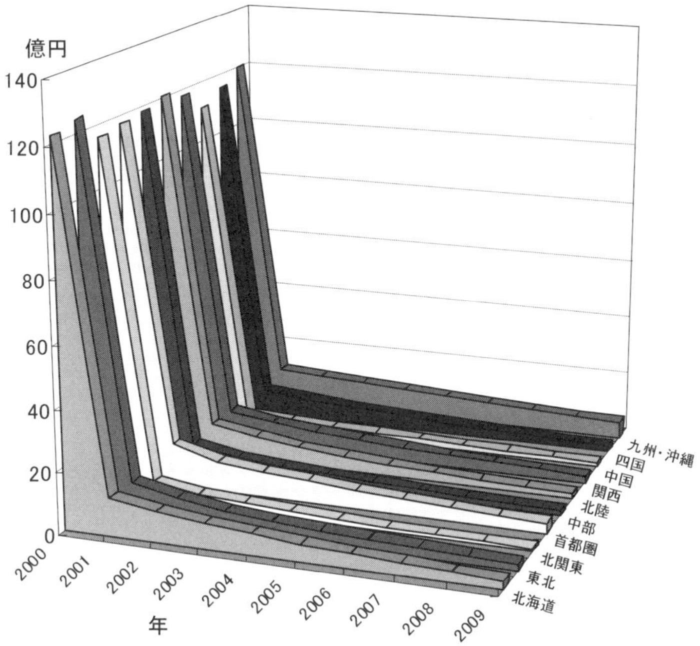

(出所) 表12-1に同じ。

　建設投資需要が増加した年の各地域の産出の増加が最大となる地域は東北で124億円である。次いで、北海道が123億円、北陸と九州・沖縄が120億円、そして、中部と関西が118億円、首都圏117億円、北関東116億円、四国115億円と続き、最小は中国の111億円である（図12-7）。こうした建設需要増加の効果は2年目には激減し、さらに時間経過とともに徐々に効果が弱まり、誘発効果はほぼ10年で消滅する。

　誘発効果が消滅する10年間を目安に各地域の生産誘発額を合計した数値で自地域内および他地域の生産誘発額をみると、自地域内生産誘発（表12-5では対角線上のセルの数値）が最大となるのは、九州・沖縄の205億円である。最小は中国の138億円であり、各地域はその間に分布する（表12-5）。ただし、自地域内での生産誘発と同時に地域間でも生産誘発が起こり、最大である九州・沖縄では、100億円の建設投資需要を増加させた結果、自地域に

表12-5 建設投資による自地域への誘発効果（10年間の合計）

(億円)

	北海道	東北	北関東	首都圏	中部	北陸	関西	中国	四国	九州・沖縄	感応額
北海道	186	3	1	1	0	1	0	0	0	0	192
東北	6	176	8	4	2	6	1	1	1	2	206
北関東	2	7	141	5	3	5	2	3	1	3	171
首都圏	15	14	32	184	16	11	7	9	11	13	311
中部	4	5	6	7	156	12	9	8	10	10	226
北陸	3	3	3	1	3	167	1	2	0	0	184
関西	0	0	3	4	2	2	169	11	10	6	215
中国	1	2	1	2	3	2	4	138	8	6	168
四国	0	1	1	1	2	1	2	3	159	7	171
九州・沖縄	1	2	3	2	3	2	3	10	7	205	238
影響額	218	212	199	211	198	208	198	185	206	247	2,082

(出所) 表12-1に同じ。

205億円の生産誘発を引き起こすのと同時に、首都圏に13億円、中部に10億円、関西に6億円など、他地域で42億円の生産誘発を引き起こしている。こうした自地域、他地域を含めた誘発の大きさ（表12-5では影響額）でみても、北陸と関西が逆転する以外には、順位は自地域内への誘発と同様である。

一方、特定の一地域での投資需要増加の結果、各地域は他地域からの生産誘発を受ける。各地域で100億円増加した場合の誘発額の合計を全地域で100億円ずつ増加した場合の誘発額（表12-5では感応額）[3]と考えれば、最大は首都圏の311億円となり、次いで九州・沖縄が238億円、中部が226億円、関西が215億円と続き、影響額の順位とは様変わりする。

各地域の自地域内および地域間生産誘発を影響額でみたときと感応額でみたときの順位に違いをもたらす原因は、その地域で起こった建設投資需要が他地域で生産を誘発する地域間生産誘発の大きさである。例えば、首都圏の感応額311億円のうち、地域間誘発は127億円であり、感応額のうちおよそ40％が他地域で生じた建設投資による誘発である。一方、北海道をみると、感応額192億円のうち6億円が地域間誘発によるものであり、感応額に占める割合は3％にとどまる。

各地域が引き起こす生産誘発のうち、地域間誘発のみを取り出すと、その規模は10地域計で401億円となる。したがって平均的には各地域40.1億円ずつ誘発していることになるが、実際には、首都圏では27億円、北海道では32億円とばらつく。この実際の誘発額と地域平均の誘発額との比を影響係数と

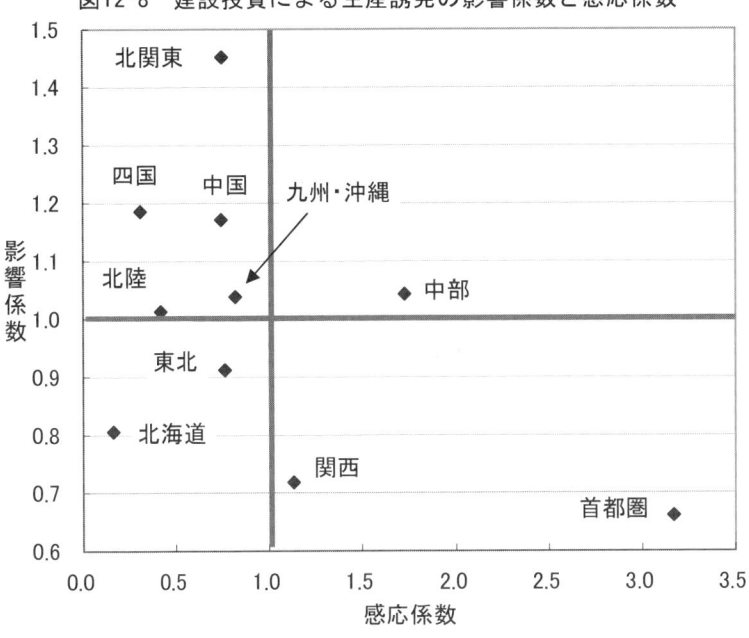

図12-8 建設投資による生産誘発の影響係数と感応係数

(出所) 表12-1に同じ。

呼ぶことにしよう。当然、平均と同一であれば影響係数は1であり、平均値より大きければ1を超え、小さければ1を下回る。もし影響係数が1を上回れば、その地域で生じた建設投資需要による地域間生産誘発は、他地域に与える影響が平均以上であることを示している。

同様に、各地域の地域間誘発による感応額も地域平均では40.1億円であり、各地域の実際の感応額と地域平均との比を計算することができ、それを感応係数と呼ぶことにする。もし感応係数が1を上回れば、それはその地域は他地域で生じた建設投資需要によって誘発される生産が平均以上であり、他地域で生じた建設投資需要に対して、その地域の生産増加の感応が高いことを示している。

この影響係数、感応係数の2つの指標で各地域の地域間誘発をみると、自地域で生じた建設投資需要によって他地域の生産増に与える影響が強い地域は北関東、中部、北陸、中国、四国、九州・沖縄の6地域となる(前掲表12-5、

図12-8)。一方、他地域で生じた需要増加に対して自地域の生産増が感応しやすいのは首都圏、中部、関西の3地域であり、影響と感応がともに強いのは中部のみである。一方、影響、感応ともに弱いのは北海道と東北である。

他地域への影響が強いということは、生産波及過程のなかで生じる、原材料などの中間需要、消費、投資などの最終需要増加のうち、他地域へ漏れていく割合が強いことを意味している。反対に感応が強いということは、そうした需要の漏れを受け止めている地域であるということだ。影響と感応という2つの指標で地域を区分することによって、ある地域の建設投資需要の増加はその地域の生産を増加させることは確かであるが、特に北関東、北陸、四国、九州・沖縄では、需要の漏れが比較的大きく、そうした漏れによって首都圏、中部、関西の3地域の生産を増加させていることがわかる。

● 社会資本の生産力効果

前項では、建設需要が引き起こす生産誘発額を計算し、地域間の比較を行った。そこでは、公共投資というフローの支出が引き起こす影響のみをとりあげたが、公共投資の経済的効果はそれだけにとどまらない。公共投資によって道路、港湾、下水などの社会資本ストックが形成され、それは地域の経済活動を支援して生産性を向上させる働きを持つ。これを社会資本ストックの生産力効果という。しかし、1990年代以降拡大を続けた財政赤字を解消するためには公共投資の伸びを抑える必要があり、生産増加に寄与するとはいっても、今後これまでのような勢いで公共投資を行っていくことは難しい状況にある。また、公共投資の総額が限られれば、どのような施設をどの地域にどれだけ形成するかという、配分の問題に直面せざるを得なくなる。ここでは生産力効果の観点から公共投資の配分の問題を分析する。

供給面から生産を考えるとき、生産水準が生産に投入される就業者数と民間資本ストックの規模によって決定されると考えることはすでに述べた。こうした生産と就業者数および民間資本ストックの関係を生産関数と呼ぶが、ここでは社会資本ストックが生産に与える効果に着目し、生産水準を決定する要因として社会資本を加え、生産水準が就業者数、民間資本ストック、および社会資本ストックの3つの生産要素によって決定されると考えた。なお、

図12-9　産業基盤社会資本の限界生産力（1990～1999年間の平均値）

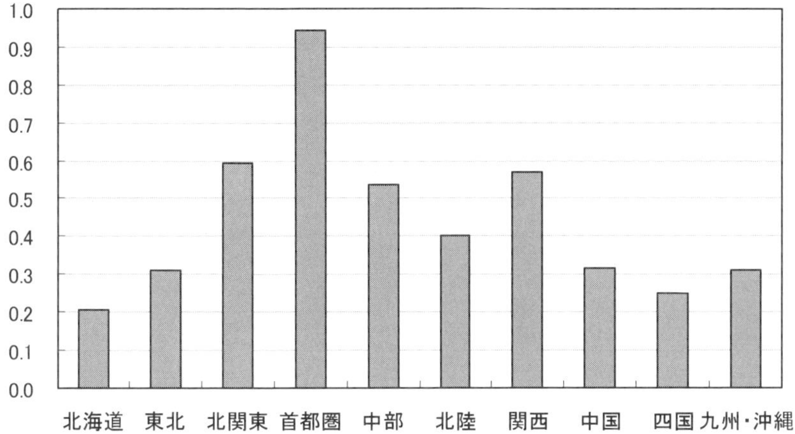

[棒グラフ：北海道 約0.20、東北 約0.31、北関東 約0.59、首都圏 約0.94、中部 約0.54、北陸 約0.40、関西 約0.57、中国 約0.31、四国 約0.25、九州・沖縄 約0.31]

（出所）表12-1に同じ。

　社会資本ストックとしては、生産に関連が深いと考えられる道路、港湾、空港などの産業基盤社会資本ストックを用いている。こうした生産関数を想定すると、社会資本ストックの限界生産力を計算することができる。ここで社会資本ストックの限界生産力とは、社会資本1単位の増加で生産がどれだけ増加するかを示す指標だ。

　実際、1990年代のデータに基づき社会資本ストックの限界生産力を計測すると、最大の首都圏では0.93、2位の北関東では0.59であるのに対し、最小の北海道では0.2、四国では0.24となる（図12-9）。このように、各地域で追加的に同額の社会資本ストックを増やしたとしても、それが地域の生産額を増加させる効果には、大きな差があることがわかる。

　ちなみに、限界生産力の小さい北海道で、産業基盤公共投資を行い、そのストックを1億円増加させても、増加する生産額は2,000万円である。一方、この値の大きい首都圏では、同じだけの公共投資を行い、社会資本ストックを増加させれば、生産額が9,440万円も増加することになる。このように、同額の公共投資を行うとしても、どこで投資を行うかによって生産額の増加分に差異が生じることになる。

表12-6 産業基盤公共投資と産業基盤社会資本ストック

| | 産業基盤公共投資(兆円) ||||| 産業基盤社会資本(兆円) |||||
| | 基準ケース ||| 効率配分ケース || 基準ケース ||| 効率配分ケース ||
	2000	2015	2025	2015	2025	2000	2015	2025	2015	2025
北海道	0.7	0.7	0.7	0.3	0.3	14.6	18.1	19.4	12.5	10.2
東北	1.1	1.1	1.1	0.7	0.6	20.9	28.4	31.4	22.2	21.0
北関東	0.5	0.5	0.5	0.5	0.5	8.8	12.3	13.8	12.7	14.2
首都圏	1.3	1.3	1.3	3.1	3.2	28.2	35.3	37.2	60.5	79.8
中部	1.2	1.3	1.2	1.2	1.2	21.9	31.6	35.6	30.8	34.2
北陸	0.3	0.3	0.3	0.2	0.2	5.3	7.1	7.9	6.0	6.1
関西	1.2	1.2	1.2	1.5	1.5	25.4	32.6	34.5	37.4	42.2
中国	0.7	0.7	0.7	0.5	0.4	15.1	19.8	21.4	15.8	14.7
四国	0.5	0.5	0.5	0.2	0.2	9.4	13.4	14.8	8.9	7.4
九州・沖縄	1.3	1.3	1.3	0.8	0.7	24.2	34.1	38.1	25.8	24.4
計	8.6	8.9	8.7	8.9	8.7	173.8	232.7	254.0	232.7	254.0

(出所) 表12-1に同じ。

したがって、全国の公共投資の量を一定に保ったとしても、公共投資の地域配分を変化させれば生産額が変化するため、日本全体の生産額も変化する。以下では、2025年までの公共投資について2つの地域配分パターンを設定し、各地域とそれらを集計した全国の生産額への影響をみることにする。

ここでは公共投資の地域配分の影響のみに焦点を絞るため、基準ケースと効率配分ケースの2ケースを想定した。なお、全国で行われる産業基盤向け公共投資の総額はケース間では同一の水準に保たれており、今後、全国で行われる産業基盤向け公共投資は各年で8兆円台にとどまるとした。

まず基準ケースとは、先述した地域別公共投資の想定から産業基盤向け投資を取り出して各地域の投資額を設定したものである。基準ケースでは、1990年代後半の公共投資の地域配分比率が2025年まで一定に保たれている。このもとでの、地域別の公共投資の水準とこれに対応する社会資本ストックを表12-6の左側の列に示した。

次に効率配分ケースとは、公共投資の地域配分パターンを従来型ではなく、各地域の生産額に比例し配分するものである。地方に公共投資を重点的に配分する政策は90年代後半に至り徐々に見直されていく傾向にあり、現在もその流れは続いているが、ここではこの傾向が加速することを見込む。図12-9でみたように、首都圏、中部、関西の産業基盤社会資本ストックの限界生産

力は他地域に比べて高い。首都圏、中部、関西以外の地域の公共投資を減らし、上記3地域への公共投資に振り向けると、これら3地域での生産額の増加分は他地域の減少分より多く増加し、日本全体の生産額も増加することが予期される。2節でみたように、首都圏、中部、関西の生産額は他地域に比べて大きく、生産額に比例する公共投資の配分を行うと、結果的に地方圏の公共投資を首都圏、中部、関西などへ基準ケースより多く振り向けることになり、結果の先取りではあるが、これを効率配分ケースと呼ぶ。

効率配分ケースでの社会資本ストックの推移をみると、北海道、四国では2015年の社会資本ストック額が2000年を下回る水準となる。これは2015年までに公共投資により増加する社会資本よりも、社会資本の老朽化などで除却されていく部分のほうが多いことを意味する。効率配分ケースでは、地方圏経済への公共投資の配分が減少するため、社会資本ストックの減少が懸念されるが、北海道、四国ばかりでなく、東北、中国、九州・沖縄でも2025年までには、社会資本ストックの純減に直面する。一方、これまで相対的に少ない投資配分にとどまっていた首都圏などでは、公共投資が増加し、社会資本ストックの蓄積が加速する。

基準ケースで設定した、ほぼ従来の公共投資の地域配分を踏襲するもとで達成される各地域の域内総生産額とこれを集計した全国の生産額を表12-7に示した。この総生産額は、生産関数のみを用いて地域生産額を計算したものであり、地域経済の構造をより詳細に分析し地域経済の将来を展望した前章の結果とは異なるが、各地域が遂げる経済成長のパターンなどでは類似傾向がみられる。この分析結果に依れば、2000年から2025年の経済成長率が最も低い北海道では年率の平均成長率は0.4%、最も高い首都圏では1.4%で、日本全体の経済成長率は1.0%となり、国内総生産額は2015年で582.2兆円、2025年で638.9兆円になる。

一方、公共投資の地域配分を変更したシミュレーション分析の結果を表12-8に示した。これによれば、日本全体の生産額は2015年で593.5兆円、2025年で656.0兆円となる。このとき総生産額を大きく伸ばしているのが首都圏であり期間内の経済成長率は年率1.8%まで高まる。また、関西の総生産額も増加するし、北関東もわずかではあるが生産額が増加する。これに対し、こ

表12-7　公共投資の基準ケースのもとでの地域内総生産額

(兆円)

	地域内生産額 2000	2015	2025	2000～2025年平均成長率	2000～2025年累積公共投資	2000～2025年累積生産
北海道	19.0	19.7	21.3	0.4%	17	514
東北	42.9	46.8	50.9	0.7%	27	1,206
北関東	30.8	34.7	38.0	0.8%	12	889
首都圏	150.0	188.9	210.4	1.4%	32	4,743
中部	70.8	82.2	90.7	1.0%	31	2,094
北陸	12.1	13.7	14.4	0.7%	7	348
関西	81.1	97.9	107.0	1.1%	29	2,472
中国	28.1	31.5	33.6	0.7%	18	805
四国	13.4	14.2	15.3	0.5%	13	368
九州・沖縄	46.0	52.5	57.4	0.9%	33	1,341
計	494.2	582.2	638.9	1.0%	219	14,780

(出所) 表12-1に同じ。

表12-8　公共投資の効率配分ケースのもとでの地域内総生産額

(兆円)

	地域内生産額 2015	乖離額	2025	乖離額	2000～2025年平均成長率	2000～2025年累積公共投資額	2000～2025年累積生産額	乖離額
北海道	18.9	-0.9	19.6	-1.7	0.1%	7	494	-20
東北	45.5	-1.3	48.5	-2.4	0.5%	16	1,177	-29
北関東	34.8	0.1	38.2	0.2	0.9%	13	892	3
首都圏	204.3	15.4	235.4	25.0	1.8%	76	5,077	335
中部	82.0	-0.3	90.2	-0.5	1.0%	30	2,089	-6
北陸	13.4	-0.3	13.9	-0.5	0.6%	5	341	-7
関西	99.7	1.9	110.0	3.1	1.2%	37	2,512	40
中国	30.6	-0.9	32.0	-1.6	0.5%	11	786	-20
四国	13.5	-0.7	14.0	-1.3	0.2%	5	352	-16
九州・沖縄	50.8	-1.7	54.3	-3.1	0.7%	19	1,303	-39
計	593.5	11.3	656.0	17.2	1.1%	219	15,022	242

(注) 乖離額は基準ケースからの差額。
(出所) 表12-1に同じ。

れ以外の地域では軒並み低下するが、これにも地域差があり、中部ではわずかな低下であるが、北海道や四国などの地域では、期間内の経済成長率は0.1%、0.2%といった水準にまで落ち込んでしまう。

　基準ケース、効率配分でそれぞれ日本全体の期間内の年率経済成長率は、それぞれ、1.0%、1.1%となり、表面的には大きな差があるようにはみえないが、公共投資の地域配分の変更を始めた2000年から2025年まで25年間の成長率の差が生み出す日本全体の累積生産額の差は、242兆円にものぼるこ

とがわかる。累積生産額の差異でみたとき、特に大きな増加となるのが首都圏であり、公共投資の地域配分の恩恵をほぼ独り占めするかたちで生産額を増やしており、期間内に増加する生産額は335兆円に達する。

6 まとめ

　地域経済展望によれば、マクロ経済（日本経済全体）の動きを反映して、地域の経済成長率も2000〜2025年間では年率0.2〜1.2％にとどまり、全体的に低調なものとなる。低成長のなかで、地域の経済成長率は最大の首都圏と最小の北海道では年率で1％ポイントの差がつく。その結果、今後も経済成長率の低い地域から高い地域へとヒト、モノ、カネが移動することは避けられないだろう。

　今後の地域経済では消費や投資など需要の成長が低迷する。特に公共投資については、財政再建を図るなかで公共投資の縮小が必至であると考えられ、本書の展望ではかつてのような高い伸びを想定していない。こうした全国での公共投資の規模が限られる状況が必至であるからこそ、公共投資に効率を追及することが今後の重要な課題となる。公共投資のすべてが経済的な利益を追求するものであってはならないが、従来どおり固定的な地域配分を保つ必要もない。公共投資の源は、税収であれ国の借金であれ、最終的には国民の財布にある。特に産業基盤の整備に向かう公共投資に限っていえば、自分の財布からお金を使うときと同じように、その効果に十分な配慮を払い、どこに何を作るかを検討していくことが必要だ。

　民間消費をはじめとする需要の低成長のなかで、相対的には、民間設備投資が地域経済の成長をリードしていく。人口減少時代に、地域経済の活力を需給両面で増進させていくのは民間設備投資である。地域の各自治体の目からみれば、地域経済の活力を高めるためには自地域により多くの民間設備投資を誘導する必要があるということだ。では投資を誘導するためにどうしたらよいのかが次の疑問となるが、残念ながら、これに対して単純明快な答えはない。なぜか。地域は地域ごとに異なった文化や歴史、技術基盤を持っているからだ。

　製造業の強い日本と一言で要約しても、地域別にみれば、中国地域のよう

に国策として重化学工業化が進められた地域、また東北のように80年代までは誘致によって量産工場の進出が盛んであったのに、最近ではそうした工場の閉鎖が目立つ地域など、各地域によってその歴史や技術的基盤は驚くほど異なる。

かつては、地域への投資誘導として、工業団地開発と税制面でのメリットを抱き合わせた企業誘致が盛んであったし、実際に移転も多く希望も持てた時代もあった。しかし、有名な苫小牧の事例をはじめ、莫大な費用をかけながらも企業誘致による経済開発に失敗した事例も数多い。いや、失敗した事例の方が多いといった方が正解だ。こうした失敗例の原因としては、予想していなかった景気の低迷の影響もあったろうし、最近では賃金コストや潜在的市場の大きさから中国が企業の立地場所として急速に魅力を増加させてきたことも影響しているだろう。しかし、より本質的には、優位性の無いところに土地や税制の優遇など時限でのメリットを付与しても、企業誘致は成功しないということだ。

実際、最近の地域産業政策は従来型の団地造成・企業誘致というパターンから、地域の技術基盤、知識基盤を活用したクラスター形成に重点を移しつつある。これまでどこへ行っても似たような施策によって投資を誘導しようとしていたものが、最近は地域の特色や技術的基盤などを重視するようになってきた。また、特区制度の導入や国立大学の独立行政法人化、TLO（技術移転機関）の設置など、地域の技術基盤、知識基盤の活用を企業者、大学、官僚の力を結集して実現するために有利な制度的枠組みもできつつある。さらに、地方分権の動きが高まるなかで、将来的には自治体の財政的な自由度が増すことも期待できる。今地域経済に求められているのは、こうした制度的自由度の増加を活かし、各地域が互いの競争の中でさまざまな試みを行うことだ。そうした試みは、もしかしたら失敗してしまうかもしれない。しかし、その経験から自地域の強み・弱みを発見していくこと、そしてその経験を次の時代の地域づくりに役立てていくこと、それが地域経済の課題ではないだろうか。今後の地域をさらに豊かな社会とするために、制度的自由度の増加を背景に、失敗の可能性に躊躇することなく積極果敢に自地域の可能性を見いだしていく、そうした取り組みが求められている。

1) 本章で用いる10地域区分は、以下のとおりである。
   ・北　海　道：北海道
   ・東　　　北：青森、岩手、秋田、宮城、山形、福島、新潟
   ・北　関　東：茨城、栃木、群馬、山梨
   ・首　都　圏：埼玉、千葉、東京、神奈川
   ・中　　　部：長野、静岡、岐阜、愛知、三重
   ・北　　　陸：富山、石川、福井
   ・関　　　西：滋賀、京都、奈良、和歌山、大阪、兵庫
   ・中　　　国：鳥取、島根、岡山、広島、山口
   ・四　　　国：徳島、香川、愛媛、高知
   ・九州・沖縄：福岡、佐賀、長崎、大分、熊本、宮崎、鹿児島、沖縄

2) 地域経済展望に用いているモデルは地域間産業連関表をベースにしており、地域間産業連関表は暦年、県民経済計算は年度の指標という違いがある。地域経済展望では、県民経済計算資料を基礎資料としているが、総生産（＝粗付加価値）や消費など県民経済計算の指標は1990年で地域産業連関表の対応指標と一致するように、1990年時点の両指標の比率で調整した値を用いている。

3) 分析に使用したモデルは非線形モデルであり、被波及地域計の数値は、１地域ずつ独立して100億円増加させた場合の波及額の合計と、すべての地域で100億円ずつ一度に増加した場合の波及額の合計では異なる。ここでは簡略化のため、１地域ずつ独立して投資を増加させた場合の合計を用いている。

第13章

エネルギーはどうなる

日本経済が大転換時代に入るとともに、国内エネルギー情勢も大きな曲り角を迎えている。エネルギー需要は1990年代前半までは堅調に推移していたが、経済停滞や省エネルギーなどを反映して、後半以降では一転してほぼゼロ成長となっている。地球温暖化問題が高まるなかで一段の省エネルギーが求められるようになった。地球温暖化問題は今後ますます重要性を増し、新エネルギー開発、省エネルギー、燃料転換の促進のために、わが国のエネルギー政策の変更を迫るであろう。また、電力自由化により電力市場の競争が激化し、分散型電源も普及するだろう。本章では、国内エネルギー需給を展望し、総エネルギー、エネルギー間競争、電力需要を中心に将来の動向を明らかにする。

1　国内エネルギー情勢

　国内エネルギー需給を展望する前に、以下4節まで、近年のエネルギー情勢をめぐる潮流変化について概観しよう。

● エネルギー需要は1990年代後半以降ほぼゼロ成長

　エネルギーは経済活動や社会生活にとって必需的な財であるため、その需要は好不況の影響を受ける。また、石油価格が高いほど省エネルギーが進むため、エネルギー需要の伸びは小さくなる。石油危機による価格高騰が収まった1986～2001年度間のエネルギー需要（一次エネルギー総供給）の伸び率を5年毎にみると、過去から順に年4.1％、2.4％、マイナス0.5％であった。一方、同期間の実質GDP成長率はそれぞれ年4.8％、1.6％、0.4％で、エネルギー需要の伸びと経済成長率の間には強い相関がある（図13-1）。今後についても、基本的にこの構造は変わらないと考えられるが、将来のエネルギー需要を一層押し下げる要因として、地球温暖化対策による省エネルギーがある。

　政府が2001年6月に改訂した長期エネルギー需給見通しでは、1999～2010

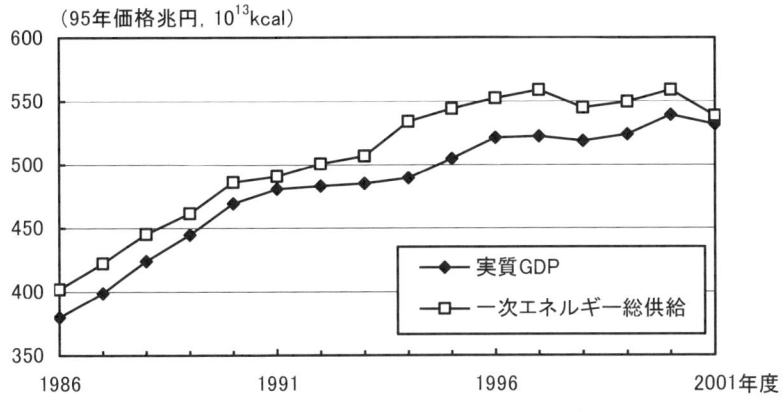

図13-1 実質GDPとエネルギー需要の関係

(95年価格兆円, 10^{13}kcal)

──◆── 実質GDP
──□── 一次エネルギー総供給

(出所)EDMC/エネルギー・経済統計要覧2003年版を参考に作成。

年度間に年平均2％程度の経済成長率が達成される一方、エネルギー需要は基準ケースで年0.4％、目標ケースで0.1％と非常に低い伸びにとどまると見込んでいる。この理由は、2010年度の温室効果ガスの総排出量を1990年度比マイナス6％に抑制するという京都議定書の目標を達成するために、2010年度のエネルギー起源の二酸化炭素（CO_2）排出量を1990年度水準まで抑制するとしており、そのための各種対策が織り込まれているからである。

● 限られる今後の省エネ余地

過去二度にわたる石油危機を経て、日本は世界的にトップクラスの省エネルギーを達成した。このため、将来の省エネ余地は非常に限られている。先述した長期エネルギー需給見通しに基づき、政府が2002年3月に策定した地球温暖化対策推進大綱によると、省エネルギーによるCO_2排出削減目標は2,200万トンで、削減目標全体の3割程度、排出量全体の2％弱に過ぎない（図13-2）。具体的な省エネ対策としては、産業部門では高性能工業炉・ボイラー・レーザーの技術開発と普及、民生部門では機器効率基準の適用範囲拡大や高効率給湯器の普及促進、エネルギーマネジメントシステムの普及促進、交通部門では燃費基準適合車の加速的導入や自動車税のグリーン化、物流の効率化および公共交通機関の利用促進対策の見直しなどとなっている。

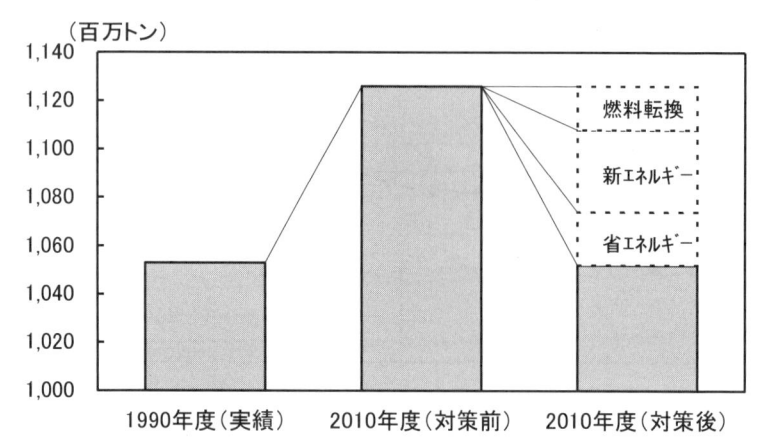

図13-2 政府目標における対策別CO_2排出削減量

(百万トン)

グラフ:
- 1990年度（実績）: 約1,053
- 2010年度（対策前）: 約1,125
- 2010年度（対策後）: 約1,052
- 対策の内訳: 燃料転換、新エネルギー、省エネルギー

(出所) 地球温暖化対策推進本部 (2002) を参考に作成。

2 地球温暖化問題がエネルギー政策を変える

しかし、省エネルギーだけでは京都議定書の目標を達成できない。このため、エネルギー供給に影響を及ぼす新たな施策がとられようとしている。

● エネルギー税率の変更

エネルギーに課せられている税のうち、ガソリン税等の道路特定財源以外では、エネルギーの輸入段階で課せられる原重油等関税・石油税・石油ガス税、および電力に課せられる電源開発促進税がある。これらはどちらも経済産業省が所管するエネルギー特別会計に繰り入れられており、従来は石油備蓄や電源立地および電源多様化の促進のための費用として徴収されてきた。この税率が、地球温暖化抑制のために変更されることになった（表13-1）。具体的には、これまで非課税であった石炭（原料用を除く）への課税を開始し、LPGやLNGの税率を引き上げるとともに、電源開発促進税の税率を引き下げ、電力会社の税負担がこれまでと変わらないようにする。この変更により、石炭価格は20％弱と最も大きく上昇するため、電力会社が新たな発電所を選択する際に、CO_2排出量が少ない天然ガス等ほかのエネルギーへの転換

表13-1 エネルギー特別会計の税率変更予定

	～03年9月	03年10月～05年3月	05年4月～07年3月	07年4月～
石炭(円/トン)	—	230	460	700
石油(円/kl)	2040	変更なし		
LPG(円/トン)	670	800	940	1080
LNG(円/トン)	720	840	960	1080
電源開発促進税(円/kWh)	0.445	0.425	0.400	0.375

(出所) 電気新聞2002年12月16日。

が進むとみられている。

● 再生可能エネルギー割当制度

　省エネルギー・燃料転換と並ぶもうひとつの地球温暖化対策が新エネルギーの普及促進である。従来、新エネルギーによる発電電力は、電力会社が新エネルギーの種類に応じて異なる固定価格で買い取っており、普及拡大に貢献してきた。しかし、固定価格では発電事業者にコスト削減意識が働きにくいことや、適地の偏在で一部の電力会社に費用負担が集中するなど、今後、電力自由化が進み、電力会社間の競争が本格化した場合におけるさまざまな問題が浮かび上がった。このため2003年4月より、再生可能エネルギー割当制度 (Renewables Portfolio Standard, RPS制度) が導入された。本制度は、新エネルギー等発電事業者に対して設備認定を行った上で、電気事業者に対し総販売電力量の一定割合を新エネルギー等電気相当量で賄うことを義務付ける。電気事業者は義務の履行に際して、①自ら発電する、②他から新エネルギー等電気を購入する、③他から新エネルギー等電気相当量を購入するうち、最も有利な方法を選択する (図13-3)。これにより、再生可能エネルギーの偏在による費用負担の違いが平準化され、同時に新エネルギー等発電事業者には競争を通じてコスト削減努力が促される。義務量は長期エネルギー需給見通しの目標ケースに基づき、2010年度に1.35%とされている。しかし、本制度は新エネルギーの供給目標のうち約半分を占める発電分野だけに対して適用されるため、熱利用分野での新エネルギーの利用促進にはつながらない。

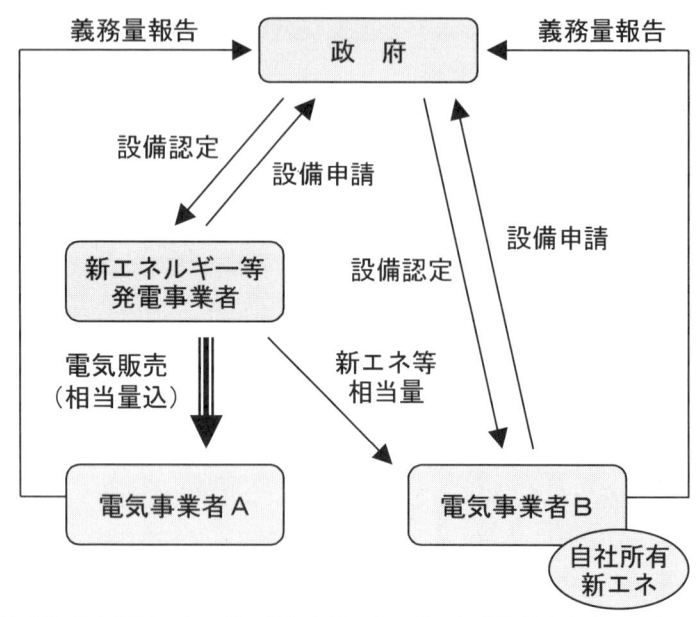

図13-3　再生可能エネルギー割当制度の仕組み

[図：政府、新エネルギー等発電事業者、電気事業者A、電気事業者Bの関係図。政府と各事業者の間で義務量報告、設備認定、設備申請のやり取り。新エネルギー等発電事業者から電気事業者Aへ電気販売（相当量込）、電気事業者Bへ新エネ等相当量。電気事業者Bは自社所有新エネを保有。]

（出所）総合資源エネルギー調査会新エネルギー部会資料を参考に作成。

3　分散型電源は新たな潮流となりうるか

● 着実な増加を続ける分散型電源

　分散型電源の増加が続いている。日本コージェネレーションセンターによると、2003年3月末時点で4,515件、合計6,504MW（産業5,074MW、民生1,429MW）のコージェネレーションシステムが稼働しており、その設置件数・発電容量とも年々拡大を続けている（図13-4）。今のところ、原動機はガスエンジン・ガスタービン・ディーゼルエンジンの3種類がほとんどを占めているが、近年、マイクロガスタービンや燃料電池という新たな分散型電源技術が実用化された。コージェネレーションシステムは電気と熱を同時に発生するため、利用者の熱と電気の消費量の比（熱電比）が分散型電源の発電効率および廃熱回収効率とマッチしなくてはならない。このため、民生部門でコージェネレーションシステムが多く導入されるのは比較的熱需要が多

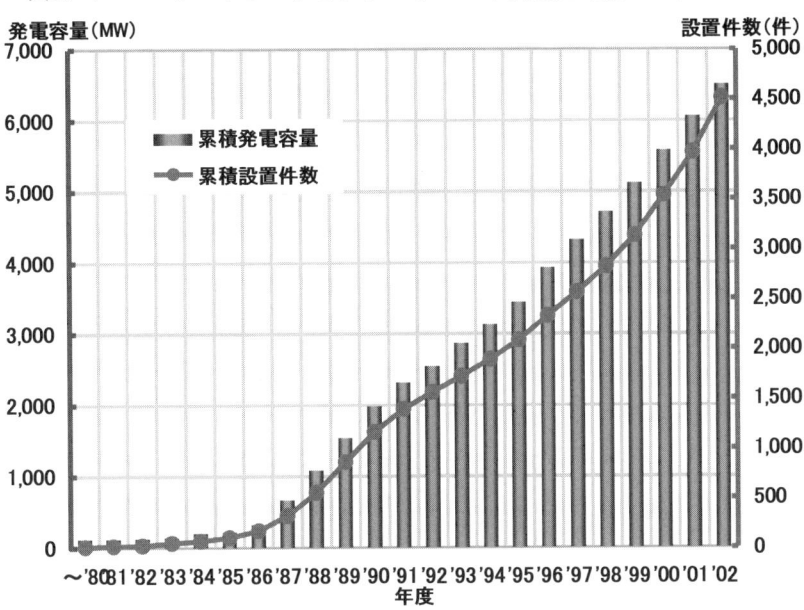

第13章　エネルギーはどうなる　247

図13-4　コージェネレーションシステムの年度別発電容量・設置件数

（出所）日本コージェネレーションセンターホームページ
（http://www.cgc-japan.com/）。

いホテルや病院などであった。

　燃料電池は従来の技術より発電効率が高く、また規模も1kWと非常に小さいものから用意できるため、これまで熱需要が少なくコージェネレーションシステムに向いていなかった業種や家庭への導入が期待されているが、今のところ、コスト以外に耐久性や起動時間の短縮などの技術的課題が残っている。しかし、燃料電池は他の分散型電源技術と異なり、自動車用としての普及も見込まれるという特長を持っている。特に自動車による大気汚染が深刻なアメリカでは、究極のクリーンカーとして燃料電池自動車に対する期待が大きく、官民あげての開発を進めている。自動車用の燃料電池はコージェネレーションシステム用と同じ固体高分子形で、しかも自動車1台当たりの容量は家庭用コージェネレーションシステムの数十倍もある。このため、燃料電池自動車の普及が進めば、量産効果によってコージェネレーションシステム用の燃料電池の価格低下も期待できる。これにより、将来、1kW当たり数

10万円程度まで価格が低下すれば、政府の燃料電池実用化戦略研究会が2001年に掲げた野心的な目標（分散型電源として2010年に210万kW、2020年1,000万kW）も達成できるかもしれない（燃料電池実用化戦略研究会(2001)）。このように、燃料電池は数兆円規模の新たな成長産業に育つ可能性を秘めている。

● 分散型電源普及に伴う問題点

このように、分散型電源に対する期待は高く、政府も出力10kW未満の小型ガスエンジン・コージェネレーションシステムを普及させるため、助成制度の導入を検討している。しかし、課題もある。一つは、コージェネレーションシステムの省エネ性・省CO_2性に対する疑問である。コージェネレーションシステムは廃熱の回収が十分に高い場合に省エネ性を発揮するが、日本は温熱需要が欧米より少ないうえ、熱と電力需要の発生時間のミスマッチや季節間のアンバランスなどにより、総合効率が50〜60％台と低迷しているケースが少なくない。また、CO_2に関しては、系統電力のCO_2排出原単位をコージェネ側にとって有利な火力平均とするか、それとも全電源平均とするかによってネットのCO_2削減率がプラスにもマイナスにもなりうる。もう一つの問題は、都市のヒートアイランド現象である。今後、分散型電源は民生用への普及拡大が見込まれているが、これらは都市内の新たな廃熱発生源となり、ヒートアイランド現象を深刻化する恐れがある。簡単な数値例を示すと、コージェネにとって理想的な電力30・熱50の需要があるとき、コージェネによる一次エネルギー消費および都市内廃熱はともに100となる（総合効率80％）。一方、系統電力＋高効率ヒートポンプ（冷暖房・給湯）の組み合わせでは、一次エネルギー消費は120とコージェネより多いが、都市内廃熱は68とコージェネの3分の2程度となる（系統電力の需要端効率35％、ヒートポンプのCOPは冷暖房と給湯の平均で4.17、都市近郊火力の割合が3分の1の場合）。

4　展望の前提条件

これまでみてきた情勢変化を踏まえ、国内エネルギー展望では前提条件として下記のような想定を行った。

◆ 省エネルギー・新エネルギー

省エネルギー対策としては、政府の大綱策定以前からとられていた各種対策（日本経団連の環境自主行動計画やトップランナー効率基準など）の効果を織り込んでいる。このなかには、後述する電気事業の環境自主行動計画も含まれている。

新エネルギーについては、再生可能エネルギー割当制度の導入により、長期エネルギー需給見通しの目標ケースにおける新エネルギーの発電利用目標が達成されると想定した。熱利用目標については、今のところ導入促進策が何らとられていないため、過去に灯油価格が高騰したときに太陽熱温水器が普及したように、エネルギー価格の変化に応じて普及テンポが変わるとした。

◆ エネルギー価格

輸入エネルギー価格は、世界の一次エネルギー価格と為替レートの予測結果をそのまま使用している。国内エネルギー価格は、輸入エネルギー価格に石油精製や発送電のための費用を上乗せして推定するとともに、エネルギー特別会計の税率変更を反映している。また、電気料金については、2000年3月に開始された小売り部分自由化の範囲が今後も拡大される運びとなったことを受け、今後、販売競争を通じた引き下げが進むと想定した。

◆ 分散型電源

本展望では、日本全体のエネルギー消費量を全種類カバーする政府の「総合エネルギー統計」をもとに構築したエネルギー需給モデルを用いている。しかし、同統計では、報告義務のない出力1,000kW未満の分散型電源は自家発電として扱われておらず、分散型電源が消費する燃料は他の用途の消費と一括して計上されている。このため、本展望では、燃料電池コージェネレーションシステムの将来の普及のみを外生的に考慮した。普及率は、燃料電池の価格が高いことを考慮し、2020年に全世帯の5％程度にとどまると想定した。

5 エネルギー需要は横ばいでもCO_2排出量は目標を上回る

● 低成長と省エネ対策によりエネルギー需要は横ばい

先述のように、エネルギー需要の伸びと経済成長率の間には強い相関があ

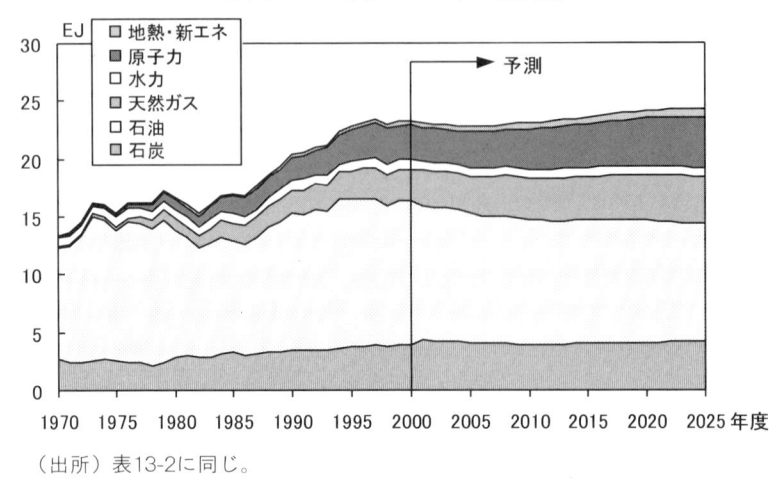

図13-5 一次エネルギー総供給

凡例：地熱・新エネ、原子力、水力、天然ガス、石油、石炭

(縦軸: EJ、横軸: 1970〜2025年度、2000年度以降は予測)

(出所) 表13-2に同じ。

表13-2 一次エネルギー総供給の内訳

(PJ)

	2000年度 (実績)	2010年度	2025年度	2000〜10 (年率)	2010〜25 (年率)	2000〜25 (年率)
一次エネルギー総供給	23,385	23,068	24,344	-0.1%	0.4%	0.2%
石炭	4,195	3,903	4,162	-0.7%	0.4%	0.0%
石油	12,106	10,758	10,170	-1.2%	-0.4%	-0.7%
天然ガス	3,072	3,642	4,120	1.7%	0.8%	1.2%
水力	806	765	765	-0.5%	0.0%	-0.2%
原子力	2,898	3,452	4,391	1.8%	1.6%	1.7%
地熱	40	40	40	0.0%	0.0%	0.0%
新エネルギー等	267	508	696	6.7%	2.1%	3.9%

(出所) 服部ほか (2003)。

る。今後、日本経済は少子・高齢化による労働人口の減少や財政破綻回避のための増税などの影響で、2000〜2025年間では年平均1％程度の低成長を余儀なくされる。これに加え、地球温暖化抑制のための省エネルギー対策の影響で、一次エネルギー総供給は2000〜2010年度間が年率マイナス0.1％、2010〜2025年度間が0.4％、全期間平均で0.2％とほぼ横ばいとなる（表13-2、図13-5）。この間に石油依存度は52％から42％へと10％ポイント減少するが、これはほとんどが原子力と天然ガスの増加によるもので、新エネルギー等は2000年度の1.1％が2025年度に2.9％と1.8％ポイント増加するに過ぎない。

表13-3 政府見通しとの比較（2010年度断面）

(原油換算百万kl)

	本展望結果		政府見通し （目標ケース）		差 (本展望－政府)
一次エネルギー総供給	604		602程度		＋2
エネルギー別区分	実数	構成比%	実数	構成比%	
石炭	102	16.9	114程度	19程度	－12
石油	282	46.6	271程度	45程度	＋11
天然ガス	95	15.8	83程度	14程度	＋12
水力	20	3.3	20	3程度	±0
原子力	90	15.0	93	15程度	－3
地熱	1	0.2	1	0.2程度	±0
新エネルギー等	13	2.2	20	3程度	－7
再生可能エネルギー	34	5.7	40	7程度	－7

（出所）服部ほか（2003）を参考に作成。

　2010年度の展望結果を政府の長期エネルギー需給見通し（目標ケース）と比較すると、総量では原油換算200万klの違いとほぼ等しい（表13-3）。しかし、その前提である2000～2010年度間の実質GDP成長率は、本展望の年率0.8％に対して、政府見通しでは2％程度と2倍以上となっていることから、本展望では政府見通しのおよそ半分程度のテンポでしか省エネルギーが進まないとみていることになる。

　エネルギー別の内訳では、政府見通しと比べて、石炭が－1,200万kl、石油が＋1,100万kl、天然ガスが＋1,200万kl、原子力が－300万kl、新エネ等が－700万klとなっている。本展望では石油と天然ガスが多く、石炭が少ないのは、政府見通しより原子力が少ないなかで環境自主行動計画を達成するために、LNG火力を増やす必要があるとみていることが影響している。新エネルギー等が政府目標より少ないのは、本展望では、RPS制度の対象外である熱利用分野で太陽熱利用が政府目標ほど増加しないことや、黒液・廃材等の利用が紙・パルプ産業の縮小に伴って減少することなどのためである。このため、再生可能エネルギーの割合は2010年度で5.7％にとどまり、政府目標ケースの6.6％に達しない。

● CO_2排出量は1990年水準までは減少しない

　2000年度のCO_2排出量（エネルギー起源）は1990年度水準より約10％増

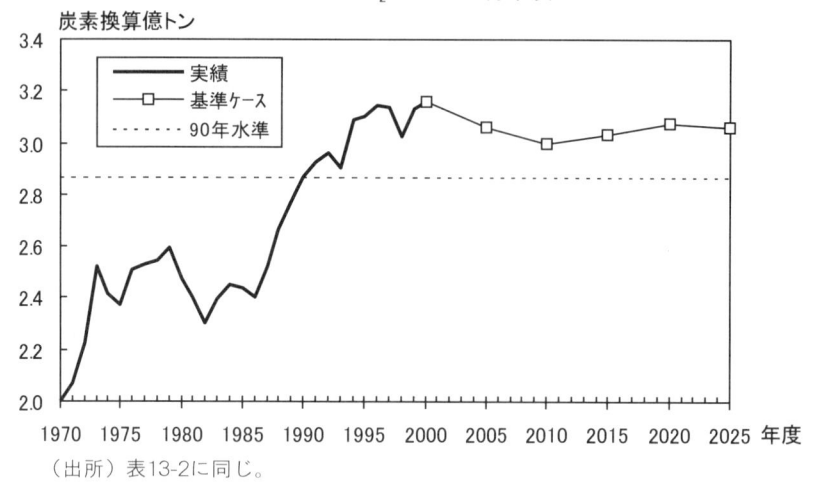

図13-6 CO$_2$排出量の将来展望

(出所) 表13-2に同じ。

加してしまった。このため、エネルギー需要が2000～2010年度間で横ばいであるなら、エネルギー需要当たりのCO$_2$排出量を年1％の割合で減らさなくてはならない。年1％を超える高い脱炭素化は、過去に何度か達成しているが、2年間続いたのは二度だけで、あとはすべて1年ずつである。今後、電気事業の環境自主行動や原子力発電の着実な導入、そしてRPS制度により脱炭素化が進んだとしても、2010年度までの期間で年率マイナス0.5％程度と予想されるため、2010年度のCO$_2$排出量を1990年度水準に抑制するという政府目標は達成できず、1990年度比4.3％増の水準となろう。その後も若干の増加となり、2025年度では1990年度比6.6％増の水準に達する（図13-6）。

政府は地球温暖化対策推進大綱で2002～2012年度を3つの期間に分け、第一ステップ（2002～2004年度）での状況をみて対策が不十分であれば、第二ステップ（2005～2007年度）以降に追加措置を講ずるとしている（地球温暖化対策推進本部（2002））。追加措置の一つとして考えられるのが環境税の導入であり、導入形態や税収の使途などによっては、CO$_2$排出削減と引き換えに一層低い経済成長率に甘んじなくてはならない事態も起こりうる。政府の中央環境審議会では、既存のエネルギー税制を残したまま、炭素1トン当たり3,400円（ガソリン1リットル当たり約2円）の温暖化対策税という名

の環境税を2005年度より追加導入し、その税収を温暖化対策実施のための補助金として使えば、2010年度のCO_2排出量を1990年比マイナス2％の水準に抑制することが可能で、実質GDPは温暖化対策税を導入しない場合より0.06％減にとどまるという試算結果が公表されている（中央環境審議会（2003））。政府とは前提条件や導入シナリオが異なるが、電力中央研究所が行った環境税シミュレーションでは、2010年度のCO_2排出量を1990年水準に抑制するために必要な炭素税の税率は炭素1トン当たり8,400～10,000円、その際のGDP損失は0.1～0.6％（課税方法や税収の還流方式により異なる）となっている。

6 サービス化で電力への依存度が高まる

現在の情報化社会にとって、電力の安定供給は必須条件である。今後も情報化社会の進展や産業構造のサービス化などにより、エネルギー需要全体に占める電力の割合はますます高まっていくことが予想される。

● 業務部門が電力シフトをけん引する

先述の一次エネルギーから、発電ロスなどエネルギー転換に伴う損失分を除いたのが最終エネルギー消費であり、これはエネルギーの利用者側からみた場合の需要ということができる。最終エネルギー消費の伸び率は、一次エネルギー供給よりやや小さく、2000～2010年度間では年マイナス0.4％、その後はGDP成長率の回復などの影響で0.3％となり、全期間平均ではほぼ横ばいとなる。部門別では、環境自主行動計画や自動車の燃費基準強化の影響で、産業部門と運輸部門の消費量が全期間マイナスの伸びとなる一方、家庭部門と業務部門の消費量が増加する（図13-7）。特に、業務部門の割合は2000年度に12.3％であったのが2010年度に14.6％、2025年度に18.0％と急速に拡大するが、これは主に産業構造の変化に伴うサービス業の生産拡大や、オフィス部門での単位当たり需要が増加するためである。

エネルギー源別では、全期間を通じて石炭、都市ガス、新エネ（黒液等を除く）、電力、地域熱供給の需要が伸び、コークス等、石油製品、天然ガス、黒液等の需要が減少する（表13-4）。石炭需要が伸び、石油製品が減少する

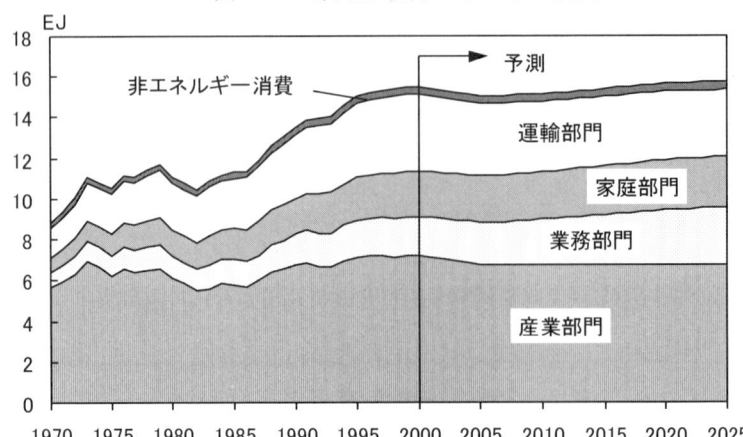

図13-7 部門別最終エネルギー消費

（出所）表13-2に同じ。

表13-4 エネルギー源別最終エネルギー消費

(PJ)

	2000年度 (実績)	2010年度	2025年度	2000〜10 (年率)	2010〜25 (年率)	2000〜25 (年率)
最終エネルギー消費	15,729	15,151	15,765	-0.4%	0.3%	0.0%
石炭	689	823	918	1.8%	0.7%	1.2%
コークス等	1,042	784	745	-2.8%	-0.3%	-1.3%
石油製品	9,289	8,440	8,130	-1.0%	-0.2%	-0.5%
天然ガス	21	4	2	-15.6%	-2.9%	-8.2%
都市ガス	1,032	1,137	1,299	1.0%	0.9%	0.9%
地熱	9	9	9	0.0%	0.0%	0.0%
黒液・廃材等	105	75	56	-3.4%	-1.9%	-2.5%
新エネルギー(太陽熱)	34	41	99	2.0%	6.0%	4.4%
電力	3,484	3,795	4,381	0.9%	1.0%	0.9%
熱	23	42	125	6.4%	7.5%	7.1%

（出所）表13-2に同じ。

のは、一般炭の輸入価格の上昇率が原油より小さいため、主に産業部門で石炭の需要が増加するためである。一方、コークス等や黒液等の需要が減少するのは、産業部門の環境自主行動計画や産業構造の転換の影響で、鉄鋼業や紙・パルプ製造業のエネルギー消費が増えないためである。都市ガスは90年代に年率5％近い高い伸びを記録したが、今後は1％程度の伸びにとどまる。産業部門では、都市ガスへの転換が一巡することと、都市ガスの価格上昇率が競合燃料である石油製品より高いことが影響している。また、業務部門で

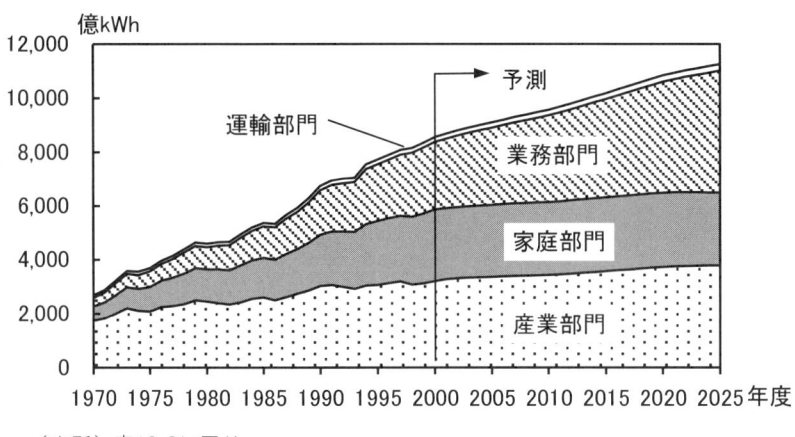

図13-8 系統電力需要

（縦軸）億kWh

（凡例、下から上へ）産業部門、家庭部門、業務部門、運輸部門

2000年度以降は予測。

（出所）表13-2に同じ。

は、電気料金が自由化の影響もあり、2000年から2010年にかけて10％程度下落すると見込まれているため、電力に対して相対的に不利となることが大きく影響している。

　電力需要の伸び率は2000～2010年度間が0.9％、2010～2025年度間が1.0％、全期間平均では0.9％で、実質GDP成長率より若干小さい。電力を系統電力と自家発電に分けると、自家発電は電力小売り自由化の拡大による電気料金の低下や、自家発電の最大のユーザーである素材産業の低成長などによりマイナスの伸びとなる。このため、系統電力需要の伸び率は2000～2010年度間、2010～2025年度間とも年率1.1％で、概ねGDP成長率と等しい伸びを示す（図13-8）。

　しかし、特に都市部において、ガスを熱源とする吸収式冷凍機やヒートポンプの普及が拡大しており、この普及動向によっては電力需要の一部が都市ガスに代替される可能性は残っている。電力小売り自由化の対象範囲は、今後、2007年度にかけて小口の業務部門全体に拡大されることから、最も高い伸びが期待できる業務用での顧客獲得競争が激しくなることが予想される。

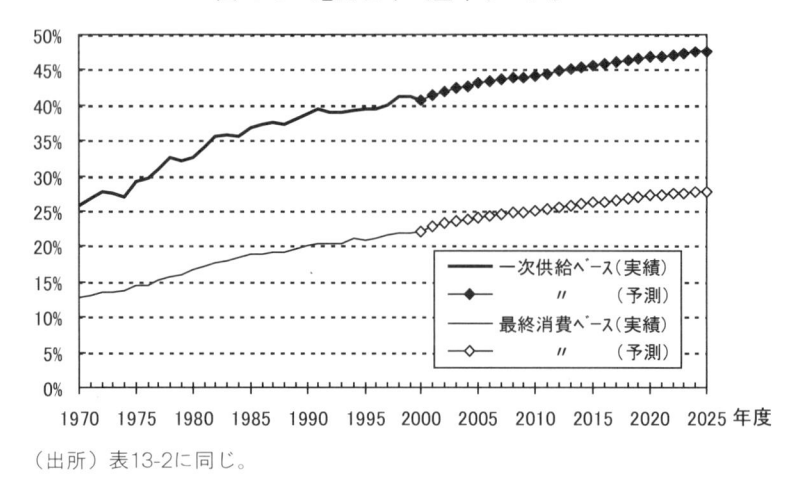

図13-9 電力化率（基準ケース）

（出所）表13-2に同じ。

● 世界的にみて高い電力化率はさらに高まる

この結果、全エネルギーに占める電力の割合（電力化率）は、一次供給ベースで2000年度の40.6％が2010年度には44.2％、2025年度には47.6％に、最終消費ベースでは同22.2％が25.1％、27.8％にまでそれぞれ高まる（図13-9）。OECD統計によれば、日本の電力化率（最終消費ベース）は2000年度時点ですでに24.0％に達しており、これはOECD 30カ国中第5位と非常に高い。日本より電力化率が高いのは北欧3カ国（スウェーデン・ノルウェー・フィンランド）とアイスランドであるが、これらの国は気候が寒冷で暖房用に多くのエネルギーを必要としており、それを主に電気で行っていることや、水力や地熱が豊富で電気料金が安くアルミ精錬のような電気冶金工業が発達しているためである。こうした事情は日本には当てはまらないことから、日本の電力依存度は世界的にみても相当に高いといえる。

7　電力需要の増加を低める2つの要因

● 原子力低迷が電気料金の上昇をもたらす

電気事業のCO_2排出抑制に原子力は欠かせない。大規模集中型電源のうち

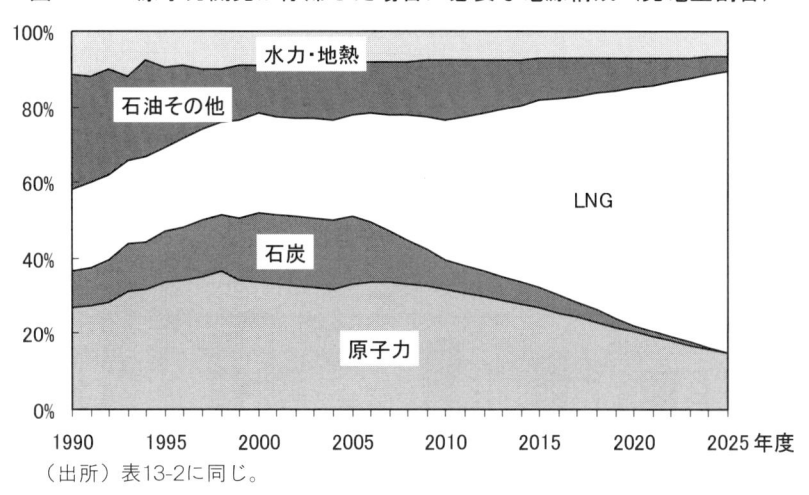

図13-10 原子力開発が停滞した場合に必要な電源構成（発電量割合）

（出所）表13-2に同じ。

原子力に次いでCO_2排出が少ない天然ガス複合発電のCO_2排出原単位は最新鋭のものでさえ現在の全電源平均程度である。このため、今後の電力需要の増加分をすべて天然ガス複合発電で賄うだけではCO_2排出原単位を横ばいにするのがやっとである。電気事業連合会によると、電気事業の2001年度におけるCO_2排出原単位の実績値は1990年度比マイナス10％程度となっているため、環境自主行動計画（2010年度のCO_2排出原単位を1990年度比マイナス20％に抑制する）を達成するためには、横ばいでは不十分である。

しかし、原子力の新設に対する状況は厳しい。最悪のケースとして、仮に今後、原子力発電所が泊3号機を除く現在工事中の3基だけしか新設されず、かつ既設の発電所が運転開始後40年で閉鎖されるとしよう。この場合、原子力発電所の設備容量は現在の4,574万kWが2010年度で4,842万kW、2025年度で2,522万kWとなる。原子力の停滞により、電気事業は環境自主行動計画を達成するためには、LNG火力の新増設や大幅な焚き増し（ベース運転の増加）に加え、石炭火力の大幅な発電抑制が必要となる（図13-10）。

ベース運用の電源としては、LNG火力は原子力や石炭火力より発電単価が高いため、このような電源構成の変化は電気料金の上昇につながる。シミュレーションによれば、電気料金は原子力の導入が着実に進む場合より2010年

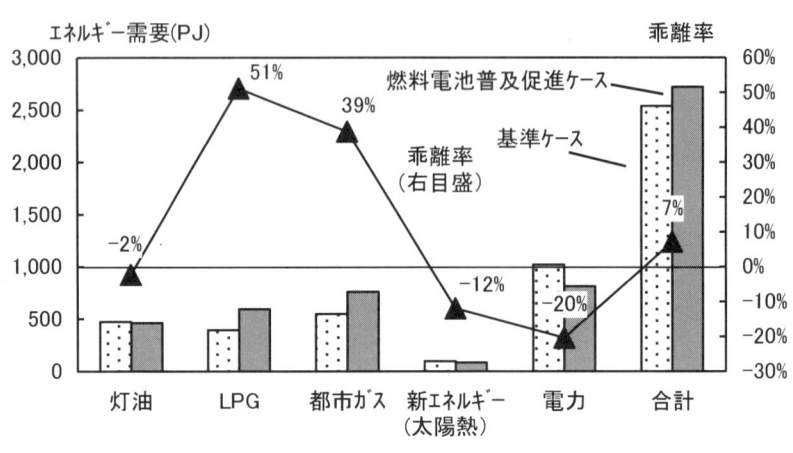

図13-11 燃料電池の普及が拡大した場合の家庭用エネルギー需要の変化
（2025年度）

(出所) 表13-2に同じ。

度で2.4％、2025年度で15％それぞれ上昇する。実際には、LNG火力を持つ電力会社から持たない電力会社への送電が増加するはずで、このための送電線増強のための費用を考慮するともっと上昇する可能性がある。電気料金の上昇は系統電力の価格競争力を弱めるため、2010～2025年度間の伸び率は年率0.8％に落ち込む。ただし、本試算は電気料金の上昇による経済成長の鈍化を織り込んでいないため、実際の増加率はさらに小さくなる恐れがある。

● 燃料電池が家庭用エネルギー需要を大きく変える

先述したケースでは、燃料電池は2020年に全世帯の5％に普及すると想定している。しかし、政府の燃料電池実用化戦略会議が掲げた目標は定置用で2020年に1,000万kWで、これがすべて家庭用として普及すると、普及率は4倍の20％に達する。この場合、家庭用の系統電力需要は普及率5％時と比べて2025年度では20％減少し、系統電力需要全体では5.3％の減少となる（図13-11）。この結果、2010～2025年度間の系統電力需要は年率0.8％にまで低下する。一方、燃料電池の燃料である都市ガスとLPGの需要は普及率5％時と比べてそれぞれ39％、51％と大幅な増加となる。このように、燃料電池の

普及は家庭用のエネルギー需要構造を大きく変え、系統電力需要を大きく減少させる可能性を持っている。燃料電池の普及率は補助金の水準次第で大きく変わると思われるが、先述したとおり、補助の実施に当たっては燃料電池がネットでCO_2排出削減につながるかどうかを慎重に見極めるべきであろう。

8 まとめ

本章では、2025年までの国内エネルギー需給がどのような姿になるかについて述べた。今後は、少子・高齢化の加速、低い経済成長、地球温暖化問題への対応などにより、エネルギー需要はほぼ横ばいという、かつてない低い伸びにとどまろう。そのなかで、原子力や天然ガス、新エネルギーの導入拡大により、石油依存度は現在の52％が2025年に42％へと10％ポイント低下し、エネルギーセキュリティは向上するであろう。消費側でみれば、民生部門、とりわけ業務部門の割合が高まる。これは産業構造のサービス・IT化の進展が今後も続くとみられるためである。元来、民生部門は電力への依存度が高いため、同部門の高いエネルギー需要の伸びは電力化を牽引することにつながる。

国内エネルギー需給に関する今後の課題は、地球温暖化問題への対応である。本書の展望では、近年新たに実施された省エネルギーの強化や石炭課税、RPS制度などの影響を考慮したが、それでもエネルギー起源のCO_2排出量は2010年には90年比4.3％の増加となる。さらに、原子力の導入が進まずLNGに頼らざるを得なくなれば、電気料金の上昇が経済成長を一層低めるという問題もある。

新たなCO_2排出削減対策として、現在、環境税が注目を集めているが、中央環境審議会が提案するような、純粋な増税につながる課税方式に対しては国民の反対が強いと思われる。環境税は他の税率の緩和を通じた税収中立方式で導入される可能性が高いだろう。経済成長を阻害しない地球温暖化対策とはどのようなものか。この問いに対する答えを得て速やかに実行に移すことが、京都議定書の第一約束期間が接近しているいま、いよいよ真剣に求められている。

終　章

持続的成長に向けて何が必要か

これまで中長期的な視点から、日本経済の現状を分析し将来を展望した。第Ⅰ部では、21世紀初頭の日本経済をとりまく三大潮流と三大リスクの経済的影響について整理した。続く第Ⅱ部では、財政破綻を回避し、持続的経済成長を達成するシナリオのもとで、日本経済の将来動向を7つの分野（人口、マクロ経済、財政、海外生産・貿易、産業構造、地域経済、エネルギー）から多角的、総合的に展望した。

最後に、本章ではこれまでの分析結果や展望結果を踏まえて、日本経済が直面する問題点や課題を整理し、日本経済が持続可能な成長を遂げるためには何をなすべきかをまとめて、本書の結びとしたい。

1　国家財政破綻の危機

21世紀初頭の日本経済を大きく左右するのは、グローバル化・世界大競争、少子・高齢化、高度情報化という三大潮流である。このうち少子・高齢化は、日本経済にとって成長を抑えるリスク要因だ。このほかデフレ長期化、財政破綻というリスクがあり、これら三大リスクが今後の日本経済の成長を押し下げる。少子・高齢化とデフレ長期化は、財政破綻リスクを増幅する。リスクがリスクを呼ぶわけだ。

三大リスクのうち、最も深刻な影響を及ぼすのが財政破綻のリスクだ。日本の財政は世界で最悪の状況にある。毎年30～40兆円の財政赤字が引き続いており、財政は危機的な局面を迎えている。2004年現在、政府の債務残高は国、地方政府を合わせて約700兆円、対名目GDP比で約140％（1.4倍）という莫大な額に達している。政府の国民に対する借金は1世帯当たり約1,500万円にもなる。1世帯当たりの家計の貯蓄残高はおよそ1,700万円であるから、家計が戦後60年にわたって貯めた資産を帳消しにしてしまうほど巨額の負債なのだ。

今のところ財政破綻の公的な認定基準はないものの、本書で示した基準によれば、今や国家財政は実質的に破綻しているといってよい。しかし、債務

返済が不可能になる真性の財政破綻の状態にまでは至っていない。真性の破綻状態に至れば国債や地方債は紙くず同然になってしまう。今のところそのような状況には至っていないが、このまま財政赤字を放置し続ければ、20年以上先には真性の財政破綻に陥る恐れがある。

こうした財政危機から脱出するシナリオには、良いシナリオと悪いシナリオの2つがある。内需促進策と財政再建策を両立させ、財政収支を改善していくのが良いシナリオである。これが合理的な政策だ。これに対して、ハイパーインフレーションによって、政府債務を帳消しにしてしまうのが悪いシナリオだ。日銀が国債や地方債をすべて引き受けて紙幣を発行すれば、ハイパーインフレーションが発生し、実質的な政府債務は消えてしまう。しかしその半面、国債や地方債を保有している金融機関や国民は巨額の損失を被る。さらには、国民が汗水流して貯めた貯蓄やその他の資産の実質的な価値も、ほとんど無くなってしまう。そうなれば、財政破綻は免れるとしても日本経済は滅びてしまう。

財政破綻の可能性が高まると、為替レートが円安になって輸出が増えるため、財政赤字は改善されるとする見方もあるが、これはあまりにも楽観的に過ぎる。実体はそうならない。為替レートが経常収支などに依存して決まるためだ。財政が実質破綻局面に入ると、国内需要が停滞し輸入が伸びなくなり、経常収支が拡大するため、為替レートは円高となる。為替レートを円安に誘導できるのは短期的な話なのである。長期的に為替レートを自在に操作することは不可能である。

2　持続的成長に向けて必要なこと

財政が破綻すれば日本経済は立ち行かない。最後に、日本経済が財政危機から脱出し、持続的成長を達成するためには、何が必要であるのかをまとめておこう。

● 財政政策は長期的な視野で

まず、何よりもデフレ脱却が必要だ。2004年現在、民間設備投資の自律反転で景気が回復しつつある。今こそ金融の量的緩和を続けるほかに、財政を

緩めてデフレを終息させ、持続的成長への足掛かりをつかむ絶好のチャンスだ。デフレ脱却には、金融政策と財政政策が一体化しなければ効果は薄い。この数年の間、厳しい財政引き締めが続いていたが、そのお陰で財政を緩める余地が出てきている。

　しかし、財政を緩めるといっても、一気に10兆円以上もの大規模な財政出動をして、その後急激に引き締めるならば、90年代以降の政策失敗の二の舞になる。同じ過ちを繰り返してはならない。短期的な景気変動に振り回されずに、中長期的な視野で財政を運営していかなければならない。

　これまでは、不況になると財政出動というのが定番であった。低成長が当たり前の時代となれば、ゼロ成長や若干のマイナス成長は異常なことではない。不況だからといって、急激に公共投資を増やせば、ムダなところに資金を費やしてしまうことにもなりかねない。それよりも公共投資については、短期的な景気変動にとらわれず、ある一定の幅のなかで安定的な伸びを確保し、新成長分野や国民のニーズが高い分野のインフラ整備に重点的に配分する方がよほど効果的である。

　公共投資の対名目GDP比について、2025年で3％以内に抑えることを長期的な目標とすれば、公共投資の伸び率は名目GDP成長率よりやや低くなる。展望結果からみると、今後の公共投資の伸びが平均1％の場合、例えばプラスマイナス2％の幅を設定するのがよいだろう。公共投資の伸び率は、不況時には最大でプラス3％、好況時には最低でマイナス1％を目安として、長期的な視点で財政を運営するわけである。こうしておけば、ケインズ政策（需要管理政策）を生かすとともに、公共投資をむやみに景気調整の手段として使うことによる弊害を抑えることができよう。

　低成長が当たり前の時代となり、税収の確保が難しくなれば、財政資金はますます貴重なものとなる。公共投資などの財政支出の財源は租税や政府の借金であり、結局のところ、家計や企業が生み出した富が源泉である。民間部門が稼ぎ出したものを再分配するのが、財政の大きな役割なのである。不況対策で財政出動するならば、好況時には財政を引き締めないと、財政収支のつじつまは合わなくなる。誰しも減税は好むが増税は拒否するから、短期的な景気調整策で財政赤字が増えてしまうわけだ。

公共投資をむやみに不況対策に使うのではなく、中長期的な視野から、経済成長や国民福祉の向上のため、21世紀にふさわしい新成長分野や国民のニーズが高い分野に社会資本を投入すべきである。

● 経済成長と財政再建の二兎を追え

　人口減少時代を迎え、高齢者の急増で社会保障費が膨らむため、政府債務残高はどんどん増えていく。財政破綻を回避して、持続的成長を達成するためには、良いシナリオを選択しなければならない。経済成長（内需促進）と財政再建の二兎を追う両立型の政策が必要である。どちらか一方の政策だけでは、うまくいかない。小泉政権が推し進めている構造改革は必要だが、道路・郵政事業などの民営化だけで日本経済を活性化し、財政収支を改善することは難しい。大幅増税や社会保障改革を柱とする財政再建策とともに、新成長産業の創出を柱とする内需促進策が不可欠である。持続的成長の達成には二兎を追うほかない。

　政府は消費税率を2007年までは引き上げないとしているが、大幅な増税はもはや時間の問題である。消費税を増税しなければ、税額控除の縮小・撤廃や所得税の増税、社会保障負担の増大が必要になるだけだ。

　しかし、増税だけだと日本経済は長期停滞に陥る。増税で得た資金を新成長産業の育成・拡大に使うことが重要だ。新成長産業の創出などにより内需を拡大しなければ、財政再建は失敗に終るだろう。消費税率を引き上げる際、例えば、増税分の2、3割を「新産業育成基金」として確保し、成長分野を対象に研究開発投資、補助金、投資減税に使うようにすればよい。そうすれば、成長分野の立ち上げが容易になるだけでなく、多くの国民は日本の将来に夢や希望が持てることになり、明るい見通しが広まるだろう。増税という暗い話だけでは、国民は納得しない。増税を柱にした財政再建だけでは、人々の気分が萎縮してしまう。

● 需要創出型の改革が不可欠

　持続的成長の達成には、新産業の育成・拡大が不可欠である。21世紀初頭の潮流にはいくつかあるなかで、特に、グローバル化、少子・高齢化、高度

情報化という三大潮流が日本経済に大きな影響を及ぼす。本書の展望結果によれば、21世紀の潮流に乗って成長する産業もあれば、押し流されて衰退していく産業もある。IT関連産業、高齢化対応型産業、環境産業、新エネルギー産業などがリーディング産業であり、これらが経済成長のエンジンとなる。

産業構造審議会の最終答申（2000年3月、以下産構審ビジョン）では、21世紀の潮流を踏まえて、2025年までを展望した結果、今後の有望産業としては、サードウエア産業（ハードとソフトを融合した第三の商品群を生産する産業：情報家電、ロボット等）、高齢社会産業（健康、医療、福祉、介護、家事代行業等）、環境産業（環境創造、環境保全等）などが挙げられている。これらの成長産業は大きく伸び、2025年までに全体で260～330兆円もの新規需要が創出されると見込まれている（産業構造審議会（2000））。

産構審ビジョンは、21世紀の潮流を踏まえた先駆的な展望であり、大いに参考になる。しかし皮肉なことに、最終答申が出された頃にデフレが進行し始め、現在でもデフレは終息していない。デフレの進行で日本経済の成長軌道は大きく狂ってしまった。産構審ビジョンでは、2000～2025年間の実質経済成長率は年率2％が見込まれている。仮に、同期間の成長率が1％程度にとどまるとすれば、そこで描かれている新成長産業の成長規模は半分以下にとどまる可能が高い。しかしながら、このような予測数値の問題は別としても、産構審ビジョンで示されている、新成長産業の育成・拡大によって成長を高めるという産業政策が、持続的な経済成長の達成には不可欠だ。

本書の展望では、2025年までにおよそ70兆円もの新規の民間需要が創出されると見込んでいる。しかし、これほど膨大な新規需要を創出するためには、政府が供給重視型の構造改革だけでなく、需要創出型の構造改革にも積極的に取り組むことが必要な条件となる。内需促進策が実施されなければ、展望よりもさらに低い成長となり、増税幅はもっと大きくなるだろう。

21世紀のリーディング産業を創出するためには、成長分野を対象にした大胆な政策減税や補助金政策などで、初期コストを引き下げることが必要である。どんなものでも開発初期段階では高額であるから、新成長分野を対象にした研究開発減税や投資減税、補助金が不可欠だ。研究開発を促進するためには、産学官共同体制の強化を図ることが有効である。知恵を結集すればシ

ナジー効果（相乗効果）が得られて、大きな発明や実用化製品の開発が容易になるはずだ。

● 人口減少時代に必要な雇用政策

供給面からみると、経済成長は資本ストック、労働力人口、技術進歩の3つの基本的な要素で決まる。経済成長率が高いほど財政赤字からの脱出は容易になるのだが、人口減少時代には労働力不足が経済成長の上限を決めてしまう。2010年頃までは労働力需要が不足し、失業対策が重要な課題であるが、2010年代に入ると人口減少で労働力不足の問題が発生するだろう。

人口が減るなかで労働力を増やすためには、女性や高齢者の雇用を増やすほかない。女性の労働参加を高めるためには、仕事と子育ての両立を図るための政策や社会システムが不可欠だ。育児施設、保育サービスの拡充、在宅勤務制度、家庭における固定的な性別役割分担の是正などが必要だ。一方、高齢者の労働参加を高める政策には、定年延長、短時間労働制の拡充、医療ネットワークの充実などがある。定年延長は人件費の増加から企業に負担をかけるため、柔軟な賃金制度や短時間労働制が必要になる。

産業構造が変わり、それ以上に就業構造は大きく変わる。サービス化の影響が大きく出てくる。農林水産業、製造業では2025年までに合わせて400万人ほど就業者数が減るのに対して、サービス業では500万人近く増える。就業構造が大きく変わるため、雇用流動化に向けて労働者の産業間の移動をスムースにする政策が必要である。就業構造の変化、人々の就労意識や企業への忠誠心の変化などから、終身雇用を柱とする日本型経営では雇用流動化への対応は難しい。雇用流動化時代には転職者が増える。これまでの制度では、転職者は経済的に大きな不利益を被る。現在の賃金制度や年金制度は一生涯同じ会社で働き続ける時代を対象として作られたものであるからだ。例えば、退職金は同じ会社に長く勤めなければ、多くもらえないシステムになっている。雇用流動化時代には、賃金総額に占める退職金の割合を減らし、毎年の給料の割合を高めざるを得ないだろう。雇用流動化の時代に向けて、柔軟な賃金制度や年金制度が必要である。

人口減少時代には移民政策を導入するという方策もあるものの、経済成長

率を高めるためには、相当規模の外国人労働者が必要となる。2025年までに人口は900万人近く減り、それ以降もどんどん減っていく。そうなると、現時点の労働力を確保するだけでも、2025年までに560万人、2050年までに1,500万人という大量の外国人労働者が必要となる。そうした場合、就業者数の1〜3割は外国人労働者が占めるまでになる。今のところ中国からの労働者が多いものの、中国は高い成長を続け、2025年には世界で筆頭の経済大国になっているだろう。そうなれば、中国からの移民どころではなくなる。中国が日本からの移民を求める時代になるかもしれないのだ。その時、日本はどこから外国人労働者を求めることができるのだろうか。

外国人労働者を活用するためには、職場での受け入れ体制、社会保障制度や税制、治安、教育、文化などさまざまな問題を解消しなければならないし、将来の世界経済動向まで見通して検討すべきだろう。経済成長を高めるためにのみ、安易に単純労働力を外国人労働者に頼るのは危うい。

● 一石二鳥のロボット産業の育成・拡大

労働力を増やし新規需要も創出する、一石二鳥の方策がある。それはロボット産業を育成・拡大することだ。有名な手塚治虫氏の近未来SFアニメの話では、2003年4月7日、鉄腕アトムが誕生した。鉄腕アトムは、音速よりも速く空を飛び、60カ国語をあやつることができるなど、7つの威力を持っている。1960年代には、日本最初のテレビでのアニメーション・シリーズとして大ブームになった。

アニメだからこそ万能のロボットを描くことができたわけだが、手塚氏が鉄腕アトムを発表したのは1952年でおよそ50年前のことである。その頃、日本ではまだ実用に耐えるコンピュータやロボットは開発されていなかった。鉄腕アトムは、手塚氏の驚くべき構想力によって生まれたわけだ。

鉄腕アトムが誕生するまでに、1974年に超小型電子計算機が発明され、1982年に電子頭脳がロボットに採用されたという筋書きになっている。一方現実の世界では、日本で大型電子計算機が開発され普及したのは1960年代のことで、今では小型で高機能の携帯パソコンが普及している。しかも、1990年代半ばには二本足歩行ロボットも開発された。万能の鉄腕アトムにはほど

遠いが、それでも電子頭脳の機能が搭載されており、人間型のロボットにまで進化している。まだ実用化までは至っていないが、これから20年先、30年先には格段と進歩するだろうから楽しみなことだ。

自動車の組み立てなど、定型的な作業にはすでにロボットが活用されているものの、自らの力で移動し判断することはできない。しかし、人間に近い機能を持つロボットが開発されれば、多くの分野でロボットを活用することができる。ロボットは、危険な仕事や骨の折れる仕事にはもってこいだ。警備、災害救助、下水工事、配送・運搬、動物飼育、医療、介護サービスなどの職場で威力を発揮するだろう。

高性能の人間型ロボットを100万台作れば、100万人の労働者の不足を補うことにもなる。労働力不足という供給面からの経済成長の制約から解放されるわけだ。移民にかかわるような賃金制度や社会保障制度、文化、治安などの問題も発生しない。その一方で、ロボットは財の種類では設備投資に相当するから、各企業でロボットを導入すれば、設備投資という需要が増大するため、その波及効果で多くの産業が潤い経済成長率が高まる。またロボットの輸出は外貨を稼ぐはずだから、日本の国際競争力が復活する。

このように高機能な人間型ロボットの生産は、財の供給と需要を2つとも同時に拡大するため、需給の不均衡が発生することなく、均衡のとれた持続的な経済拡大を可能にする。まさに一石二鳥の話であり、国際競争力の復活まで含めれば一石三鳥にもなる話だ。

これから20年以内に、人間並みのロボットが開発されるかは定かでない。しかし、21世紀半ばの50年先には、鉄腕アトムとまではいわないが、さまざまな分野で高性能の人間型ロボットが活躍していることだろう。その頃には、労働力不足による成長制約から開放されているかもしれない。21世紀のリーディング産業の柱としてロボット産業を位置づけ、これを育成・拡大すれば、夢のある日本経済を描くことができるのではないだろうか。

● 大きな政府か小さな政府かの選択

将来ビジョンや政策を打ち立てるときに最も基本的なことは、日本経済の実力を的確に把握することだ。将来を楽観的に見過ぎれば、将来ビジョンは

絵にかいた餅になってしまう。逆に悲観的に見過ぎると、いたずらに恐怖心をあおるだけに終わる。

　本格的な高齢社会、人口減少時代の到来で、社会保障費は急増する。また、この資金を賄うための社会保障負担も急激に増える。高齢者が増える一方で、働く人の数が減るため、制度や政策を変えなければ社会保障基金の財政が窮迫するのは当たり前のことだ。社会保障財政は、名目経済成長率や賃金の動向に大きく左右されるものの、社会保障費を抑え込んでも、20年後の社会保障基金は毎年30〜40兆円もの赤字が見込まれる。社会保障費の2分の1が国庫負担になるわけだから、社会保障収支の悪化は財政赤字を拡大する大きな要因となる。社会保障制度をどう支えていくのか。社会保障の負担をもっと増やすのか、給付を減らすのか、それとも、増税で賄うのかを選択しなければならない。

　財政規模については、高福祉・高負担の「大きな政府」か、低福祉・低負担の「小さな政府」か、どちらをめざすのか。高福祉をめざすならば高負担が必要になる。そうなれば国民負担率は60％を越えることもあろう。人々が稼いだ所得の6割が政府の収入になってしまう。政府はそれを一般行政、公共投資、社会保障さらには債務返済などに振り向ける。どちらの政府が望ましいかは理論的には決められない。結局は国民一人ひとりの選択の問題なのだ。しかし、日本経済の実力を上回って財政支出を拡大すれば、必ずや財政は破綻する。実力に見合った範囲で政府の大きさを決めていくほかない。

　本書の展望では、内需促進と財政再建の両立により持続的経済成長を達成するものの、国民負担率は55％まで上昇するシナリオを描いた。これは大きな政府への道だ。

● マニフェストで日本経済の進路を変えよ

　昨秋の衆議院選挙はマニフェスト（政権公約）選挙ともいわれた。各党は競って数値目標を明らかにした政策を掲げた。マニフェストを掲げての総選挙はわが国の政治史上では初めてのことで画期的なことだった。しかし、年金問題一つとってみても、どの政党の政策も財源の裏付けはなされていなかった。極端にいえば、数値目標を羅列したに過ぎなかった。これでは現在

の日本経済を持続的成長に誘導し、社会的公平性や福祉の充実を図ることは難しい。付け焼刃的なマニフェストだったといわれても仕方ないだろう。

総選挙での焦点のうち、経済問題の大半は年金、財政、地方分権化の問題、だったが、これらはいずれも人口の高齢化と絡んでいる。高齢社会の問題は、明らかに短期的ではなく長期的な問題なのである。高齢者は2000年から2025年にかけて1,300万人増える。高齢化が21世紀初頭の政治・経済を揺さぶることは間違いない。

今後の政治は、財源問題と絡んでマニフェストを軸に展開されていくだろう。そうした場合、日本経済の将来を一体的、総合的に展望することが極めて重要な課題となる。どれだけ経済成長が可能で、成長を引っ張る産業は何か、財政収支はどうなるか、国際競争力は維持できるかなど、日本経済を総合的に見通さない限り、マニフェストを掲げることはできない。日本経済の全体像を見通した長期展望を持たずして、どうしてマニフェストを掲げることができようか。

これからは明確で信頼性のあるマニフェストを打ち出さない政党は敗退していくであろう。各政党は独自の立場から将来を展望し、マニフェストを掲げて政策を打ち出していく。こうしたマニフェストを軸とした政策論議が、日本経済の進路を変え、活性化に導くだろう。

● 急がれる長期ビジョンの策定と情報公開

日本経済を実際の政策面で引っ張っていくのは政府だ。政府には、10年先、20年先を視野に入れて日本経済を展望し、総合的なビジョンを打ち立て、政策を実施していくことが求められている。

財政破綻の問題は差し迫っており、もはや時間的な余裕はない。消費税率引き上げは、デフレが終息し物価が上昇傾向に転じない限り無理である。その意味では2007年までは消費税率を引き上げないとする政府の見解は一定の理解を得るだろう。本書の展望結果によれば、消費税率引き上げはおよそ5年以内には必要となるに違いない。このまま財政赤字を放置すれば、将来、国家財政が破綻する恐れがあるからだ。問題は財政再建の時期と政策の中身である。本書では、財政再建策として消費税増税をとり上げたが、これを推

奨しているわけではなく、一つの代表的な方策として取り上げたに過ぎない。どのような政策が望ましいかを見極めるためには、さらに詳細な政策効果の定量的な分析、評価が必要である。

　財政状況一つとっても、国民にその実体はほとんど知らされていない。人々が手にしている経済情報は極めて断片的なものばかりだ。大半の政治家や行政担当者にとっても、これから20年先までを見通した日本経済の総合展望は一つの有益な情報となるだろう。しかし一般的にいって、経済展望の的中度は必ずしも高いものではない。予測数値については、幅を持って読んでいただきたい。

　長期的にみると、三大リスクを抱えた日本経済の将来の環境条件はとても厳しい。特に、社会保障改革、消費税増税などの問題は国民にとってかなりの苦痛を伴う。このため国民的コンセンサスを得るためには、日本経済の実体と将来動向に関する正確な情報を人々に公開することが不可欠だ。政府が政策を変更しようとしても、大半の国民がノーといえば実行は難しい。増税が必要ならば、なぜ必要なのかを国民に詳しく説明しなければ、国民は納得しないだろう。時代変化に対応して人々の意識が変わるためには、正確な情報と時間が必要だ。政府や行政機関、民間調査研究機関、大学関係者などが競って、さまざまな角度から日本経済の現状分析や将来展望を行い、これらの情報を提供していくことが切に望まれる。

　日本経済は大転換の時代を迎えており、経済社会システムは激変しつつある。人口が減少し、大増税が実施される時代は間近に迫っている。今ほど日本経済の全体像を把握した長期展望やビジョンが必要な時代はない。

参考・引用文献

〔参考文献〕

浅井隆（2003）『国家破産サバイバル読本[上][下]』第二海援隊。

井堀利宏（2000）『財政赤字の正しい考え方』東洋経済新報社。

岩田規久男編（2003）『まずデフレをとめよ』日本経済新聞社。

小川一夫・竹中平蔵編著（2001）『政策危機と日本経済』日本評論社。

小野善康（2000）『誤解だらけの構造改革』日本経済新聞社。

木村文勝（1999）『図解「少子高齢化の恐怖」を読む』中経出版。

現代経済研究グループ編（2003）『停滞脱出―日本経済復活への提言』日本経済新聞社。

産業構造審議会（2000）「21世紀経済産業政策の課題と展望」。

綜合社編（2003）『イミダス2003』集英社。

高橋乗宣監修・川上清市・奥村研著（2002）『日本国債』かんき出版。

田中隆之（2002）『現代日本経済』日本評論社。

地球温暖化対策推進本部（2002）「地球温暖化対策推進大綱」。

中央環境審議会（2003）「温暖化対策税の具体的な制度の案」。

内閣府（2003）『経済財政白書 平成15年版』国立印刷局。

西村吉正（1999）『金融行政の敗因』文春新書。

日本経済団体連合会編著（2003）『活力と魅力あふれる日本をめざして―日本経済団体連合会新ビジョン―』日本経団連出版。

燃料電池実用化戦略研究会（2001）「燃料電池実用化戦略研究会報告」。

林宜嗣（1997）『財政危機の経済学』日本評論社。

原田和明（2001）『景気対策なくして構造改革なし』東洋経済新報社。

原田泰（2003）『日本の「大停滞」が終わる日』日本評論社。

古田隆彦（2003）『人口減少　日本はこう変わる』PHP研究所。

水谷研治（2003）『日本経済　恐ろしい未来―「借金経済」の行く末は国家破綻』東洋経済新報社。

宮川努・日本経済研究センター編（2002）『2025年の日本経済』日本経済新聞社。

吉川洋（2003）『構造改革と日本経済』岩波書店。

International Monetary Fund (2003), "Deflation: Determinants, Risks, and Policy Options- Findings of an Interdepartmental Task Force".

〔引用文献〕

櫻井紀久（2000）「アジア経済の成長ポテンシャル－条件付収束モデルによる成長展望－」電力中央研究所報告。

鳴鹿正浩・星野優子（2002）「人口予測モデル（PFM2002）の開発」電力中央研究所報告。

服部恒明・大河原透・加藤和久・人見和美・永田豊・若林雅代・山野紀彦（1998）「経済社会・エネルギーの中期展望'98―21世紀初頭の日本経済をどうみるか―」電力中央研究所報告。

服部恒明・大河原透・加藤和久・人見和美・永田豊・星野優子・若林雅代（2000）「2025年までの経済社会・エネルギーの長期展望」電力中央研究所報告。

服部恒明・星野優子（2001）「21世紀初頭の財政政策の方向性を探る―政策シミュレーション分析を通して―」電力中央研究所報告。

服部恒明・櫻井紀久・人見和美・永田豊・星野優子・若林雅代・山野紀彦・宮崎浩伸・鳴鹿正浩（2003）「2025年までの経済・エネルギーの長期展望―持続的成長への途を求めて―」電力中央研究所報告。

服部恒明・星野優子・門多治（2004）「財政危機のシミュレーション分析」電力中央研究所報告。

執筆者および執筆分担一覧（*は編者）

服部　恒明（はっとり・つねあき）*	電力中央研究所	
	経済社会研究所	研究参事
大河原　透（おおかわら・とおる）	〃	研究コーディネーター
門多　　治（かどた・おさむ）	〃	上席研究員
櫻井　紀久（さくらい・のりひさ）	〃	上席研究員
人見　和美（ひとみ・かずみ）	〃	上席研究員
永田　　豊（ながた・ゆたか）	〃	主任研究員
星野　優子（ほしの・ゆうこ）	〃	主任研究員
若林　雅代（わかばやし・まさよ）	〃	主任研究員
山野　紀彦（やまの・のりひこ）	〃	主任研究員

序　章：服部　　　　　　　第 8 章：服部
第 1 章：服部　　　　　　　第 9 章：星野・服部
第 2 章：服部　　　　　　　第10章：星野
第 3 章：門多　　　　　　　第11章：若林・服部
第 4 章：服部　　　　　　　第12章：人見・大河原
第 5 章：服部・星野　　　　第13章：永田
第 6 章：櫻井・星野　　　　終　章：服部
第 7 章：服部・山野

〔連絡先〕
(財)電力中央研究所・経済社会研究所
（4月1日より同研究所・社会経済研究所に改組）
〒100-8126　東京都千代田区大手町1-6-1
電話 03-3201-6601　FAX 03-3287-2864
URL　http://criepi.denken.or.jp/jpn/serc/

〔編者紹介〕

服部 恒明（はっとり・つねあき）

1945年岐阜県生まれ。1970年名古屋大学大学院経済学研究科修士課程修了。同年電力中央研究所に入所。計量経済モデルの開発・分析、短期予測・中長期経済展望などの研究作業に従事。1988年専門役、1993年上席研究主幹、同年中期経済社会展望課題推進担当、1994〜97年中期経済社会・エネルギー展望課題推進担当、2003年研究参与。論文等に「2025年までの経済・エネルギーの長期展望」（共著、電力中央研究所）など。

日本経済 破綻か成長か
―2025年へのシナリオ―

＊

平成16年3月24日　印　刷
平成16年4月 6日　初版発行

＊

編著者　服部 恒明

＊

発行者　荒井 秀夫

発行所　株式会社ゆまに書房
〒101-0047　東京都千代田区内神田2-7-6
tel. 03-5296-0491　fax. 03-5296-0493
http://www.yumani.co.jp

＊

印刷・製本　日経印刷株式会社

＊

©2004 Central Research Institute of Electric Power Industry (CRIEPI)

＊

ISBN4-8433-1161-8 C0033 Y1800E